天水师范学院省级重点学科专门史学术研究丛书

走进历史的原野
——史学续论

彭卫 著

中国社会科学出版社

图书在版编目（CIP）数据

走进历史的原野：史学续论 / 彭卫著 . —北京：中国社会科学出版社，2017.7

ISBN 978 - 7 - 5203 - 0652 - 2

Ⅰ.①走… Ⅱ.①彭… Ⅲ.①史学理论—中国—文集 Ⅳ.①K0 - 53

中国版本图书馆 CIP 数据核字（2017）第 143861 号

出 版 人	赵剑英
责任编辑	李炳青
责任校对	周　昊
责任印制	李寡寡

出　　版	中国社会科学出版社
社　　址	北京鼓楼西大街甲 158 号
邮　　编	100720
网　　址	http://www.csspw.cn
发 行 部	010 - 84083685
门 市 部	010 - 84029450
经　　销	新华书店及其他书店
印　　刷	北京明恒达印务有限公司
装　　订	廊坊市广阳区广增装订厂
版　　次	2017 年 7 月第 1 版
印　　次	2017 年 7 月第 1 次印刷
开　　本	710×1000　1/16
印　　张	18.25
插　　页	2
字　　数	305 千字
定　　价	76.00 元

凡购买中国社会科学出版社图书，如有质量问题请与本社营销中心联系调换
电话：010 - 84083683
版权所有　侵权必究

总　序

史学是人类知识体系中最为古老而又年轻的学问，从口耳相传的远古传说历史，到今天信息时代的多元书写，历史之于人类的人文价值和社会意义，始终占据重要的地位。而且，随着社会进步和文化普及，其作用与价值则更为显著。重视历史、研究历史、借鉴历史，可以给人类带来很多了解昨天、把握今天、开创明天的智慧。因此，习近平总书记说："历史研究是一切社会科学的基础。""究天人之际，通古今之变"既是史家的追求，也是时代与社会赋予史家的使命。

中华民族自古以来就有浓厚的历史意识和优良的修史传统；中华民族悠久的历史，灿烂的文化，又为史学的发展提供了得天独厚的条件。在中华民族、中华文化波澜壮阔的成长和发展历程中，历史对于自我认同、民族认同和文化认同，对于提升民族自信和文化自信，培育家国情怀，开发民族智慧，塑造国民性格，熔铸民族精神，其所发挥的纽带作用和规范功能无可替代。在当今史学教育大众化的时代条件下，如何更好地认识历史、研究历史和书写历史、普及历史，凸显其聚力铸魂的作用，是历史科学和史学工作者共同需要面对的重大问题。我国高校"双一流"建设的启动，为历史学学科建设提供了新的路径和机遇。天水师范学院省级重点学科出版专门史学术研究丛书即由此缘起。

学科建设涉及方向凝练、科学研究、知识传授和人才培养等方方面面；也与每个学科的自身基础和环境氛围密切相关。我校专门史学科从起步到现在，已经有大约15年的建设发展。学科名称从最初的陇右文化到现在的专门史，正体现了学科及其团队由草创到规范，由弱小到壮大的发展历程。作为地方院校，立足地域优势开展学术研究，始终是我们努力的方向和追求。十多年来，学科团队在陇右文化体系构建、科学研究、校本课程开发和服务社会的过程中，不仅取得了一系列成果，得到社会认可并产生了一定影响；而且，也围绕陇右文化资源申报国家项目和开展科学研究，进一步整合了学科团队，形成相对固定的研究方向，促进史学研究和学科建设的共同提高。在此基础上组建的专门史学科，以生态环境史、区域文化史和开发史为主攻方向，包括中国政治史、民族史、文化史、社会史和中外文化交流史等领域。近年来，专门史先后入选甘肃省重点学科和"飞天学者"设岗学科，依托该学科陇右文化研究中心入选省级人文社科重点研究基地。通过省、校两级立项共建和经费资助，在团队的共同努力下，专门史学科进步明显。团队成员立足各自特长，结合学科方向，开展联合攻关和重点突破，学术研究成果陆续产出。为了展示学科建设新成果，发挥科研成果在繁荣学术和服务社会的双重作用，我们决定资助出版"天水师范学院专门史学术研究丛书"。

我们的初步设想和计划是根据专门史学科建设目标，围绕学科方向，结合团队实际，以发挥学科优势，彰显学科特色，深化史学研究为导向，为团队成员高质量完成项目任务和立足特长开展特色化创新研究提供服务。所以，本套丛书将在学科建设期内，依据团队成员各自研究和自由探索进度陆续出版，即完成一部、成熟一部、出版一部，坚持数年，必有收获。期待并预祝这套丛书在促进学科建设和繁荣史学研究上双获成功！

雍际春

2017 年 6 月 8 日

目　录

我们今天需要怎样的历史学（代序言） …………………………… (1)

关于历史研究主体谬误的初步分析 …………………………………… (1)
史学流派的意义与价值
　　——关于史学进步内在动因的一个思考 ……………………… (23)
试说历史学的实践性 …………………………………………………… (30)
再论历史学的实践性 …………………………………………………… (38)

试论心理历史学的主体原则与理论层次 …………………………… (58)
历史心理学如何成为可能
　　——从史学本质角度的思考 …………………………………… (86)
关于经济社会史研究的若干思考 …………………………………… (93)
时代体验与历史知识的汇合 ………………………………………… (106)
文化史研究应触及民族的精神 ……………………………………… (109)
转型与契合
　　——解读秦汉风俗 ……………………………………………… (114)
风俗与风俗史研究
　　——以秦汉风俗为主心 ………………………………………… (132)
关于秦汉妇女史研究的意见 ………………………………………… (145)

中国古代咏史诗歌初论 ……………………………………………… (152)
中国古代通俗史学初探 ……………………………………………… (167)
从评说游侠看汉代史家的社会公正观 ……………………………… (192)

关于传统史学遗产扬弃的思考 …………………………………（199）
侯外庐对中国历史发展道路的探索及其史学观念
　（1949年之前）………………………………………………（207）
论尼采的历史哲学 ………………………………………………（222）
让历史学闪烁出更大的智慧光芒 ………………………………（236）
今天历史学家的肖像 ……………………………………………（241）
变革时代历史学家的责任 ………………………………………（244）
向何处寻觅
　——新时期十年我国内地秦汉史研究的若干分析 …………（246）
走向未来的秦汉史研究 …………………………………………（251）
评《剑桥秦汉史》…………………………………………………（255）
21世纪初期的中国古代史研究：实践与经验 …………………（267）

后记 ………………………………………………………………（282）

我们今天需要怎样的历史学（代序言）

历史学是一门处在变化中的学问，在这个意义上，人们普遍接受了克罗齐"一切历史都是当代史"的意见。今天，不仅一些新的技术手段的应用如对历史资料的大数据处理使得历史研究工作变得和以往不太一样；更重要的是，现实向历史研究者提出的问题以及历史研究者对现实的感悟使得我们对于历史的认识也与以往有了不同。

然而，历史学还有一些内在的属于这个学科的永久的内容，变动的历史学前行的轨迹是与不变的历史学紧密联系在一起的。每一个"今天"所需要的历史学都来自这两个方面。

不变的历史学告诉我们的是求真的态度。历史学是一门艰苦的工作，需要从点滴的求真开始。每一个研究历史的人都会有自己的专业领域，都会从专业领域中的具体研究起步，这是历史研究工作所必有的"碎片"。历史研究的每一项有价值的成果的取得，都是建立在严谨的基础上。华而不实的"弗劳德病"[①]与历史研究的原则格格不入。

不变的历史学告诉我们的是求真的勇气。秉笔直书是中国传统史学的优良传统，在中国古代，那些伟大前辈们不仅用笔也用生命捍卫着历史学的尊严。他们将对历史学的尊重和热爱融入自己的生活当中。无论哪个时代，如果历史学能够保持求真的努力，这个时代的历史学就是有希望的历史学；相反，如果屈从于各种外部因素的压力，丧失了求真的自觉，这个时代的历史学也就丧失了自己的生命。

不变的历史学还告诉我们的是历史学家学术自律的情怀。一位国外的

[①] 弗劳德（J. A. Froude）是19世纪英国史学家，他治学极为粗疏，人们把这种学风称为"弗劳德病"。见郭圣铭《西方史学史概要》，上海人民出版社1983年版，第203页。

历史学者告诫人们："思想的诚实性对于历史学家来说甚至比对科学家更为重要，因为和科学家不一样，历史学家并不能使自己的结论受到实验的检验……所以只有良心是他自己的制约者。"[①] 学术良知的范围很广，它不仅包括不弄虚作假，也包括宁静致远，让自己的研究能够经得住时间的考验。然而，"文章不写一字空"这个对历史研究者的基本要求，在今天似乎变得陌生和遥远。有人说，这个责任应当由浮躁的社会风气承担。我不同意这个看法。历史学者不能隔绝他所处时代的社会风气，但他却可以用自己的良心减少和拒绝不利于学术事业的风气的影响。只有这样，传之久远的成果才有可能出现。

20世纪到21世纪初期，中国社会经历了巨大的变迁。尤其是在近40年前伟大的思想解放运动的召唤下，我们的历史研究理念发生了革命性的变化。这个"当代"的背景为"当代"的历史学提供了极为丰富的文化土壤，我们需要理解和回应的历史问题实在是太多了。在历史学自身以及历史与现实的关系方面，关于中国历史发展道路的梳理和解释，关于近代以来中国传统文化与西方各种思潮的融会，关于评价历史进步标准的重新认识，等等，这些重大的问题都需要我们认真思考。这一切都需要我们具备更为宽阔的历史眼光和思想视野。历史研究必须起步于碎片，但不能终止于碎片。历史学需要实证的知识和技巧，但历史学者不能成为实证的附庸。历史知识可以呈现出各种各样的历史经验，但历史学的结晶是思想，历史研究的深度和广度是在思想的表达中得到呈现。其间，我们需要的是人文精神的关怀，自由和独立思考的获得——正如马克思和恩格斯所说的"每个人的自由发展是一切人的自由发展的条件"，以及批判的勇气和能力。

历史学不是显学，它之所以能够存在，是因为它保留了人类的记忆，只有当拥有并且能够自觉地保持住历史记忆，人类才能够让知识的延续从而让人类的延续成为可能。这就是历史学魅力最为深刻的根源。现实的社会可以因种种原因将历史学边缘化，但一个有良知和勇气的历史学者不会

[①] 里涅尔（G. J. Renier）：《历史：它的目的和方法》，转引自［美］莫里逊（S. E. Morison）《一个历史学家的信仰》，张文杰等编译《现代西方历史哲学译文集》，何新等译，上海译文出版社1984年版，第264页。

因此而沮丧,更不会将现实社会对历史学的边缘化变成历史学研究工作的退化。对于人类社会存在和变迁的考察,对于人性的探讨,对于如何走向未来的思考,总之,"通古今之变"是我们从事这项工作的永恒的动力。

因此,笔者所理解的今天历史研究的基本任务和最高目标集中在三个方面:

第一,它要揭示历史上人们的生存状态,这种生存状态是在特定时代的社会结构、制度、伦理和技术的控制下形成的,也受到这个时代人们日常观念和生活准则的深刻影响。历史上人们生存状态的"合理性"亦即其必然的表现,提供了我们对历史的最为广阔的认识。

第二,它要显示出历史性的思考。历史的思考与哲学、政治学、社会学和经济学等人文社会学科的思考的最大不同是它以时间为脉络清理了千百年来人类的步履,它的立身是在今天,它的目光则贯穿和连接起不可重复的往昔以及无法想象的未来;因而,这种思考具有了其他学科不具备的纵深感。

第三,在前两者的基础上,它提交了历史智慧。历史智慧最重要的方面在于,它能通过我们所记忆的汩汩流动的历史河流,其中既有放眼可见的滔滔洪波和涓涓细流,也有涌动在地表下的暗潮,还有我们不断勘探的干涸的故道——启蒙人类的心灵,提高人类的判断力和道德感。这种启蒙力、判断力和道德感是人类能够进步的根基,它的存在,不仅使过去的错误、痛苦和灾难不再重现成为可能,也能够帮助人类在未来任何时刻努力将我们的创造致力于造福于最广大的人群。

关于历史研究主体谬误的初步分析

两千多年前古希腊史学家修昔底德曾不无自豪地宣称：历史学家是世界上绝少谬误的学者，因而其著述是教导人们得到过去正确知识的"千秋万世的瑰宝"。[①] 这种乐观情绪一直延续到19世纪，并在兰克学派的笔下被发挥得淋漓尽致。物极必反，随着旧实证主义历史认识局限的日益显露，历史知识及其科学价值的局限性也渐受注意。有的学者甚至认为，以往的历史研究充满了谬误，作为研究主体的史学家多半是愚钝拙智者，"历史是人类知识中最危险的产物……尽管它试图裁定世间一切事物，然而它却根本无法正确帮助人们理解任何事物"，故而，"应在此时此刻，抛弃历史之尸"。[②] 应当说，这是史学主体对自身能力认识深化的一个标志。然而另一方面，这种激进片面的态度，潜在蕴含着拒绝对历史研究中谬误现象进行冷静、全面和科学的分析。本文试图从历史认识论的审视角度，[③] 对20世纪历史研究主体——史学工作者在研究实践中出现的谬误现象进行初步的类型考察。

一

第一种类型是对历史现象观察与记忆的谬误，是在学术研究中呈现的

---

① [古希腊] 修昔底德 (Thucydides)：《伯罗奔尼撒战争史》，谢德风译，商务印书馆1978年版，第14页。

② [美] 怀特 (H. White)：《历史的负担》(The Burden of History)，《历史与理论》(History and Theory) 1966年第2期。

③ 笔者把历史认识论的理论内涵理解为历史研究主体对于历史研究客体的认识方式，以及研究主体对自身认识能力省察的总体把握。

与人的生理、心理活动机制乃至社会实践、价值取向和目标选择直接有关的舛错现象。

人的生理和心理活动机制异常复杂，视觉余像、知觉广度、触觉差异以及外界的暗示，均可造成感、知觉和情感方面的错误感受，出现诸如视觉错觉、时间错觉、音响方向错觉、触觉错觉混合、移动透视错觉等一系列错觉表象。这种因感、知觉的错觉导致观察过程中产生的谬误现象，在史学家著述中也有所见，如希罗多德因触觉错觉在《历史》一书中对溪水的温度做了非正确判断。如做多学科比较，可以看出感、知觉（视觉、听觉、触觉等）错觉，对于自然科学研究的影响至关重要，对于文学创作的影响也不可低估。历史研究与二者相比有所不同，即感、知觉错觉并不是导致史学研究者在观察过程中出现谬误的主要原因，这是由这些学科的不同研究对象以及由此决定的不同研究特质所决定。同样，因记忆方面的误差造成的谬误，在史学家身上表现得更为严重和广泛，从而记忆方面的舛误乃是导致史学家观察错误的一个极为重要的原因。

早在古代社会，人们就已经揣测到人的记忆限度以及可能出现的误差。现代实验心理学和生理学对于人的记忆的极限和记忆误差做出了令人信服的说明：记忆是对既往材料与经验的保持，这种保持从根本上说是不可能绝对精确的。由于在人的大脑中，刺激度弱的神经联系很容易被抑制，大量发生过的既往历史事件在人们脑海中会变得模糊不清，从而产生记忆过程中量的差异。为了衔接上零碎的事件，记忆者就会用自己的经验、情感和价值观念进行种种联想，以弥合片段事实之间的裂沟，从而导致记忆过程中质的误差。人类在生理上所具有的这种遗忘本能，正是现存史料无论如何丰富也不可能穷尽历史全过程并蕴含着种种误差的根本原因。更为重要的是，现存的绝大部分史籍都是经过事件发生后的一段时间的辗转流传，由某一位或某些位史学家根据官方档案、传世书文、民间传闻等辑录而成。这是一种原初信息的多次传递过程，从而使史著带上了特定时代的社会性色彩（如官方要求、普遍价值观念以及由此影响的个人价值取向等），而不仅仅是个人在生理和心理方面所受到的局限。如果以 H 表示历史事件的原初状态，以 $S_1……S_n$ 表示史著在其流传过程中所受到的社会性因素的影响，以 $P_1……P_n$ 表示史家个人生理和心理因素（感、知觉误差及记忆中的舛误）对于传递史学信息的影响，以 $h_1 \cdots\cdots h_n$ 表示史料的流递过程（最初传递……最终结果），则历史事件的原始状态与史料记录的最终结果（亦即流传至今的各种著述）之间的传递差异过程图式如下：

$$H \xrightarrow[P_1]{S_1} h_1 \xrightarrow[P_2]{S_2} h_2 \cdots\cdots \xrightarrow[P_n]{S_n} h_n$$

没有必要否认历史过程的客观性。毫无疑问，在后人感知和认识之前，历史客体就真实地存在着（详后）。但是，遗留至今的各种历史痕迹又不是丝毫不差地、完全"客观"地再现。史料世世相传，代代相沿，从而形成了一个极为漫长的过程：在这一过程中，观察必定是一种有目的的，并由一定的问题以及期望的范围所引导的活动，无疑渗透着观察者和研究者个人的主体意识以及他所受到的社会因素的影响。毋宁说，历史的记忆乃是对于过去事实的一种重新组合过程，是人的主体观念对于已消逝的客体的一种连续不断的建构过程。这些客体只是通过观察者、记述者和研究者等一系列的中介作用才被其他人所了解和认知。历史著作作为一种完成了的精神产品，一旦客观实在地表现出来，便必然积淀、蕴含和凝聚着不同研究个体在一定的历史条件下和生活环境中所形成和表现出的个性、风格、情趣、情感、愿望、理想以及知识、经验与才能等人性方面的各种特征。正因为如此，任何遗留下来的史料与历史事实原貌均是不可能完全重合的，任何史料——无论多么丰富——也不能使历史过程全貌尽收后人眼中，后人所见到的历史记述，充其量也只及历史实际发生过程的 1% 或 2%。因此，历史认识客体具有着四重性：其一，客体具有客观存在特性，其存在不以人的感、知觉为转移；其二，客体具有对象化存在特性，其存在具体化为各种人化形态；其三，客体具有过程不复的特性，其存在在总体上是不可能重演的；其四，客体具有过程残缺的特性，其存在总是以种种不完整的样式加以表现，并给主体的判断造成困难。这是历史认识论对我们的第一个重要启示。

正是在这个意义上，笔者高度评价尼采、比尔德、贝克尔等人对历史与历史记述所作的细致区分。尼采首次对历史的"本来"与对历史的描述加以厘定，把历史学分作三类："纪念碑式的历史""古代的历史"和"批评的历史"，其中"纪念碑式的历史"集中表现了在史学家眼中的重大历史事件。比尔德则进一步把历史明确区分为三个层面："作为事实的历史""作为记录的历史"和"作为思想的历史"。尼采、比尔德以及历史相对论后继者们的失误，只是在于或多或少地表现出了历史的非"科学性"和"不可知"倾向。事实上，强调史料与史实之间的距离，并不意味着它匮乏了一个科学、实在的前提，从而只能被卷入艺术世界之中，如怀特在《历史的负担》一文中所描写的那样。这是因为：首先，对客观现象或表现进行"绝对"真实和严格的描述，在任何专门学科中都不存在。即使在自然科学中，微观客体在经过特定仪器的观测后，其结果依然受到仪器和观测角度的影响，[①] 这还不包括记述结果的符号在逻辑语义学上所发生的不可避免的限制。其次，历史学和自然科学的学科性质差异决定了历史知识比自然科学知识包含了更多的相对性因素。历史流向是不可逆复的，但也恰是这一点决定了历史知识之所以成为可能的本质属性："现在"的客观事物的各个方面都层次和程度不同地映现了曾经存在的既往，从而使历史知识在活着的"现在"中得到体现。历史研究主体并不是用自己的亲验去看待过去，但也恰是这一点决定了其能够省察过程的深刻性，从而超越亲验层次。再次，在遗留至今的史料中，自然会有无数的人类细微活动，以及某些重大历史活动或其中的细节被漏掉了，但远不完整的记述，却涵盖了重大历史活动的梗概甚至相当具体的内容。在遗留至今的史料中，自然包括了种种谬舛，但是后来的研究者却可以通过考订、校订、证伪、辨误等一系列对历史信息的技术整理工作，使后人对历史的了解逐渐逼近历史真实的中轴线。设若将历史认识的相对性绝对化，则必然导致对历史研究的科学性和价值性的彻底否定，从而从一个正确的起点，步至谬误的归宿。这是历史认识论给我们的另一个重要启示。

---

① ［德］海森堡（W. K. Heisenberg）：《物理学与哲学》，范岱年译，商务印书馆1981年版，第24页。

由此可见，试图"恢复历史全貌"，只能是不切实际的奢望。司马迁的《史记》曾被誉为"文直事核"的"实录"范例，①但它同样受制于不可避免的观察局限：西汉前期的社会价值观念，史料在传抄过程中形成的种种误差，司马谈和司马迁的个性、情感、生活遭际，以及由"旁搜异闻"和"齐百家杂语"造成的自己对史实的某些误解。所以，在《史记》的《本纪》《世家》《列传》中，某些叙述的确包含着想象、夸张乃至虚构的成分。如《刺客列传·荆轲》写荆轲逼诱樊於期自杀，情节丰富，但当时在场者只有荆轲与樊於期二人，究竟荆轲是否如书中所说的晓之以理、动之以情而使樊氏心甘情愿自刎，只能是一桩疑案（事实上，在樊氏背秦入燕时就有人建议"疾遣樊将军入匈奴以灭口"②）。而司马迁却对这一传闻浓墨重彩，强化了荆轲凛然赴死的英雄气概，舍弃了对荆轲形象有损的其他传闻（如时人传燕太子丹"出美人能鼓琴，轲曰：'好手也'，断以玉盘盛之，轲曰：'太子遇轲甚厚'"③）。又如项羽垓下被围，作歌自唱，这或是历史事实，但歌词内容是否就是《项羽本纪》中所云："力拔山兮气盖世，时不利兮骓不逝"，亦很可疑。当时在场者只有项羽、虞姬和若干随从。项羽、虞姬均死，其随从即令不死，也不可能提笔记下或用心默记歌词内容——兵乱心散，势所使然。在这首后人名之为《垓下歌》中，司马迁强调的是项羽"时不利兮"之语，借以和项羽所说的"非战之罪，天亡我也"相映照，并为自己在《项羽本纪》结尾的有关评语提供必要的素材。这说明，在叙写这段历史之前，司马迁的脑海中就已构架出项羽的形象，并据此对有关传闻（包括书文和口碑）加以选择裁定。在西方，从希罗多德到修昔底德，到李维（Livy）、波里比阿（Polybius），到僧正保罗（Paul the Deacon）、亨利（Henry, archdeacon of Hunt-

---

① 《汉书·司马迁传》班固"赞"曰："然自刘向、扬雄博极群书，皆称迁有良史之材，服其善序事理，辨而不华，质而不俚，其文直，其事核，不虚美，不隐恶，故谓之实录。"《汉书》卷六十二，中华书局1962年版，第2738页。又，《史记》中的部分内容除去后人所补外，也有司马迁之父司马谈的文字，如顾颉刚所言："若楚、汉之际，当为（司马谈）所集材……此一时期史事之保存，惟谈为其首功。"（见氏著《司马谈作史》，《史林杂识初编》，中华书局1963年版，第232页）本文为叙述上的方便，不做晰明。

② 《史记·刺客列传·荆轲》，《史记》卷八十五，中华书局1959年版，第2529页。

③ 《史记·刺客列传·荆轲》司马贞《索隐》引《燕丹子》，《史记》卷八十五，中华书局1959年版，第2532页。

ingdon)，到吉本（E. Gibbon）、米涅（F. A. M. Mignet），到麦考莱（T. B. Macaulay）、卡莱尔（Thomas Carlyle），等等，没有一个使自己的著作达到功德圆满的完全实录境界，其中的多数人，都表现出以自己的主观感受或意愿框裁史料的倾向。这一余波一直流衍至今，国外有的口碑史学①家强调，口碑史学的突出长处在于生动、形象、细腻、传奇性强，故而避免了文字记述的呆滞。② 对于历史学的科学性而言，这个"长处"与其说是优点，不如说是缺陷。

问题的另一方面在于，指出"绝对实录"是一种虚谬，并不表明研究主体因此可以放纵自己的才思，我们不能从幻想的理想导向对客体实在的虚幻。这一切都是由这个类型的认识特质所确定的。毋庸置疑，《史记》等著述的优雅文笔和动人情节臻乎上乘，但是由于在对客体信息选择、整合和构建过程中过分强化了自身的主体意识，对史料尽可能接近史实的原貌是相当不利的。由此，我们得到的第三个启示是，对客体的观察和记述虽也蕴含着反思，但毕竟是次要得多的方面，也不是这一认识层次应完成的任务，故而研究主体应以客体为轴心，尽量压抑自身的创造性想象、对客体形态的任意选择和情感倾向，使历史叙述尽可能趋向真实而不是相反。值得注意的是，在中国古代和近代史学中，有四个因素对历史事实的信息整合产生了重要影响，从而形成了中国古代和近代史学在记述中误差的特点。

第一，伦理观念。一些心理学家指出：与其他民族有所不同，中国人比较重视伦理方面的评价，其中最重要的维度是"善良诚朴—阴险浮夸"。而且中国人不大善于将人从不同维度上加以感知，然后整合成总的印象特点。因此，人们在观察一个人或一件事时，大都是将其作为一个一致性的对象，如果当某些信息相互矛盾时，观察者也会重构材料，以消除

---

① 口碑史学（oral history）亦译为口述史学。按，梁启超云："采访而得其口说，此即口碑性质之史料也。"（梁启超：《中国历史研究法》，《梁启超史学论著四种》，岳麓书社1985年版，第148页）。

② [法]罗贝尔·韦尔尼安：《写历史的一种新方法》，晓燕译，《国外社会科学》1979年第1期。

或减少不一致性。① 近现代中国人的这种信息整合模式，是从古代积淀而成的。在古代和近代的史籍中，读者会相当容易地发现很多史家是以"忠""奸""善""恶""诚""滑""良""险"等道德尺度裁核史料、品定人物、春秋事件、月旦制度。不能说观察事物的这种方式没有可取之处，但是伦理观念维度的过分倾斜，则会影响史实的准确性。例如西汉文帝和宣帝均以贤明称世，汉代人遂将与他们无关的"善"行附会于二人身上。如说汉文帝"躬行节俭"，②"集上书囊以为前殿帷"，③"粟升一钱"④。又云：宣帝元康之世（前65—前60），比年丰稔，"谷石五钱"⑤。但历史事实与此传闻却颇有所左：文帝时，"未央前殿至奢，雕文五采，画华榱壁珰，轩槛皆饰以黄金，其势不可以书囊为帷，奢俭好丑，不相副侔"；粟价在当时亦非"升一钱"，而"常至石五百"。⑥至于对元康之世的描述，"盖史氏之溢辞，抑或偶一郡县粟滞不行，守令不节宣而使尔也"⑦。

第二，借鉴意识。运用历史作为今世之鉴的意识在中国古代、近代史学中的表现极为强烈。刘勰对运用历史针砭时政给予高度评价："举得失以表黜陟，征存亡以标劝戒，褒见一字，贵逾轩冕；贬在片言，诛深斧钺。"⑧及至后世，类此之论充斥于史论之中。或云："史者，所以明夫治天下之道也。"⑨或云："夫史者，所以纪政治典章因革损益之故，与夫事之成败得失，人之邪正，用以彰善瘅恶，而为法戒于万世。是故圣人之经

---

① 杨国枢：《心理学研究的中国化 层次和方向》，杨国枢、文崇一主编，《社会及行为科学研究的中国化》，台北："中央研究院"民族研究所，1982年；王登峰、陈忠庚：《信息整合模型与中国人印象形成的特点》，《心理学报》1987年第1期。
② 《汉书·翼奉传》，《汉书》卷七十五，中华书局1962年版，第3175页。
③ （汉）应劭：《风俗通义·正失》汉成帝问刘向曰。辨析参见吴树平《风俗通义校释》，天津人民出版社1980年版，第71页。
④ （汉）应劭：《风俗通义·正失》汉成帝问刘向曰。"升"或作"斗"。辨析参见吴树平《风俗通义校释》，天津人民出版社1980年版，第76页。
⑤ 《汉书·宣帝纪》，《汉书》卷八，中华书局1962年版，第259页。
⑥ （汉）应劭：《风俗通义·正失》引刘向语。辨析参见吴树平《风俗通义校释》，天津人民出版社1980年版，第72页。
⑦ （清）王夫之：《读通鉴论》卷四《宣帝》，中华书局1975年版，第98页。
⑧ （南朝）刘勰：《文心雕龙·史传》，《文心雕龙辑注》卷四，文渊阁《四库全书》本。
⑨ （宋）曾巩：《南齐书序》，（明）茅坤：《唐宋八大家文钞》卷一百，文渊阁《四库全书》本。

纶天下，而不患其或敝者，惟有史以维之也。"① 这一切都表明，资治借鉴是中国古代史家心目中历史学的重要价值。但对于借鉴功能的过度强调，会影响历史记述的客观性。有的史论家提出"取仅见之传闻，而设身易地以求其实"②，"设其身以处其地，揣其情以度其变"③，以达到借鉴的目的，其中的谬误是显而易见的。

第三，好奇溢真。中国古代和近代一些史家在描述事实时，有时会增加一些传奇动人的细节，或减去若干情节，使得历史叙述引人入胜。王充在《论衡·艺增》中揭示了这种谬误现象的心理根源。他说：在世俗之人的心目中，"奇事"最容易引起他们的注意，"不奇，言不用也……闻一增以为百，见百易为千，使夫纯朴之事，十剖百判；审然之语，千反万畔"。④ 社会上对新颖的传奇和掌故的需求，一方面不断强化了民间的有关传闻，并一代一代延续而下，使事实中的传奇部分愈加突出和广泛；另一方面也导致了一些史家在著史时迎合"誉人不增其美，则闻者不快其意；毁人不益其恶，则听者不惬于心"⑤ 的社会状况，在起笔落笔之处，自觉或不自觉地对史实中的传奇内容浓笔重墨，遂出现了描述中的偏差。

第四，外在强力。外在主义是西方科学史研究中的概念，指学术之外但又对学术活动产生影响的社会政治因素的总和。笔者在同一意义上借用这一概念。以政治、经济和文化一体化结构为其特征的中国封建社会，对思想文化的控制力是异常强大的，中国古代的历史记述所受外在强力的干扰也十分明显：王朝的更替、王朝内部政治关系的波动，以及当权者的旨意，均可导致史家观察与描述的舛误。尽管"直笔"品德历来为人们所彰扬和提倡，但在史学实践中却极难实行。刘知幾在《史通·直书》中详细分析了"直笔"之困难："然世多趋邪而弃正，不践君子之迹，而行小人者，何哉？语曰：'直如弦，死道边，曲如钩，反封侯'"，因此人们"宁顺从以保吉，不违忤以受害也。况史之为务，申以劝诫，树之风声。其有贼臣逆子，淫君乱主，苟直书其事，不掩其瑕，则秽迹彰于一朝，恶

---

① （清）戴名世：《南山集》卷一《论说》"史论"条，清光绪二十六年刻本。
② （清）王夫之：《读通鉴论》卷二十，（清）《船山遗书本》。
③ （清）戴名世：《南山集》卷一《论说》"史论"条。
④ 黄晖：《论衡校释》卷八，中华书局1990年版，第381页。
⑤ （汉）王充：《论衡·艺增》，黄晖：《论衡校释》卷八，第381页。

名被于千载"。在刘知幾看来，正是因为世途多隘，人们就不能责备史家不去"申其强项之风，励其匪躬之节"，抱怨"实录之难遇"。① 刘知幾长期担任史官，他的这番话既是对唐以前史学发展史的一个总结，也是他自己的切身感受，从而也是中国古代史学的一个缩影。

二

第二种类型的谬误出现在认识与分析历史的过程中。与前一种类型的谬误引起的后果不同，此处的谬误导致了人们在对历史过程把握中出现的一系列偏差。

总体把握是从对历史过程的认识中概括出来的，因此，在对历史的总体把握上出现的种种舛误现象，也都大致经历了这样一个过程：对于具体历史联系的不正确认识，引致总体把握上的失误；总体把握上的失误，反过来又更加广泛和深刻地导致具体分析的错谬。这是历史认识研究给予人们的第四个启迪。

英国哲学家罗素指出："从历史中可以学习到许多东西，但是这些东西并不是一般简单的公式，是可以忽略具体事实而随意加以解释的……实际上，历史能产生两种作用。一方面，它可以寻求比较简单谦逊的概括……另一方面，借助对个人的研究，它可以设法将戏剧或史诗的长处或真理的长处结合起来。"② 尽管罗素在历史认识价值方面的态度相当谨慎，但他对忽略对具体事实的深入全面分析，而只用一些简单公式随意解释历史的批评则是切中肯綮的。在相当长的时间内，在相当广泛的研究领域，人们习惯于认为两件相继发生的事件之间具有因果联系，即所谓"在此之后，所以因此之故"（Post hoc, ergo propter hoc），由此推导出一件事件的形成都必以前一事件为前提，并进而把某一类事件的联系状况上升为一种普遍性的联系，以之图解或框架整个历史。在这一认识模式的基础上，形成了形形色色的历史观念。这些观念主要有：

---

① （清）浦起龙：《史通通释》，上海古籍出版社2009年版，第179页。
② ［英］罗素（B. Russel）：《如何阅读历史》，田汝康、金重远选编：《现代西方史学流派文选》，田汝康译，上海人民出版社1982年版，第208页。

（1）英雄史观。这种观念认为一切历史现象均由与此有关的若干重要人物造成，如果缺少这些人物，就不会有历史的发生与变化。如设无克伦威尔和拿破仑，则英、法大革命便不会发生。19世纪英国史学家卡莱尔在《英雄与英雄崇拜》一书中首次系统阐述了这一理论。

（2）唯理史观。这种观念认为一切历史的发展都是人类纯粹理性的展开过程，而历史事件不过是早已具予"人心之中"的理性顺序的发展。黑格尔指出："理性是世界的主宰，世界历史因此是一种合理的过程。"[①]他形象地说，这就如同一幅名画，所有历史上的事迹早已画在这幅画上，而这幅画是按着既定的次序慢慢打开的。

（3）地理史观。这种观念认为地理因素是支配人类所有历史活动的最根本原因，人的一切活动无不受制于地型、地貌、地势、气候、植被等自然因素。如爱琴海和希腊半岛的自然地理，产生了希腊文化；尼罗河水的周期性泛滥造就了古代埃及文明；玛雅文化的自生自灭，乃是因为它偏居于西半球一隅，与欧亚大陆隔绝。

（4）心理史观。这种观念认为历史发展是由人的心理活动造成的，即历史演进的根本动力乃是人的心理活动，是一种S（刺激）→R（反应）的简单反馈过程。这种刺激或如弗洛伊德所说，包括焦虑、攻击力诸内容；或如埃里克森（Erik. H. Erikson）所说，是自我力图向社会求得适应。

公允地看，上述这些历史观念各自把握了历史过程的一个侧面，用其理论来解释这个侧面是有其可取之处的。如地理史观至少有三个方面的价值不容忽视：首先，人类的生存条件和生活方式可以因受不同地理环境影响而形成不同特点。其次，人类的社会生产和经济制度亦在一定程度上受地理环境的制约。最后，在此基础上，人类的政治组织形式与文化风俗习尚也受到地理环境的某种影响。然而，这些解释一旦超出了各自所适用的研究方面，一旦用其来统摄、说明一切历史现象，就必然失足于谬误的泥淖之中。

马克思和恩格斯创立的唯物史观是历史认识论史上的一个重要飞跃。

[①] ［德］黑格尔（G. W. F. Hegel）：《历史哲学》，王造时译，生活·读书·新知三联书店1956年版，第47页。

其中，有关历史发展的"合力"论思想集中体现了唯物史观以全面的、辩证的、联系的和变化的眼光分析与把握历史过程的方法论。然而，到目前为止，对于这一极富价值的历史合力思想的研究，以及在当代科学文化的整体水平上对其加以发展仍显不足。笔者以为，与观察和描述历史不同，在分析与认识历史时，不但不应压抑研究者的主体意识，相反还应高扬研究主体的创造意识、选择意识，并以此为轴心，积极地参与到所欲分析的研究客体中去。舍此，则必将造成研究的滞固或退化。这是历史认识论研究给人们的第五个启示。

主体认识结构对此问题忽略所导致的一个明显舛误是，在对重大历史问题和重要历史事件的解释上，有些研究者仍习惯于寻找某个"终极原因"，把极为复杂的历史变化过程简化为由某个奇异力量操纵的曲杆连动转轮，根据这种思维定式，倘若没有这个奇异之力作为第一推进力，人类之史就将无法运转。在对一些历史现象的说明上，有些论述者仍习惯于用单线的因果联系方式去分析历史，忽略了对这些现象形成过程中各种联系的尽可能全面的思考。史学家所应具备的主体参与意识明显不足。笔者在此处想强调的是，所谓"终极原因"——无论它是人的欲望、抑或生产工具、抑或生产力与生产关系的矛盾、抑或其他什么——只是一种简化的预设，是把历史视作刀削之石，而不是将其看作一个流动的过程，因而不能涵盖真实历史整个联系。历史是由千千万万的人共同铸就的，而这千千万万的人借以发挥创造力的工具，借以达到自己目的之途径千差万别，他们所受的现实环境的种种制约因素（包括我们已知的和尚未知晓的）亦相当复杂。任何一个历史行为，大至人类的形成、由蒙昧走向文明，中如英国的圈地运动、美国的独立战争，小到隋炀帝巡江都等，都绝不可能孤零零地在真空中跃动。任何一个行为的本身同时意味着其他众多行为活泼泼地存在。人的种种欲望和不同选择，气象万千的自然环境的客观存在，纷繁的社会因素制约，财富的创造与毁灭……这一系列因素的相互联系、相互刺激、相互影响，使人类社会一步步从原始混沌走进昨天，从昨天来到今天，又从今天迈向明天：这每一步的迈出，都是与之有关的所有力量共同作用的结果。也许，在这一步子上，某一个（或几个）因素略为重要一些，在另一步子上，又替换成另一个（或几个）因素，但这丝毫不意味着除此之外的其他因素是可以或缺的。

在极为纷繁复杂的历史发展过程中，很难说以时间顺序划定的前后相沿事件都必然有某种契合，从而，并非所有的前后相沿事件都注定有着"因果联系"。如果研究者在主观上把观察到的对后果并无影响的前一特定事件看成前因时，或把"因"与"果"截然分开而不考虑它们转化的可能时，谬误必将随之产生。有的研究曾把农业衰落、人口减少、赋税过重等视作罗马帝国贫困化的原因。但是，这种因果分析却是十分浮浅的。正如有的评论者所指出的："如果我们思索一下，就可以知道上面提及的每一个原因，都是从其他原因或条件得来的。人口减少，是原因还是结果？贫困，是原因还是结果？亨利·缅因勋爵说：'再也没有比这种说法，即赋税过重使罗马帝国贫困化的说法，更加荒诞无稽。'农业衰落是因为地力枯竭呢？还是因为农民阶级的赋税负担过重和农业投资的递减？还是因为地主贵族占夺土地使农民沦为农奴地位呢？还是因为乡村不靖和强盗横行？"[①] 历史发展的复杂性和丰富性不仅体现在历史发展"终极原因"的多样性、复合性上，也表现在所有因果联系的复杂性上。原因不是固定的模态，而是一个流动的过程，由此导致的结果，有显露的，也有隐晦的；有可知的，也有不可知的。近代科学的形成过程，正是这种多重复合因素的充分展开和相互之间充分影响的过程，这些因素包括古代希腊科学重实验的传统（阿基米德、盖伦）以及严密的逻辑推论特征（亚里士多德）和原子论以及潜在的机械论风格（德谟克里特）的延续，近代大学的建立，学术研讨中的民主传统，商品经济的广泛发展，欧洲国家之间交流的空前加强，等等。其中的每一个因素都会在近代科学的进程中，产生出超出其独自存在的价值。这说明，在分析一切历史现象时，高度充分估计因果联系的复杂性是避免谬误出现的一个重要途径。

与上述问题密切相关的另一个重要的历史认识问题是如何看待历史规律。

一直到19世纪为止，包括各种目的论、宿命论在内的对历史规律的肯定认识，在历史哲学中占据了主导地位。及至20世纪，一些西方学者

---

① [英] 汤普逊（J. W. F. Thompson）：《中世纪经济社会史》，耿淡如译，商务印书馆1961年版，第66页。

对社会历史发展的客观规律性表示了怀疑和否定。这一相当大的变化过程与自然科学中决定论和选择论的变化步履是一致的。在近代以前，神秘的、不可确证的决定论气息弥漫了整个认识领域。以牛顿力学为代表的近代科学，把严格确定的规律关系引入认识领域。及至 19 世纪后期和 20 世纪，科学认识史中完成了由机械、严格的决定论向统计、概率决定论的转变。这种变化导致了历史哲学家思维模式的调整。如李凯尔特说：由于历史现象表现的是"那种仅仅出现一次的、件件都是个别的、属于经验范围的实际事物，它既带直观性，又带个别性"，因此从其中抽象概括出普遍规律既无意义也不可能。[①] 尼文斯也认为，有关历史规律的观念"低估了运气或意外在历史中所占的重要地位。毕竟，事件常常不是表现为有逻辑的联系，而是被上千种机遇所决定的事件的偶然结合。不测的疾病，气候的改变，一封文件的丧失，一个男人或女人突然间所产生的一个狂念——这些都曾改变过历史的面貌"[②]。彻底否定历史演变过程的主张有某些共同性，反映了研究者在对历史总体把握中表现出的极度困惑。这种困惑固属片面，但不浅薄；固属极端，但不机械；固然不是科学的历史观，但却又从一个方面提示人们不要把人类社会历史规律概念化、简单化、教条化，毕竟，因此而造成的谬误现象在历史研究中并非个别和罕见。

由此可见，机械地承认规律实质上是古代文化中目的论或宿命论与近代自然科学中拉普拉斯（Pierre-Simon marquis de Laplace）机械决定论的一种结合。拉普拉斯决定论认为，动力学规律是绝对的和第一性的，一切发展过程都被具有铁的必然性的因果链条支配着；而机遇、偶然则只是无知的代名词。这种观点及其支配的历史研究实践在国内外史学界均可见到。把人类历史发展规律完全等同于自然科学的学说由亨帕尔作了十分详细的说明。他认为，在自然科学中普遍规律的作用是以通常被称为解释和预见的模型把事件串联起来，一组事件 C_1、C_2……C_n 引起了要被解释的事件 E，即某一 E 类事件是按一定的普遍规律有规则地伴随着上述那组事

---

① [德] 李凯尔特（H. Rickert）:《历史上的个体》，白锡堃译，张文杰等编译:《现代西方历史哲学译文集》，上海译文出版社 1984 年版，第 6 页。
② [美] 尼文斯（A. Nevins）:《历史和教条主义者》，田汝康、金重远选编:《西方史学流派文选》，田汝康译，上海人民出版社 1982 年版，第 282 页。

件而发生的。在历史学中也基本如此：

(1) $C_1 \quad C_2 \cdots\cdots C_n \quad n \geq 1$
(2) $L_1 \quad L_2 \cdots\cdots L_m \quad m \geq 1$
(3) E

就是说，在条件（$C_1 \cdots\cdots C_n$）的基础上，事件（E）是按照规律（$L_1 \cdots\cdots L_m$）的特定要求，以必然的趋势发展变化的。在这种史学观念的影响下，规律成为一种"超人"的或者"超自然"的决定力量。本来，所有具体的历史事件都是通过从无限潜在可能性中实现了一个有限的可能性而出现的，但这种机械、教条的历史规律论却忽视了大千世界之中有限与无限之间的辩证联系，把一个已经真实地实现了的可能性（即现实的历史结果）看作唯一的、本应实现的一个。于是，秦始皇统一全国是必然的，秦王朝二世而亡也是必然的，楚汉相争刘胜项败还是必然的。在这种观念支配下，人们完全有理由相信，倘若不是秦而是由赵、楚统一全国（在经济与军事上，这两个国家均有相当的实力），或者分裂局面持续下去；倘若秦非二世而亡（如当时以章邯军据秦故地自保，则关东军队未见得可以入秦）；倘若楚胜汉败（鸿门宴刘邦侥幸生还自不待言，广武之战项羽箭中刘邦而未致其死，则尤属偶然），论者同样会找出许多理由论证其如何符合"规律"，又如何是"必然"云云。在这种僵化的规律论的剪裁下，历史的活力看不见了，人类所具有的巨大的创造力量也看不见了，人们看到的只有在命定的号角声中，默默众生鱼贯而行——向着那个命定的目标。对于规律性的认识，本来体现的是人类的创造能力，这里却非常具有讽刺意味地走到了其反面。历史目的论和预成论确乎潜在而又十分深刻地影响着我们的认知结构。

那么，怎样正确理解人类社会历史的规律性问题？

首先，应当承认人类社会的发展中包含着规律性，尽管它与自然界的规律有所不同，但却是人类社会进程中的一种本质性的联系，反映出人类社会的走向。在貌似紊乱、纷杂的历史表象内部，总是孕育并时隐时现出各种联系的深层结构，对于这些深层结构的把握，意味着对众多历史现象所反映出的历史本质的把握。我们不能设想，中国封建社会就是一堆彼此之间毫无关系的现象的杂合（如小农经济的普遍化、专制主义中央集权的政治体制、思想观念中的政治伦理色彩），也不能设想某一个重大历史事件的产生（如希特勒法西斯控制德国）纯然就是某种孤零零的历史的"意外"（因为在德国城乡的广大家庭中父母具有高度权威，这类家庭的大量存在，有助于培育出适合法西斯极权统治的心理氛围）。如果仅看到在历史规律讨论中出现了机械僵化谬误而拒绝认识规律的客观性，心安理得于对历史事件的琐碎分析，势必造成历史研究的退化。

其次，历史规律是在人类创造历史的活动中形成的，而不是相反。人能弘道，世界上没有任何先验的本质，无论是作为总体的人类历史活动，还是每一个个体的历史行为，都不是先验地向着一个既定或预期目标前进着的。所有的历史规律，都是通过人的活动在具体的、充满生机的历史过程中逐渐展露的。俄国农奴制改革的规律——贵族内部经过充分的对话和谅解后，自上而下"解放农民"——正是通过19世纪对农民数百次起义、十二月党人的改革努力、以亚历山大二世为代表的贵族的自我危机感加深，以及1867年改革法令的颁布等一系列具体的历史事件渐次揭示出来的。

再次，人类社会历史发展规律与自然科学中的规律并不完全相同，它不会表现为如同生物学那样，"由于明显原因而出现的一系列不可避免的后果"，"差不多可以像广阔森林中植物形态的生长那样加以预测"，[1] 也不会表现为如同物理学那样，"如果一个什么事物定立了，另外一个什么事物也必然随之定立"[2]。在人类社会历史中，规律性蕴含着作为社会主体的人的聪明才智、创造能力以及愚冥不灵，蕴含着作为社会主体的人的需要与目的，从而也蕴含着社会主体在其活动过程中所表现的成功与失败。正是在这一意义上，唯物史观辩证地分析和阐述了历史发展规律的"确定性"与"不确定性"：从客观过程看，历史规律的存在无疑是确定的。然而从具体的活动看，它又是不确定的。例如，"起义是一种带有若干极不确定的数的方程式，这些不确定的数的值每天都可能变化"[3]。唯

---

[1] ［美］尼文斯（A. Nevins）：《历史和教条主义者》，田汝康、金重远选编：《西方史学流派文选》，田汝康译，上海人民出版社1982年版，第281页。
[2] ［德］康德（I. Kant）：《未来形而上学导论》，庞景仁译，商务印书馆1978年版，第6页。
[3] 恩格斯：《德国的革命和反革命》，《马克思恩格斯选集》第1卷，人民出版社1972年版，第566页。

物史观给人们的昭示是，应当把历史规律作为一个复杂的认识对象，从不同层次、不同方面加以把握，从而在更宽广的视野中认识社会历史规律：

第一，人类社会历史发展中的总体规律。这是对迄今为止人类各民族历史发展过程内在联系的总的理论概括，它适用于人类各民族发展变化中所体现出的本质的共同性，并能在一定程度上对于人类的未来作出指导性说明。因此其理论覆盖面最大。如人类社会处在不断的发展变化中，表现为从低级向高级阶段的递进，从原始社会进入文明时代是以文字出现、城市产生、分工的加强等作为标志的，这些均可视作人类历史的总体规律。

第二，人类社会历史发展中的特殊规律。这是对迄今为止不同民族历史进程中内在联系作出的理论概括，它适用于某个具体的民族。尽管其理论覆盖面不如上述类型广泛，但其意义不可低估。特殊规律注意到人类社会发展的多样性，并力图揭示出不同民族在创造历史活动中表现出的各自的活力与特性。此外，在历史特殊规律中尤为明显地展示出事物的必然性与偶然性都是历史发展规律的重要表现。事物必然性主要把握的是在无数作用的合力达到某一临界点后，事物所展现出的必然进程。如在封建专制主义中央集权政体确立后，一整套解释、论证这个政体合理性和合法性的思想体系必将出现。19世纪中叶，西方殖民者进入东亚文明圈后，东亚地区各民族的社会结构和文化秩序也必然会发生变化。事物偶然性主要把握的则是，在事物发展状态尚不明晰的情况下，某个历史事件或历史人物对历史进程所施予的重要影响：它可以改变历史的方向，重铸历史之貌。如吕后的妒狠暴戾、汉文帝的老练深沉、汉景帝的刻薄狭隘、汉武帝的雄迈阔达，都给西汉前期历史留下了浓重的痕迹。这两种表现如何相互作用，是值得研究者深入考探的。

第三，人类社会历史发展中的局部规律。它所把握的对象是某一领域中事物发展变化的内在联系。如政治史研究中有属于政治史领域的规律，经济史、思想史、文化史、学术史等亦各有自身的局部规律。具体分析各自领域中的内在联系，有助于深化对于规律复杂性的认识。

第四，人类社会历史发展中的个体规律。它所把握的对象是作为个体的人是如何在自我选择的过程中对历史产生影响的。现代心理学已证明，人的个性特征是可以被分作若干类型的，相同的类型在对待相同问题时，会作出近似的反应。因此，运用心理学理论与方法考察个体在历史活动中的规律性问题，也是全面理解历史规律性时不容忽视的方面。

从层次角度考察，上述的四个规律类型可以分作三个层次：第一层次是总体规律，第二层次是特殊规律和局部规律，第三层次是个体规律。三个层次之间存在辩证关系：一方面，对第一层次规律的全面理解和把握，依赖于对第二、三层次规律的全面理解和把握；另一方面，对于第一层次规律的把握可以加深对第二、三层次规律的理解。

概括而言，因果性、规律性是历史认识中最根本的问题，对之加以辩证全面理解，是避免历史认识谬误出现的根本所在。

三

历史学家容易产生谬误的第三种类型出现在原有的认知结构向新的认知结构转换过程中。

与其他科学研究相同，史学研究的理论模式与方法也呈现出不断变化的状况，尤其在社会结构和社会价值观念出现波动时，这种变化的强度会显著增强。20世纪20年代，与当时社会政治和文化的巨大变迁相呼应，中国史学界开始对两千年以来的史学传统进行深刻的反思。人们对于旧史的批判（"旧史中无论何体何家，总不离贵族性"[1]"知有朝廷而不知有国家""知有个人而不知有群体""知有陈迹而不知有今务""知有事实而不知有理想"[2]），对史学目的分析（"历史……得直答曰为生人耳"[3]），对史学界说的审估（"历史者，叙述进化之现象也"[4]），对史学视野之厘定（"内自乡邑之法团""外至五洲之全局""上自穹古之石史""下至昨今之新闻"[5]），都反映了变化的趋向。

同样，转化的过程是相当漫长的。尽管具有历史感的人都会承认旧的

---

[1] 梁启超：《中国历史研究法》，《梁启超史学论著四种》，岳麓书社1985年版，第137页。
[2] 梁启超：《新史学》，《梁启超史学论著四种》，岳麓书社1985年版，第242—244页。
[3] 梁启超：《中国历史研究法》，《梁启超史学论著四种》，岳麓书社1985年版，第137页。
[4] 梁启超：《新史学》，《梁启超史学论著四种》，岳麓书社1985年版，第247页。
[5] 同上书，第251页。

思想范型的过时是不可遏止的趋势,① 但是,一旦接触到具体学科的具体问题,情形就会变得复杂起来。从学术发展的内在规律看,老一代研究者在理论和方法上已形成了相对稳定的研究范式,他们中的多数人在进行研究时习惯了以已有的经验、知识、理论和假说等因素作为其主要参照系统,并习惯于用这些理论范式分析研究历史现象,品核评估其他史学观念,从而对于新出现的理论、方法、设想以及新的概念、术语,产生静观、怀疑或诘难的态度。每一时代的历史都是该时代的历史,因此,老一代研究者所表现出的这一倾向不仅是可以理解的,而且至少是部分合理的。正如波普在《猜想与反驳》中所说:"在一个理论被反驳之前,我们永远无法知道可能必须在哪方面对它进行修改。"② 然而,一旦静观成为冷漠,怀疑变作偏见,诘难走向攻讦,史学的发展就会遭遇到破坏作用极大的阻力,谬误也必将随之产生。要而言之:

其一,对新的理论和方法并无多少了解,即武断否定其可行性。20世纪初,一些中国学者(如梁启超、卫聚贤、丁文江)试图运用统计方法分析历史现象。本来,这种研究方法是否可以运用,抑或在多大范围中运用,科学的确认应是从方法本身以及取得的效果入手加以说明。但是,当时有的学者却拘泥于训诂音译之理,对统计方法不做任何理性思考,就断言它是行不通的。更有人说研究国学要那圈子点子(指统计图表数据)有何用处。③ 这就犯了随意否定的错误。

其二,用求全责备的态度来衡量、要求新出的理论和方法。在一些人看来,不能全面解说历史问题的理论和方法即是无用的。国外心理历史学讨论中就出现过这种倾向。美国学者温斯坦和普拉特在《当前的心理历史学危机》一文中强调说:心理学方法是不适于应用到历史研究中去的。这是因为心理学方法不能解释历史人物的全貌,个人的行为还要受到阶级、职业、宗教信仰、年龄、地域环境、民族、种族等一系列因素的影响,还要受到既定的各种社会前提的制约。个人尚且如此,更遑论以心理

---

① 这是就一般意义上说的,实际的情形是原有研究范式不是消亡而是转化,其合理的部分被新的研究范式所继承。

② [英]波普(K. R. Popper):《猜想与反驳——科学知识的增长》,傅季重等译,上海译文出版社1986年版,第51页。

③ 参见卫聚贤《历史统计法》序,商务印书馆1934年版。

方法分析历史上的各种群体、集团和事件了。① 这种指责的背景是对心理历史学方法的适用范围做了过宽的理解。几年前，我国史学界开展的将自然科学方法论应用于历史研究的讨论中也曾出现过类似的苛责。问题的关键点在于，我们不能对新的研究方法和新的理论范型抱有过高的期望，不能奢望一种理论或研究方法能够全面解决所有问题，能够取得完美无缺的结果。这样的要求本身就是偏颇和绝对的。即使是一种相当成熟的理论与方法，亦有其时代的局限，亦有其不能解决的问题，仍需要后继者不断做出超越的努力，如果它尚有进一步发展的余地的话。总之，不能希图一种新的理论与研究方法能包治百病，所向披靡，并将其放置在这个高不可及的层次上加以评估与审定。悖此，就必将导致苛求的谬误。

其三，对新理论和方法从产生到形成、到逐步成熟的时间估计不足，认为新理论和方法一经提出，就必须证明要优于传统的理论与方法。这种情形在西方史学界关于计量方法的讨论中就曾出现过。一种理论从它的提出到比较成功地解释问题，总要经历相当的时间。不假以思考的时日，不付出大量的劳动，谁也没有魔力去呼唤："芝麻，开门！"西方史学中考证方法是由意大利学者瓦拉（Lorenzo Valla，1406—1457）首先集中加以论述的，但他的研究工作只限于语言方面。两百多年以后，法国史学家马比昂（Jean Mabillon，1632—1770）在此基础上对史料结构加以细致考订，寻找出了鉴别古代史料真伪的标准。又过了一百多年，德国史学家兰克（Loopold von Ranko，1795—1861）在《罗曼与日耳曼各族史——近代史学家批判》一书中指出了进行历史考证的原则，即"按照历史的本来面目来写历史"②，把马比昂的考据理论又推进一步。这样，历时四个多世纪，近代西方历史考证学理论和方法才逐步成熟。又如，20 世纪初，美国史学家鲁宾逊（James Harvey Robinson）着眼于改进史学研究方法，提出"新史学"理论，倡导用多种方法综合研究历史。他的设想在将近半个世纪之后才得以普遍采用，而且这种方法应用的方式和范围至今仍有不同意见。国内学者所公认的科学历史观——唯物史观，从提出到在研究

---

① ［美］温斯坦（F. Weinstein）、普拉特（G. M. Platt）：《当前心理史学的危机》（The Coming Crisis in Psychohistory），《现代史杂志》（Journal of modern History）1975 年第 2 期。

② 转自郭圣铭《西方史学史概要》，上海人民出版社 1983 年版，第 156 页。

实践中取得一系列成功，也历时数十年之久，其中还不乏惊人的误解。因此，笔者赞成拉卡托斯的观点，不要急于淘汰尚处于萌芽状态的研究纲领，尽管它们可能一时无法得到确证，但却不能断然排斥它们仍处在进步之中："评价一个研究纲领需要很长的时间，智慧女神的猫头鹰黄昏的时候才出来。"[①] 如果不是以发展和辩证的态度去看待小荷才露的新理论和新方法，那么批评主体出现急于求成的旧理性主义的僵化和谬误，也就在意料之中。

历史科学研究是一项探索性的工作，需要的是相互理解和加倍宽容。幼稚但诚实的片面并不可笑，勇敢的探索精神应受鼓励，以恢宏的气度对待新的理论和研究方法，是避免上述谬误产生的根本之道。这是历史认识论给予人们的第六个启迪。

新一代研究者锐气有余，这是十分难能可贵的。尤其是在认识发生的重大转变时期，创新意识显得更为重要。然而，创新之途也有一些值得注意的谬误陷阱。概括而言：

其一，忽视了创新活动是一项相当艰巨的科学实践工作，对研究主体所应具备的创新意识素质、知识结构素质以及持久韧性素质，在心理承受上准备不足，导致了浅尝辄止的后果。举例来说，创新是在既定文化基础之上——包括本民族文化和外来文化——的新组合，其中理应蕴含着广泛的借鉴性（如对相邻学科和外来文化）。然而，借鉴同样是考虑到与之相关各种联系的创造性借鉴，生搬硬套则必致谬误。20世纪初，西方史学理论和研究方法在东西方文化大聚会的浪潮中涌入中国，何炳松描述说："吾国近年来史学界颇受欧化潮流之激荡。……其对于西洋史学原理之接受，正与一般政治学家、经济学家、新文学家相同。"[②] 各种各样的研究方法，如"生理学的史观、心理学的史观、人种地理学的史观、天文学的、地质学的、生物学的史观"纷至沓来，令中国学者眼花缭乱。[③] 这种颇有些百家争鸣气象的学术气氛，对当时的历史研究起了推进作用。然

---

① [英]拉卡托斯（I. Lakatas）：《科学研究纲领方法论》，兰征译，上海译文出版社1986年版，第207页。

② 何炳松：《通史新义》自序，商务印书馆2011年版，第9页。

③ 杨鸿烈：《史地新论》，上海商务印书馆1924年版。

而，由于对于外来文化的创造性转化考虑不足，出现了"一时顿呈饥不择食、活剥生吞之现象"①，引起了文化接受中的消化不良，并进而引起了厌食之症，使得国外引入的多数史学研究方法未能站稳脚跟。

其二，在创新过程中产生的攀比心理也会造成谬误的出现。新理论范型和研究方法的出现，往往是一种社会思潮的组成部分，而这种社会思潮又从社会生活、价值观念、道德伦理标准上影响着包括研究者在内的社会的人的各个方面，追求全"新"有时会成为一种时尚，从而学术研究也可见到为"新"而"新"的现象。它的极端发展必然导致缺乏对于"新"的依据的充分考虑，把出发点当作了归宿处，窒息了"新"事物的生命力，在国外的史学研究中，就出现过"语不惊人死不休"的研究心态。沃芬斯坦声称："一般而言，大部分革命者在男子汉气概上存在严重的心理冲突。一方面滞留的俄狄浦斯情结使他们对父亲余恨未消，另一方面又因自己的男子汉气概的表现而深感自罪。在革命领袖身上这种内心冲突更为突出。"② 革命者（尤其是革命领袖）的行动竟起源于某种生物因子——"俄狄浦斯情结"（且不说这种因子能在多大程度上被确证）。这种故作惊人之笔的论断固然也引起了一时的轰动，但随着其内在逻辑矛盾被揭出，其价值也就被降低到相当可怜的程度。类似的情形在近几年来国内史学研究中也时有出现。如有人认为在封建社会前期的两汉时代就存在"个体专业户"，就实行着中央与诸侯王国两种系统的"一国两制"体系，如此创新即对现代特定意义上概念的套用，毋宁说是一种研究上的退化。

其三，新理论范型和新研究方法与史学具体问题的研究应是怎样的关系：是互相脱节还是把二者紧密结合在一起，即使初始幼稚可笑也毫不动摇，探索前进。笔者以为后者态度显然是可取的。然而就目前史学界而言，前者倾向依然存在。换言之，呼吁改进史学理论与方法者多（尽管其中不乏有益的设想），脚踏实地地用自己主张的方法研究具体问题者少。须知，史学史上成功的研究范型无一不是既可在"形而上"中高屋

---

① 何炳松：《通史新义》自序，商务印书馆2011年版，第9页。
② ［美］沃芬斯坦（E. V. Wolfenstein）：《革命者的人格》（*The Revolutionary personality: Lenin, Trotsky and Ganhdi*），普利斯顿大学出版社1967年版，第308页。

建瓴，又能在"形而下"处探幽索微。郭沫若、汤因比、费弗尔、布罗代尔等人，正是通过一系列具体问题研究展示了自己的理论与研究方法的创新和引领启发意义。没有理论与方法的历史研究是盲目的，没有具体历史研究的理论与方法则是空洞的。"上穷碧落下黄泉"，两处茫茫皆可见，应成为一种必不可少的规范性要求。这是历史认识论给人们的第七个启迪。如果不是研究者的素质不成熟、新理论范型和研究方法出现的内在条件还不具备的话，长期停留在疾呼"革新"却又不付诸实践的阶段，只能说明研究者尚未在更深层次的意义上认识到自身所具备的主体创造性。唯其如此，这一谬误对于新理论和研究方法成长的不利影响将是致命的。

原载《中国史研究》1988年第1期

史学流派的意义与价值
——关于史学进步内在动因的一个思考

最近十年来，我国的历史学理论和各个专门史研究，面临着新中国成立几十年来前所未有的有力挑战。虽然我们已经走出了理论凝固化、思维单一化和研究片面化的迷宫，但业已做的工作远非尽善尽美。于是，困惑和自信、迷惘与清醒、躁动不宁同冷静审视等，矛盾又十分自然地组合在一起，构成新时期历史研究的基本风貌。上述矛盾来自对既往的深层反思，也透析出对于史学未来的乐观向往。这一切，给人们一种相当强烈的预感：中国的历史学正处在一个跨入世界史坛的新的起点上，即在真正科学意义的基础上与国际史学的交流。

然而，我们以怎样的姿态步入国际史坛，以何种方式推动国际范围内的历史学研究，是一元化的、统一的历史研究整体，抑或多元化的、纷灿有异的史学群体，这是值得深思的。无疑，这个问题还蕴含着更重要的意义，即中国历史学的内在的进步动因是什么？

诚然，史学研究方法的更新或史学功用的多层次结构，都可以在某种程度上引致史学的发展。然而，历史学是一个有着复杂的、内部与外部有机联系的整体。局部因素的调整所产生的效应不能不是有限的。史学研究总体水平的提高，则在于以史学观念和思维样式为理论基础，以研究方法为具体的分析手段，以研究目的和取向为最终归宿的全面协调的嬗变。作为嬗变的动因和支撑点，则是各具特色的史学流派的涌现。

毋宁说，一种学术流派从理论构建到研究方法上都集中而明晰地展露出这个学派的文化价值体系和思维特质，它对于异质学派文化价值内容的吸收，不是断然排斥或飘忽不定，而有其既定的目的和取向，从而把它所希求的外来因素融为自身的因素。同时,它也从和其他学派的辩驳诘难中增强了自身活力。库恩(Thomas Kuhn)曾总结了科学发展的一般模式,亦以四段论的形式加以表述:1. 原始科学——各学派之间相互争鸣,提出批评和疑难。2. 常规科学——因为出现了显著的科学成就,形成了解决问题的传统。3. 革命的科学——固定化的常规科学时过境迁,无力解决新出现的问题,因而产生"革命",学派之间进行批评和讨论。4. 新的常规科学——经过争鸣,选择了解决问题的新范式。① 按照库恩的研究,在科学发展的大部分时期,是由学派之间的讨论与争鸣而导致了科学自身的不断进步。事实上,即使在库恩所说的"常规科学"阶段,学派之间的讨论也仍然是科学发展最根本的原因。

这并非臆构之想,人类科学事业的进步过程从正反两个方面确证了这一点。

学派林立、异说并出的春秋战国时代,不仅是政治思想的空前活跃时期,尤值今日史家注意的是,这些学派相互诘辩,对历史学的发展也起了重大影响。例如,在讨论中,天主宰一切的天命观产生了动摇。墨子指出:"是故选天下之贤可者,立以为天子。天子立,以其力为未足,又选择天下之贤可者,置立之以为三公。"② 韩非子认为,社会政治的改革、伦理道德的变迁,是由人口数量的众寡和生活资料的多少决定的。③ 邹衍则用类推逻辑把时间和空间、自然界与人类社会视为一个统一体加以系统解释。④ 这一切,对当时史学著作如《铎氏微》《虞氏春秋》《世本》等的编纂起到了影响。这一切,也肇始着两汉史学研究的新趋势。可以说,如果没有春秋战国百家争鸣的繁荣局面,"究天人之际,通古今之变"的司马迁以及班固等一代史学大师的出现将是不可思议的。

同样,当代西方史学流派纷纭并出,为西方历史学注入了活力。计量史学流派使史学研究趋向精确,心态史学流派促使研究者探索人们的

---

① 舒炜光、邱仁宗:《当代西方科学哲学述评》,人民出版社1987年版,第207页。
② 《墨子·尚同上》,(清)孙诒让:《墨子闲诂》卷三,中华书局1986年版,第68页。
③ 《韩非子·五蠹》,梁启雄:《韩子浅解》,中华书局1960年版,第465—467页。
④ 《史记·孟子荀卿列传》:"驺衍睹有国者益淫侈,不能尚德,若《大雅》整之于身,施及黎庶矣。及深观阴阳消息而作怪迁之变,《终始》、《大圣》之篇十余万言。其语闳大不经,必先验小物,推而大之,至于无垠。"(《史记》卷七十四,第2344页)下详列事例,不赘引。

各种动机；口碑史学流派有助于史料的搜集与整合，并促进了公众参与历史写作，提高历史学的教育功能；社会史学流派导致史学研究的多样化发展；结构史学流派则注重历史发展的整体性；等等。它们相互补充，相互促进。从而，西方史学自20世纪初以来一直保持强劲的发展势头。

相反，学派定于一尊，正常的学术讨论不能展开，学科的生命力也就会被窒息。中世纪欧洲，史学深陷"神学启示"的包围之中，神学院的史学占据主导地位，使历史研究不折不扣地成为神学的侍女。在这里，没有学派的讨论和争鸣，《圣经》成了判定是非的唯一依据，宗教迷信代替了科学的探索，宗教传说代替了信史实录，宗教史观支配着一切。① 因而，"轻信、无知、混乱超越了一切限度"②。科学发展过程中出现的这些谬误，的确不应忘却。

还应当指出，学派纷争的合理性，有其认识论上的哲学基础。从哲学的认识角度看，学术研究是由主体（研究群体）和客体（研究对象）两极构成的。人作为研究实践的主客体关系中的主体，具有自身的特性。这种特性首先是由时代性决定的，每一阶段、每一时代的研究群体都具有不同于以前和以后的种种内容，亦具体表现为感受、价值体系和研究取向的差异。正如歌德所说："时代给予当时的人的影响是非常大的，我们真可以说，一个人只要早生十年或迟生十年，以他自己的教养和外面的活动看来，便成为全然另一个人了。"③ 这正是许多学派的出现序列与时代密切关联的根本原因。其次，主客体关系中独立而完整的主体，必然因其自身的规定性而形成它所特有的个性化的价值坐标系统，因为人们对于世界的映象和认识是千姿百态的。马克思以同属花种的玫瑰花和紫罗兰为例，形象而深刻地说明了这种差异的合理性："你们并不要求玫瑰花和紫罗兰散发出同样的芬芳，但你们为什么却要世界最丰富的东西——精神只能有一

---

① 郭圣铭：《西方史学史概要》，上海人民出版社1983年版，第60—61页。
② ［意大利］巴托利（A. Bartoli）：《意大利文学史》，转引自吴泽主编《史学概论》，安徽教育出版社1985年版，第29页。
③ ［德］歌德（Johann Wolfgang von Goethe）：《歌德自传——诗与真》，刘思慕译，商务印书馆1936年版，第10页。

种存在形式呢？"①

我国历史科学是人类科学与智慧的重要分支，它的发展也应毫无例外地遵循科学进步的一般规律。"学问非一派可尽，凡属学问，其性质皆为有益无害。万不可求思想统一。"② 单一的学派，则阻滞争鸣与讨论。很难设想，在一种史学流派的一统天下中，历史学能有长足进展。这一状况恰如"百川归海"和"独流注泽"的区别：没有众多澎动的波流万水同向地奔向大海，也就不可能汇合成浩瀚无垠、宽阔博大的海洋。而孤独的一条溪流，充其量也不过只能造成一汪曲泽，且存在着干涸的危险。

笔者不同意把新中国成立最初十七年出现的"百家争鸣"说成是"学派争鸣"，限于篇幅，本文暂不涉及这一问题。笔者只是想强调，在当时那种总的时代精神禁锢下，在一条道路的框定下，历史研究目的、方法、理论、语言是大同小异的，取得的"成绩"和出现的"失误"也是大同小异的。这一切都和学派争鸣格格不入。正是此点使得不同史学流派在中国的出现尤为必要，尤为重要。

一种史学流派的产生有若干最低限度标志：第一，卓有成效的史学科研群体；第二，多部有重大影响的学术成果，这些成果往往能够给人们以重要的启迪；第三，显示其独特性的理论范式与研究方法；第四，在研究取向上有自己的侧重；第五，在学派进一步发展后，出现代表学派风格的学术刊物。

学派产生和发展，还须依赖于必不可少的外部与内部条件。

外部条件：宽松和谐的学术气氛。很难设想，在一个封闭排异的社会气候中，学派可以自由地发展，充分地争鸣，无所顾忌地辩诘驳难。这里，不妨以美国史学流派为例略作说明。20世纪50年代之后，心态史学在美国盛行一时，至今未衰。在取得一些值得称道的成果同时也出现了一些臆测成分过大、考虑欠妥的著作，如有的研究者认为"俄狄浦斯情结"是革命者理想与力量的唯一束缚。很多人对此进行了尖锐的批评，但值得注意的是，大部分批评者都没有以这些局部失误概括整个心态史学流派，

---

① 马克思：《评普鲁士最近的书报检查令》，《马克思恩格斯全集》第1卷，人民出版社1956年版，第7页。

② 梁启超：《清代学术概论》，《梁启超史学论著四种》，岳麓书社1985年版，第102页。

从而恨乌及屋地把这个流派的理论与方法斥为"伪科学"。唯其如此，一些心态史学流派的研究者认真地思考失误，并进而增强了自己创新的勇气与信心。我们已经赢得并将继续赢得思想与学术研究上的自由，但要彻底清除研究工作中僵化教条因素的影响殊非易事。毋庸讳言，这些影响至今还时隐时现地出现在我们的学术研究中，如唯上、唯资历、对于新事物的苛责等。有时，旧的不合时宜的价值标准和观念体系还对我们有一定束缚，从而在某种程度上造成了史学理论落后于时代的状况。须知，宽容乃是所有学术研究活动的必要前提，这就是"容许别人有行动和判断的自由，对不同于自己或传统观的见解的耐心公正的容忍"①。早在 300 多年前，英国学者弥尔顿（John Milton, 1608—1674）在《论出版自由》中就指出：最高形式的自由是按照自己的良心，自由地了解、自由地阐述和自由地辩论。② 当代中国史学界有理由以更加恢宏的气度提供更为宽容的研究场景。这就是：

第一，对于不同学派的宽容建立在相互批评与争鸣的基础上，尖锐的批评、顽强的反批评或理直气壮的辩护，都是必要的讨论形式。然而，这种批评应当是争鸣的双方（或多方）在完全平等的地位上，所进行的富有智慧和理性的对话。

第二，面对不断变化、多姿多彩的社会现实，应当抛却被实践证明了的不准确的评判标准和其他一些不合适、不恰当的价值模式。舍此，难免不走入片面、僵化和贴标签的流弊之中，难免不扼杀史学流派的个性与生命。

内部条件：一个学派是否具有活力，取决于四个因素。

第一，一个学派应具有开放性。学派的出现可以追溯到遥远的古代，但是并非所有学派都能始终不渝地促进或有益于学术研究。学派一旦流衍为门派或阀派，其作用必然是消极的。梁启超对此有一段很好的概括："凡一学派当全盛之后，社会中希附末光者日众，陈陈相因，固已可厌。其对此派中精要之义，则先辈已浚发无余，承其流者，不过捃摭末节以诡

---

① 《大英百科全书》"宽容"条。转引自〔美〕房龙（H. W. Van Loon）《宽容》，迮卫等译，生活·读书·新知三联书店 1985 年版，第 13 页。

② 同上。

辩。且支派分裂，排轧随之。"① 在人类认识史和学术发展史中，一个学科、一种流派能否发展，与其开放抑或褊狭的态度，以及吸收外界信息量的大小程度相关。耗散结构学说进一步从理论上印证了这个认识。它认为，一个不能与外界交换能量的孤立系统，是无法形成活的有序结构。长期封闭只能使系统愈来愈无序，最终走向完全无序的混沌状态，从而窒息学派生命。只有在远离平衡状态的开放系统中，才能形成活的有序结构，使学派长盛不衰。

第二，一个学派应具有时代性。每一时代都对当时的学术研究提出特定的要求。对于时代的召唤，不同学派的回答并不完全相同，或紧跟时代，致力于过去与现实的对话；或步履稳健，但求稳重不冒险；或回首顾盼，千呼万唤不出来。不同的选择，使有的学派生机盎然，有的学派萎靡不振。法国"年鉴学派"为我们提供了有益的借鉴。这一流派五十多年的发展历程表明，它始终紧扣时代节奏，与时代同步前行。20世纪20年代末，"年鉴学派"就在研究领域中果断运用兴起不久的计量方法与心理分析方法。20世纪50年代，它又很快吸收了萌生于美国的口碑史学研究方法，并对生态学等近几十年才崛起的学科给予高度重视。在研究课题上，"年鉴学派"与时代要求紧密衔接。在史学观念上，它也力求不断更新，在比较历史学理论和历史的时间性问题上，都提出了有益的见解。

第三，一个学派应具有社会性。一个学派是否有生命力，与其对社会的贡献成正比。毋宁说，只有在人们意识到这个学派的价值时，它才有发展的可能。20世纪30年代出现的拉丁美洲修正史学流派之所以在20世纪50年代后逐渐兴盛，就在于它注意到拉丁美洲社会现实提出的许多重大问题，从理论上和历史的角度，论证了拉丁美洲民族统一和社会文化总体结构趋向一体化等课题。相反，一个学派如果与社会脱节，心安理得于"纯之又纯"的研究，这一学派的认识能力必将与日俱减。

第四，一个学派应具有道德性。作为学派的每一个成员，可以有自己的性格、气质和志趣，但在一点上是一致的：他必须是真诚的、有良知的人。我们能够用真诚和良知保证自己研究的价值。没有真诚和勇气这样一种强大的人格力量的引导，单凭才能是无法把我们引向真理的。

---

① 梁启超：《清代学术概论》，《梁启超史学论著四种》，岳麓书社1985年版，第21—22页。

外部条件与内部条件是相辅相成的,前者保障了史学流派的纷涌而出,离开了这个因素,不同史学学派之间的争鸣讨论也就成了子虚乌有。后者则保证了史学流派自身的自我更新和调节,一旦某个史学流派丧失了开放性、时代性、社会性和道德性的机制,它也就必将失去活力,在学派之间的竞争中失败。

原载《历史教学》1989 年第 1 期

试说历史学的实践性

改革开放近40年以来，中国的历史学经历了巨大的变化。这种变化的基础是史学理论和历史理论在思想解放运动的鼓舞下，所迸发出的充满活力的持续性进步。可以不夸张地说，如果不曾摒除对唯物史观的教条化的理解，如果没有树立起独立思考的勇气和自信，如果离开了对重大理论问题和历史问题的认真和艰苦的思考，如果不能将中国和其他国家的历史实际作为研究工作的出发点，就不可能打破持续已久的学术研究的困局，就不会有中国历史学繁花似锦的局面。

今天，在梳理和总结近40年理论走向的轨迹时，我们应该做好重新出发的准备。那些长期以来存在的难点和疑点问题，那些在以往的讨论中有待进一步澄清的方面，那些新发生或新发现的学术现象，那些在具体研究中令我们所感受到的困扰，总之，那些今天对我们的研究工作都进行着挑战的各种问题，都需要我们付出应有的努力。其中，历史与现实的关系问题，是我们不能回避的且无时无处不在的一个重大问题。

从学科的角度说，历史学的基本问题之一是它与现实的关系。从逻辑的根源上说，这是知识世界与现实世界的关系，是知识的自律与实践的关系，是知识在获取后如何回应提供知识对象的关系。实际上这也是包括历史学在内的所有学科必须回答的根本性问题。

历史研究是否需要指向现实，历史知识是否要介入现实世界，历史学是否要具备现实的品格，历史学家是否要具有对现实关怀的精神，这些问题长期存在着不同意见，是一个历史学界国际性的"普世"问题。在近代以来的中国史学界，肯定历史学与现实的密切关系、有限度地承认历史学与现实的联系，以及强调历史学与现实无关且要避免二者之间关联的三种认识并存于世。

"求真"和"致用"是中国传统史学赋予历史学的两个最为耀眼的功能。让我们的视野回到20世纪前期。新史学的兴起，不仅没将这两个功能消减，相反，关于"求真"和"致用"二者之间孰轻孰重的争论和实践，一直是20世纪中国历史学最为常见也最容易引发争论的话题之一。这一重要学术现象的出现以及所表现出的趋势，不仅根植于中国本土的固有学术传统，也受到当时中国所处社会背景的深刻影响，并获得了一些外来思想观念和学术观念的支持。因此，这一时期的大趋向是将"致用"作为历史学的目标。新史学倡导者们"谈学术而兼涉革新"，强调"研究历史的最后目的，就在乎应用"。① 而在中国现当代史学史上产生过巨大影响的马克思主义历史学则一边倒地将史学的"致用"作为其学术价值的终极体现。其中，较浅层面上的"影射"和"比附"存在于此时和此后的不同年代，较有深度的努力则是试图通过对历史现象的研究，总结历史规律，并以之认识今天和未来。值得注意的是，这两种情形在有代表性的马克思主义历史学家身上都有体现，例如翦伯赞既明确指出："我们欲了解人类社会发展的规律，不当求之于抽象的概念和范畴，而当求之于历史。""我们研究历史，不是为了宣扬我们的祖先，而是为了启示我们正在被压抑中的活的人类；不是为了说明历史而研究历史，反之，是为了改变历史而研究历史。"② 同时也撰写了多篇借古说今的文章如《孙皓的末日》《评南北朝的幻想》《末代帝王的下场——逃跑、投降、自杀、被俘》。③ 这个现象显示了"致用"是在泛化框架中展开的，而这一点恰是"致用"功能被怀疑、被诟病的重要原因。

20世纪30年代以后，在非马克思主义学者当中，"致用"同样被视为历史学重要价值。钱穆提到"历史智识"这一概念是指通过对历史的认识而得到的判断，获得的智慧。在这一点上他持有与时俱进的观念：

---

① 柳诒徵：《历史之知识》，《史地学报》第3卷第7期，1925年5月。
② 翦伯赞：《历史哲学教程》，《翦伯赞全集》第6卷，河北教育出版社2008年版，第34、35页。
③ 以上三篇文章分别刊载于香港《文汇报》1948年9月17日、香港《文汇报》1948年11月12日和香港《文汇报》1948年11月12日。

"历史智识"与"历史材料"不同。我民族国家已往全部之活动，是为历史。其经记载流传以迄于今者，只可谓是历史的材料，而非吾侪今日所需历史的智识。材料累计而愈多，智识则与时以俱新。历史智识，随时变迁，应与当身现代种种问题，有亲切之联络。历史智识，贵能鉴古而知今。至于历史材料，则为前人之所欲知。然后人欲求历史智识，必从前人所传史料中觅取。若蔑弃前人史料而空谈史识，则所谓"史"者非史，而所谓"识"者无识。生乎今而臆古，无当于"鉴于古而知今"之任也。①

笔者之所以专门捃列钱氏的文字，意在说明对"新史学"和唯物史观均作排斥且不专治理论的史学名家，自觉且努力地践行着历史学的"致用"，显示出"致用"观之深入人心。在上述文字中，钱穆不但不反对"历史智识"的随时变迁，而且还主张"历史智识"应当贴近现实，应当鉴古知今——在这一点上，钱穆与并世同时的中国马克思主义学者以及其他一些学者实无不同，而钱穆本人认为，他重视史料而"革新派"则空谈史识。他自认所追求的是"以记诵、考订派之工夫，而达宣传革新派之目的"②。在这里钱穆又表现出对中国马克思主义历史学实践观的某种认同。而常为人们所提及的另一个典型事例是陈垣这样传统史学功底深厚，学问笃实的大史学家，在抗日战争期间，更进一步提出"史贵求真，然有时不必过泥。凡事足以伤民族之感情，失国家之体统者，不载不失为真也"③。扩大了"致用"的底线。这个表述实际上已触及当"真"和"用"出现矛盾时，历史学家如何面对，又如何处理。

中国近代史学上的"求真"和"致用"实际上包含了这样几个问题：是以"求真"为目的，还是以"致用"为目的？为了"求真"是否可以放弃"致用"，或者相反？我们不能简单地肯定或否定历史学的"工具性"。一切学问，当它失去了与社会的联系，成为个别人自娱的生活方式，它必然不会具有强大的生命力。同样，对于历史学这样一门基础学科

---

① 钱穆：《国史大纲》引论，商务印书馆1996年版，第1—2页。
② 同上书，第8页。
③ 陈垣：《通鉴胡注表微》，《陈垣全集》第12卷，安徽教育出版社2009年版，第302页。

来说，过分强调它的"工具性"，以致将这门学问用"工具主义"来统领，同样会使其丧失生命力。总之，"求真"和"致用"是否必然相互排斥，二者在怎样的程度上以怎样的方式获得平衡，是一个很值得研究的问题。然而，当"求真"和"致用"之间发生对立时，又当如何解决？20世纪30年代"古史辨"学派破除"三皇五帝"上古史体系而引发了弹劾官司，顾颉刚声明："我们无论为求真的学术计，或为求生存的民族计……就当拆去其伪造的体系和装点的形态而回复其多元的真面目，使人晓然……民族的光荣不在过去而在将来。"① 这实际上部分回应了上述问题，然而在学理上和逻辑上的分析和说明依然缺乏。

与上述意见不同，在中国还存在一种有着广泛影响的看法，历史学是"无用之用"之学，它只应求"真"与不"真"，而不应理会有"用"和无"用"。它应当与现实形成距离，从而保持自身的科学性。

"无用之用"论实际上提出了一个不能回避的有意义的问题：即历史学的科学性如何获得？笔者个人未必准确的意见是，这种看法在逻辑上存在着偏差。历史学的一个基本特征是它不是一潭死水，它始终处在变化的过程中，同一个历史现象能够在不同时代引起人们的兴趣，并不在于这个历史现象本身，而是来自不同时代的人们在各自时代背景下对它认知的差异。这就是说，不同时代历史学面临的问题实际上是由现实所提交的，从而每一时代都有属于这个时代的历史学。由此出发，每个时代的历史学的科学性的保证既来自所有时代历史学所共有的"求真"品质，也来自对特定时代现实向历史学提交问题的回答。"真"有大"真"和小"真"。讲清楚了一个历史人物、一个历史事件、一个历史现象等的基本情形亦即接近历史原态，是为小"真"；在此基础上开掘出、延伸出、展现出小"真"所蕴含的历史意义则是大"真"。小"真"可以有其止境，而大"真"则绵延无境。"无史学之求真，即无史学之致用，无史学之致用，即无史学之求真。"② 离开了对现实深切和真挚的关怀，历史学将会驻足不前。

或曰：肯定或强调历史学的实践性可能有将历史学功利化的危险。这

---

① 罗根泽编：《古史辨》第4册，顾颉刚序，上海古籍出版社1982年版，第13页。
② 刘家和：《史学的求真与致用问题》，《学术月刊》1997年第1期。

种危险确实存在。任何时代都有一些人出于各种考虑，将历史学作为工具以达到自己的目的，这种努力的过度化或多或少会牺牲历史学的学术价值。其实，历史学本身就是一门有着冒险性的学科。我们对往昔的岁月残片缀合，对其真实性的认定，也具有很大的风险。这是否就是我们放弃自己追求的理由？答案是显而易见的。笔者以为，学术共同体自身的过滤机制是防止并且能够防止历史学的实践性偏差泛滥的重要保证，那些不当的历史比附，那些为迎合现实需要而去曲解历史，那些将历史作为当下某些政策的注脚，等等，最终都不会成为我们知识体系的有效成分。因噎废食，失于明道，古今至理。而更为重要的是，如同其他学术活动，历史学的实践性需要多种声音，包括不符合学术发展规律的声音，只有在多种声音的交流中，我们才能更有效地进行历史学实践。

  总之，"求真"和"致用"是中国传统史学的两大诉求，前者显示了历史学的科学性，后者则展现了历史学的实践性。作为社会和人文基础学科，历史学尤其是距离当下较为遥远的古代历史研究工作如何体现出它的实践性，是一个值得深思的问题。"用"在何处？何以"致用"？不仅显示出历史学家的现实担当，也体现了历史学自身的成熟度。在笔者看来，历史学的"致用"不是将历史简单地与今天比附，也不是将历史知识作为应付当下的实用工具。历史学的实践性的最为重要的方面是通过对历史的认识，明了我们生存的文化根脉；明了我们漫长的发展路径；明了我们从哪里来，怎么来；向哪里去，如何去；从而向公众、社会和国家提供丰富的、有说服力的、有建设作用和启发意义的历史经验和历史智慧。

  历史经验和历史智慧如何成为可能？这种可能性主要来自历史学的学理特征。历史学是一门记忆的学科，它通过对以往历程的回顾、追忆和反思，使得过往的痕迹成为对当下和未来有益的精神产品。这种精神产品的不断积累，就形成了我们所说的"历史经验"。对这种经验的凝练和升华，便产生出"历史智慧"。人类历史的每一个进步，人类文明的每一个发展，都建立在历史经验积累的基础之上。从某种意义上说，能够对历史经验形成自觉的追求，能够对历史经验进行理性的探究和总结，是人类区别于我们所在星球上其他动物的一个标志。就此而言，历史经验是体现了历史学价值的重要表现，对"历史经验"的关注是历史学实践性最为重要的内容。

从方法论看，对"历史经验"的考察有三个值得重视的方面。

首先，"求真"和"致用"的关系。前面提到顾颉刚反对以"用"害"真"的意见，笔者深以为然。学科的功能与这个学科特有的属性和体系密不可分，脱离了这个学科所具有的要求，也就意味着丧失了学科的自律，从而也就必然成为不属于这个学科的内容。如众所知，历史学与自然科学不同，有其艺术性的一面，历史学所追求的"真"与自然科学所说的"真"也有所不同。但有一点是明确的，"真"是历史学的基础，努力寻求过往岁月的真相是历史学者的首要职责。一旦离开了"真"，历史学的楼阁便会崩塌。有意义的有价值的历史经验的获得是以"求真"为基础的，离开了历史的真实性，必然会导致对历史学社会功能的误用和滥用。有一种意见认为，与自然科学不同，在历史学领域，知识的致用性并不必然以知识的真实性为前提，求真与致用之间缺乏天然的联系。这种看法值得讨论。如果说我们刻意渲染历史的某一个方面，并在其中掺入了个人的想象，并编造出不存在（至少在史书记录上不存在）的历史故事，以之"致用"，并获得了相应的"用"的目的，这种"用"是艺术想象的"用"，与历史学学科特性是背道而驰的。我们不能简单地以虚假的历史知识在某个时间段获得了"用"的一些实例来证明"假"可致"用"。放在一个更长的历史时段中，这种"用"是无效的，也与我们所说的"用"完全不同。以不真实或被歪曲的历史知识为现实服务的事例过去曾经出现过，无论倡导者和实践者的本意如何，其结果不仅损害了历史学的尊严，而且从根本上说也不能对现实产生出积极作用。这种两败俱伤的教训需要我们认真汲取。

其次，历史学者群是一个专业性较强的学术共同体，它介入历史经验领域应当以其专业性的学术底蕴和学术视域作为基本框架，应当具有独立思考的精神，不唯上，不媚俗，不盲从，唯其如此，他们对"历史经验"的总结便具有了较为深邃的历史纵深感。这种纵深感是以对各种各样历史现象以及它们之间的联系的把握为出发点，以"历史经验"的规律性总结依归。明人方孝孺在《深虑论》中分析了秦以降至宋诸王朝衰亡的原因，他说："光武之惩哀、平，魏之惩汉，晋之惩魏，各惩其所由亡而为之备。而其亡也,盖出于所备之外。"① 在这里,他提出了总结历史经验以及将其运用到现实中的困难,这个思路值得我们重视。在这篇政论的开篇,方孝孺指出:"虑天下者,常图其所难而忽其所易,备其所可畏而遗其所不疑。然而,祸常发于所忽之中,而乱常起于不足疑之事。岂其虑之未周欤?盖虑之所能及者,人事之宜然,而出于智力之所不及者,天道也。"在这里他提出了历史经验与现实关系的复杂性。在方孝孺看来,如果不能把握或顺应"天道",社会危机就会不断发生。文中所说的"天道"接近我们所说的规律性。这个思路同样值得我们重视。深切理解历史经验自身的复杂性和多样性,努力把握"历史经验"蕴含的规律性的内容,应当是我们"致用"的方向。

最后,人类历史是一条变动不居的长河,历史经验同样如此。历史经验的存在状态对历史经验的研究者无限开放,同一个历史实态因研究者对其存在状态及其与现实的关联的理解区别,可能会得出不同的历史经验。安克斯密特将历史经验分为主观的历史经验、客观的历史经验和崇高的历史经验三种类型。② 尽管我们所说的"历史经验"与其所言有不同之处,但历史研究者"彻头彻尾受到他自己的生活体验、心灵感受和价值观的制约"③,他们对历史经验的认识都应当具有属于自己生活体验、心灵感受和价值观念的独有之处。因此,对历史知识的个性化的独到的理解和判断,对"历史经验"个性化的解读,是"历史经验"得以丰满、得以推进的一个源泉。如同我们的其他研究可能会长期处于一种未决状态,对历史经验的梳理、研究和总结也有类似的情形。不同时代研究者的学术创造力,不同研究者对历史和当下理解的差异,注定了历史经验是一个开放的并且不断延伸的动态过程。一个时代有一个时代的历史学,同样可以说,一个时代也有一个时代的历史经验的总结和表达。就此而言,我们可以对"历史经验"的总结做出如下判断:一个时代所需要的"历史经验"来自这个时代历史学家对现实的体验;"历史经验"的有效性具有特定的时代

---

① (明)方孝孺:《逊志斋集》卷二,四部丛刊本。下引同。
② [荷兰]安克斯密特(F. R. Ankersmit):《崇高的历史经验》,杨军译,东方出版社2011年版。
③ 何兆武:《对历史学的若干反思》,《史学理论研究》1996年第2期。

指向;"历史经验"的结论具有不确定性,但"历史经验"的意义则是永恒的。

原载《史学月刊》2016 年第 4 期

再论历史学的实践性

在《历史学的实践性与历史经验》和《试说历史学的实践性》等文中笔者指出,历史学的基本问题之一是它与现实的关系。从逻辑的根源上说,这是知识世界与现实世界的关系,是知识的自律与实践的关系,是知识在获取后如何回应提供知识对象的关系。实际上这也是包括历史学在内的所有学科必须回答的根本性问题。[①] 本文拟就这一重要问题作进一步探讨。

一

如果对历史学的基本价值进行区分,可以看到它是多重指向的有机结合体:在求真的取向上,历史学扮演了追问和揭示历史真相的角色,显示出历史学的科学性;在体察人性因素对人类进程确定和不确定的影响上,历史学扮演了探究至今尚不够明晰的人类活动的创造力、各种历史活动的因果联系、个体与集体的历史经验如何影响着当下以及人类精神世界内在"美"的角色,显示出了历史学的科学性与艺术性的结合;在省察人的道德情操对历史过程的建树和破坏上,历史学扮演了反思在过往岁月中人类的情怀的塑造和变化的角色,显示出了历史学的伦理性。在对上述这些结果的综合思考以及对以后发展的预判上,历史学则扮演了连接过去与今天并能在一定程度上引导人们走向未来的角色,显示出了历史学的实践性。

[①] 彭卫:《历史学的实践性与历史经验》,《光明日报》2015年11月11日第14—15版;彭卫:《试说历史学的实践性》,《史学月刊》2016年第4期。

理论问题在很大程度上也是历史问题，所有的理论判断都有其历史的支撑点，都有其历史脉络的延伸和变化。这些理论判断之所以成为"可能"或者不那么"可能"，历史的过程提供了现象层面的说明。从这个意义上说，对理论的回答实际上也是对历史的回答。

人类对历史的经验与现实关系的思考要早于严格意义上的历史学的出现。在中国古代，殷商之后，周人即有"非天庸释有夏，非天庸释有殷，乃惟尔辟……乃惟尔商后王，逸厥逸，图厥政，不蠲烝，天惟降时丧"[1]的总结和"宜鉴于殷，骏命不易"[2]的忧患意识。前者确定了"历史"之于"今天"的意义，后者则确认了人们自主认识"历史"之于"今天"的必要，而这两个方面，正是以后发展起来的中国古代历史学关于历史与现实关系的观念的基本来源。

司马迁的历史学实践纲领被他概括为"原始察终，见盛观衰"[3]。以今日的学术理念观之，它包括了方法（即"原始察终"）和目标（即"见盛观衰"）两项内容。"始"和"终"要求将历史过程看作一个前后相继并有密切联系的过程，"盛"和"衰"则提出将对这个过程的认识凝聚在一个时代的变局上。显而易见，它体现的主要是历史学的政治实践性，而这种政治实践性在司马迁之后，成为中国传统史学的基本走向。其历史的基本演进脉络学界有大量研究，[4] 此处不再赘说。而以古希腊和古罗马为中心的西方古代史学的相关情状，则需要我们略花一些笔墨。

古代历史学在西方世界的情形与东方有同有异。在历史知识的取向上，他们尤其强调对历史的求真。古希腊时代的两位世界级史家希罗多德（前484—前424）和修昔底德（前460—前411）都具备了对历史记录的怀疑精神，前者指出："我的责任是在报道人们所说的一切，但我自己并

---

[1] 《尚书·多方》，（清）阮元校刻：《十三经注疏》，中华书局1980年版。
[2] 《诗·大雅·文王》，（清）阮元校刻：《十三经注疏》，中华书局1980年版。
[3] 《史记·太史公自序》，《史记》卷一百三十，第3319页。
[4] 关于中国古代历史学个人之见与国家意志的交集以及历史理论的发展大势参见胡宝国《汉唐间史学的发展》（商务印书馆2003年版）、瞿林东主编《中国古代历史理论》之《导论》部分（安徽人民出版社2011年版，《导论》第15—56页）。其他有价值的著述甚多，篇幅所限，恕不具列。

不一定相信这些事是真实的。"① 后者声明：他对历史资料的确凿性"总是尽可能用最严格、最仔细的考证方法检验过的"。② 古罗马时代的塔西佗（Tacitus，55—120）则就史德发表了自己的重要意见，即史家记录历史要"不怀怨毒之情，不存偏私之见，超然物外，摒绝所有那一类的不良动机"③。而在希氏等人之前，这种理念即有表达。公元前6世纪爱奥尼亚出现的"纪事"（logoi）文体专指不同于神话或史诗的有事实根据的报道，其代表人物赫卡泰厄斯（Hecataeus，前550—前478）在《谱系志》中明确表达："只有我所认为是真实的东西，我才把它记载下来。"④ 因此，希、修、塔等的史学风格实可视为对前代遗产的传承。

如果说，在求真方面，古代东西方史家保持着一致性，那么，历史学在知识体系中的位置，古代希腊的设置与东方世界就出现了差异。在古代希腊，不仅作为知识王冠的哲学的地位远在史学之上，就是诗"也比历史学更富有哲理、更富有严肃性"，因为诗"意在描述普通性的时间"，而历史学则"意在记录个别事实"。⑤ 就整体而言，古希腊的思想"不仅与历史思想的成长格格不入"，而且其本质"是基于一种强烈的反历史的形而上学"，即历史学不能认识永恒的事物。⑥ 因此，能够认识永恒性的哲学和普遍性的诗的地位都要高于史学，前两者属于"真知"（episteme）的思想类型，后者属于"意见"（doxa）的思想类型。历史学只能提供低于"真知"的"意见"。⑦

关于"真知"和"意见"的含义，柯林武德有如下解释：真知"不仅是在此时此地而且在任何地方都永远是有效的，而且它根据可以证明的

---

① ［古希腊］希罗多德（Herodotus）：《历史》，王嘉隽译，商务印书馆1959年版，第691页。

② ［古希腊］修昔底德（Thucydides）：《伯罗奔尼撒战争史》，谢德风译，商务印书馆1978年版，第17页。

③ 转引自郭圣铭《西方史学史概要》，上海人民出版社1983年版，第49页。

④ 同上书，第14页。

⑤ ［古希腊］亚里士多德（Aristotle）：《形而上学》，吴寿彭译，商务印书馆1996年版，第6页。

⑥ ［英］柯林武德（R. G. Colingwood）：《历史的观念》，何兆武、张文杰译，中国社会科学出版社1986年版，第22页。

⑦ 杨共乐：《中国传统史学是一门治国之学——以古代中西史学的比较为视角》，《史学理论研究》2015年第3期。

推理并且可能通过辩证批评的武器找出错误和扬弃错误";意见则是"我们关于事实问题所具有的经验性的半—知识,它总是在变化着的……因而它只在此时此地在它自己本身的延续期内是有效的;并且它是瞬间的,没有道理的,又不可能证明"。① 这两种界定比较准确地把握了古代希腊人对于知识指向范围和知识价值意义的观念,因而也被广泛引用。从这个界定中我们可以看出,历史学的价值是被限定的价值,这种"半知识"的有效范围是在特定的时空之中。从逻辑上说,它虽然不能成为"普遍真理",但却可以成为部分的"真理",即可以对"变化"进行描述,并通过描述提供一定程度的真确解释。古代希腊史学家之所以没有成为没有思想的木偶,古代希腊的历史著述之所以没有成为廉价的历史故事集,部分的道理正在于此。

另一部分而且可能是更为重要的道理则来自史学本身。尽管思想的历史是一个时代人们创造力的结晶,但它并不能完全取代这个时代实践的所有过程以及这个时代人们所追求的所有目标,主流的观念和时代的精神也并不代表思想的全部。在古代希腊,历史学家对历史学的实践性的努力不仅引人注目,而且还有自身的特征。让"可歌可泣"的历史"永垂后世"是希罗多德撰写《历史》的目的。② 他强调以历史事实来"训世",其根据是国家的兴衰和人事的成败都有轨迹可循,都在由因及果的关联中呈现。③ 这种历史观念实际上是将历史作为可以教育后人"找出错误"和"扬弃错误"的全知识,客观上也是对古代希腊知识结构的"时代精神"的一种挑战。

在这一方面,希罗多德并不是古代希腊和古代罗马史学史上的独行者。随后的几位史家,从不同的角度、用各自的语言表达了相同或相似的观点。修昔底德谈到《伯罗奔尼撒战争史》的撰写目的时写道:

> 如果学者们想要得到关于过去的正确知识,借以预见未来(因为

---

① [英] 柯林武德(R. G. Colingwood):《历史的观念》,何兆武、张文杰译,中国社会科学出版社1986年版,第23页。
② [古希腊] 希罗多德(Herodotus):《历史》,王嘉隽译,商务印书馆1959年版,第167页。
③ 郭圣铭:《西方史学史概要》,上海人民出版社1983年版,第20—21页。

在人类历史的进程中,未来虽然不一定就是过去的重演,但同过去总是很相似的),从而判明这部书是有用的,那么,我就心满意足了。我的著作不是为了迎合人们一时的兴趣,而是要作为千秋万世的瑰宝。①

罗马统治时期希腊史家波里比阿(前204—前122)将历史作为人类所特有的知识:"从研究历史中所得到的真知灼见,对实际生活说来是一种最好的教育。因为历史,而且只有历史,能使我们不涉及实际利害而训练我们的判断力,遇事能采取正确的方针";"取鉴前人的覆辙,是教人如何英勇豪迈地面对困难、战胜命运的唯一方法,除此以外别无他途"。他还前所未有地明确地将史学升拔到哲学的高度,即认为历史学是"以事实为训的哲学"。② 罗马史学的奠基人老加图(Cato the Elder,前234—前149)指出历史著述必须达到"垂训"的目的。③ 这个原则为其后人所承续。帝制时期罗马史家李维(前59—公元17)强调了史学的"独特"功用。这就是:"在历史真相的光芒下,你可以清清楚楚地看到各种各样的事例。你应该把这些事例作为借鉴:如果是好的,那么你就模仿着去做;如果那是罪恶昭彰而最后身败名裂的,那么你就要引为大戒,竭力避免。"④ 而古代罗马最重要的历史学家塔西佗同样将"赏善罚恶"作为"历史之最高的职能",同样将"千秋万世的唾骂,悬为对奸言逆行的一种惩戒"。⑤ 这样,从希罗多德到塔西佗,在公元前5世纪到公元2世纪的700年间,我们看到了以古代希腊和罗马为轴心的包括史学观念在内的西方学术思想涌动的潮汐:一方面,在时代精神所选择的学术类型中,历史学的地位不高,历史学所提供的知识的价值受到怀疑和贬低,在这个框架内,历史的记录的意义是有限的;另一方面,在历史学家对史学的自我评定中,历史学的意义得到全面首肯,在这个框架中,对历史的记述和研

---

① [古希腊]修昔底德(Thucydides):《伯罗奔尼撒战争史》,谢德风译,商务印书馆1978年版,第18页。
② [古罗马]波里比阿(Polybius):《通史》(亦称《罗马史》),转引自郭圣铭《西方史学史概要》,上海人民出版社1983年版,第54页。
③ 同上书,第38页。
④ [古罗马]李维(Livi):《罗马史》,转自郭圣铭《西方史学史概要》,上海人民出版社1983年版,第44页。
⑤ 同上书,第48页。

究不仅可以培育当下时刻人们的良好道德，也可以在未来的任何一个时间段起到指导性的作用（即"千秋万世的瑰宝"）。

东西方古典史学存在的差异是显而易见的。在东方，历史学在各种学问中地位崇高；在西方，历史学在知识领域中或多或少被低矮化和边缘化。然而，二者的相同之处更为引人注目。在古代东方，历史学是一门在"不虚美，不隐恶"的要求下求真的学问，古代西方同样是如此。在古代东方，历史学是与国家治理高度关联的实用学问，古代西方也并不逸出此外。尽管古代东方历史学的地位几乎无与伦比，如刘知幾所说："史之为用，其利甚博，乃生人之急务，为国家之要道。有国有家者，其可缺之哉。"① 而在古代西方历史学却远未达到这样的地位，但这并没有妨碍古代西方史学家在史学实用价值和实践性方面，获得与他们的东方同行们相同的认识。在"东"与"西"的两种史学类型中，东方史学家的追求显示了历史学价值的指向和表现，西方史学家同样显示出这种指向和表现，而且由于其在知识体系中特定的学术位置即历史学不那么被人们所看重，它的显示更有意义。

二

然而，现象的表现只是说明了某种因素出现的趋势，对现象的描述并不能取代逻辑上的证明。历史学的实践性是否是这个学科的必有属性，还需要考虑这个学科的本质。在笔者看来，下述三个方面对实践性之所以必有于历史学科的可能有了进一步的解释。

首先是个人知识的有限与人类知识的无限的关系。作为个体的人，他在世界上的有限时间决定了他不可能了解所有的知识，获得所有的经验，正如庄子所说："吾生也有涯，而知也无涯，以有涯随无涯，殆已。"② 然而在实际生活中，我们看到的却是人类的知识在不断增长，人类的经验在

---

① （唐）刘知幾：《史通》外篇《史官建制》，（清）浦起龙：《史通通释》，上海古籍出版社1978年版，第303—304页。
② 《庄子》内篇《养生》，（清）郭庆藩：《庄子集释》卷二上，中华书局2012年版，第121页。

不断丰富，个体的"有涯"生命没有妨碍对知识"无涯"的追求。知识和经验的增长与丰富使得人类的生命无休止地和无止境地走向未来成为可能。完成这个过程的基点所依赖的正是对历史的记忆。庄子之后的1200多年，刘知幾以一个史学家的身份，回答了庄子的困惑：

> 夫人寓形天地，其生也若蜉蝣之在世，如白驹之过隙，发端庸浅。犹且耻当年而功不立，疾没世而名不闻。上起帝王，下穷匹庶，近则朝廷之士，远则山林之客，谅其于功也，名也，莫不汲汲焉，孜孜焉。夫如是者何哉？皆以图不朽之事也。何者而称不朽乎？盖书名竹帛而已。向使世无竹帛，时阙史官，虽尧、舜之与桀、纣，伊、周之与莽、卓，夷、惠之与跖、蹻，商、冒之与曾、闵，但一从物化，坟土未干，则善恶不分，妍媸永灭者矣。苟史官不绝，竹帛长存，则其人已亡，杳成空寂，而其事如在，皎同星汉。用使后之学者，坐披囊箧，而神交万古；不出户庭，而穷览千载。见贤而思齐，见不贤而内自省。①

在这篇文字中，刘知幾做了一个假设，即如果历史的记述不在，人类如何存在？他的结论是，对人物的评判就会出现"善恶不分，妍媸永灭"的情形。其实，"刘知幾假设"的意义远远超过了历史的道德记录和道德评定范围。可以设想，如果历史记述不在，人类的知识成果和结晶就是被散落于地的一个个零散的碎片，就会像每一个个体短暂的生命一样，可能绽放过的知识之花在伴随着生命凋零之后泯灭不存。相反，当拥有了并且能够自觉地保持住历史记忆，人类才能够让知识的延续从而让人类的延续成为可能。"坐披囊箧，而神交万古；不出户庭，而穷览千载"，历史学正是让无数个体的"有涯"生命转化为整个人类"无涯"生命、让无数个体提交的有限的历史经验转化为绵延不绝的无限经验的学问，这是其他任何学科都不能替代的知识领域，也是历史学追忆往昔走向未来的实践性的思想依据。

---

① （唐）刘知幾：《史通》外篇《史官建制》，（清）浦起龙：《史通通释》，上海古籍出版社1978年版，第303—304页。

其次是历史学所追忆的"故在"与历史学所立足的"此在"的关系。历史学的一个基本特征是它不是一潭死水，它始终处在变化的过程中，永恒的流动让历史学具有了永恒的价值。同一个历史现象能够在不同时代引起人们的兴趣，并不在于这个历史现象本身，而是来自不同时代人们在各自时代背景下对它认知的差异。或者如柯林武德所说是"过去经验的再现实化"①。这不是心理学的配景理论即观察角度不同就能蕴含的，它是人类知识的持续性积淀。从根本上说，不同时代历史学面临的问题实际上是由现实所提交的，从而每一时代都有属于这个时代的历史学。相对来说，历史现象在被确定后是静止的（不考虑由于新资料的出现对它的新的确定），但对它的思考则是无穷的。由此出发，每个时代的历史学的科学性的保证既来自所有时代历史学所共有的"求真"品质，也来自对特定时代现实向历史学提交问题的回答。

在此我们不得不指出当代中国的一个特有的背景，这就是"文化大革命"期间历史学成为权力婢女所留下的阴影。由于"影射史学"对历史学的严重破坏，至今仍有一些学人反感和拒斥让历史学拥有现实的品格，强调"为历史而历史"，认为只有远离现实才能保持历史学的科学性。义愤的情绪可以理解，但解决问题的路径却是有偏差的。正如有学者所批评的：这种想法犹如"一个人要自己拔着头发而离开地球一样"天真，"我们在批判'阴谋史学'、'影射史学'的时候，不能同时埋葬了史学的现实性品格"。② 现实问题拨动了历史学的心弦，激发了历史学的活力，拓展了历史学家的认识广度，提升了历史学家的思考能力。历史学与现实的密不可分的"共谋"，构成了历史学实践性的学理依据。

最后是历史学知识形态的展开特质。关于历史知识的有效性问题，自这个学科诞生之后便争论不休。我们前文所引述的古代希腊主流思想对历史学价值边缘化以及刘知幾将历史学知识作为具有普遍意义的指导工具，反映了古人针锋相对的两种意见。近代以来，关于历史知识价值的分歧不

---

① ［法］马鲁（H. Marru）：《历史如同知识》，田汝康、金重远选编：《现代西方史学流派文选》，上海人民出版社1982年版，第81页。

② 李振宏、刘克辉：《历史学的理论与方法》（第三次修订本），河南大学出版社2008年版，第134—135、139页。

仅没有消弭，反而在严格意义上的历史哲学的出现、[1] 马克思主义的诞生以及自然科学的飞速发展的背景下，更为广泛地呈现于人类思想过程中。

在肯定的一方，对历史学的最高评价可能来自唯物史观的创始人马克思和恩格斯。在《德意志意识形态》手稿中，他们指出："我们仅仅知道一门唯一的科学，即历史科学。"[2] 尽管在手稿中作者后来删去了这句话，表明他们可能对这种表达另有考虑，但马克思和恩格斯对历史的高度重视则是不争的事实。《路易·波拿巴的雾月十八日》《法兰西内战》《家庭、私有制和国家的起源》《德国农民战争》这些蕴含着马克思和恩格斯重要思想的著作，实际上就是历史论著。唯物史观不仅构成了马克思理论的重要部分，而且也成为马克思和恩格斯以及他们的继承者认识世界和改造世界的武器。

更多的意见则表现为对历史学价值的怀疑和否定。大体上说，这些意见主要集中在如下方面：

第一，历史学没有实际作用。"一个人的历史知识不管怎样高深，他也不能借此发明蒸汽机"，因此，历史学"就完全不会像自然科学那样，有任何实用价值"。[3] 这就是说，"科学研究对于改变现代生活具有深远的影响，而历史研究充其量也不过是无足轻重的影响"，因此"没有人可以从历史研究中得到好处"。[4]

第二，历史知识是不能被验证的，因此意义有限，如波普所说："在历史方面，一种可以考验的、因而是属于科学性质的理论是很不容易找到

---

[1] "历史哲学"一词由18世纪法国启蒙运动思想家伏尔泰（F. M. A. Voltaire，1694—1778）提出，意指人们对历史的研究应该达到一种哲学和理论的理解。近现代"历史哲学"一词多专指西方唯心主义的历史哲学。马克思的历史理论则以"历史唯物主义"之名行世。参见何兆武、陈启能主编《当代西方史学理论》之《绪论：西方史学理论的发展》（何兆武、陈启能撰写），中国社会科学出版社1996年版，第3页。

[2] 马克思、恩格斯：《德意志意识形态》，《马克思恩格斯选集》第1卷，人民出版社1972年版，第21页注①："手稿中接着删去了"此句。

[3] ［英］屈威廉（G. M. Trevelyan）：《克莱奥———位缪斯》，田汝康、金重远选编：《现代西方史学流派文选》，施子愉译，上海人民出版社1982年版，第177页。按，屈威廉并不否认历史学的价值，他尤其强调历史学的教育作用。文中所引观点，反映了当时许多人的看法。这种看法今天中国民众想必是不会陌生的。

[4] ［美］贝克尔（C. Becker）：《什么是历史事实？》，张文杰等编译：《现代西方历史哲学译文集》，段涓译，上海译文出版社1984年版，第242、238页。

的",与自然科学不同,历史研究对同一个现象有着不同的判断,不存在比如在物理学那里可以被人们所共同接受唯一的从而也是准确的判定。①

第三,历史是以个别事件的发生而呈现的,它既不能重复,也难以预测,因此历史学也就不能像自然科学那样演绎出普遍适用的因果规律。黑格尔思辨哲学的一个要点就是:每个时代都有特殊环境,对其一般的笼统法的认识则毫无裨益。因此,经验和历史所昭示我们是,没有人从历史方面学到什么。②"引力的规律可以被科学地证明,因为它是普遍而又简明的",但"饥荒引起叛乱的历史规律却没有被证明"。③

很明显,上述这些意见大都是以自然学科为参照背景衡定历史学科的意义——古代希腊的亚里士多德的哲学高于一切,在近代被置换为自然科学高于一切(黑格尔是一个例外)。很难想象,在对自然科学无节制的崇拜的热情下,历史学能够找寻到它的真正的位置。④

唯科学主义在其盛行之时就已有了明确的批评之声。在这一"大多数作者都在逻辑中,而不是在历史学的对象中寻找着历史与科学的区别"的时期,⑤ 新康德主义的重要代表人物狄尔泰(W. Dilyhey,1833—1911)看到了历史学与自然科学的同与异,他正确地指出,历史学的研究对象不同于自然科学的研究对象,因而在历史事实、研究方法和历史知识的客观性方面形成了自己的特点。他维护历史学独立地位的努力,影响了后来的柯林武德、克罗齐等人。⑥ 今天,在我们拥有了更多知识的背景下,可以就历史学的这些特点作出进一步说明。

历史学的基础是实证,即对历史真相的最大限度的接近。与自然科学

---

① [英] 波普(K. R. Popper):《历史有意义吗?》,张文杰等编译:《现代西方历史哲学译文集》,翼升译,上海译文出版社1984年版,第183页。

② [德] 黑格尔(G. W. F. Hegel):《历史哲学》,王造时译,生活·读书·新知三联书店1956年版,第44页。

③ [英] 屈威廉(G. M. Trevelyan):《克莱奥——一位缪斯》,田汝康、金重远选编:《现代西方史学流派文选》,施子愉译,上海人民出版社1982年版,第177页。

④ 顺便指出,20世纪80年代国内有学者提出将历史学区分为"基础史学"和"应用史学",以"应用史学"直接服务于现实。这实质上也反映了唯科学主义对中国现代史学界的影响。

⑤ [德] 卡西尔:《人论》,甘阳译,上海译文出版社1985年版,第223页。

⑥ 何兆武、陈启能主编《当代西方史学理论》第1章"新康德主义的史学理论"(李春平撰写),中国社会科学出版社1996年版,第61页。

不同，历史的客体不是物而是人，是有着欲望的、进行着各种各样创造性活动的、充满着无穷变数的人。从这个意义上说，历史研究的客体实际上也是历史的主体。历史学的实证过程是活着的主体与消逝的主体之间的复杂的交流过程。在实证过程中，活着的主体不仅要严肃地考察历史记述的消逝的既往的各种表现，还要认真地考虑隐伏在其间的消逝的主体的各种意愿，从而使我们对历史的重建，可以被尝试，可以被理解，可以被信任。没有对历史过程的理解，就不可能有真正意义上的历史。这个重要的方面是单凭自然科学的研究方法所无法应对的。

由此出发，历史学科形成了自身的问题序列，其中既有与自然科学相似的方面，如客观性、因果关联、普遍性和规律等，也有自然科学所没有的内容，如人的心理活动、人性的表现和伦理道德。后一个方面显然不属于自然科学的范畴，因而自然科学也不能就此对历史学进行评判。而在前者，由于历史研究是活着的主体与消逝的主体的对话，而且是极不完整的对话，其证明方式与自然科学也有着很大不同。一般来说，自然科学可以较为准确地揭示没有生命的物的本身的内在联系，或物—物之间的关联（但在动物学甚至植物学方面可能有所不同），而历史学却难以做到这一点。因此严格来说，在很大程度上，历史学的"证明"实际上是"解释"和"说明"。对于历史过程"解释"和"说明"的不确定性和非终极性，是这个学科的基本特征，也是这个学科保持活力的根源。

就本质而言，历史学是一门精神学科，它不可能通过实用发明或提供具体物品证明其价值，它之所以能够成为最为古老的学科之一并能存在于今日，是它观察了人类的生活历程，留下了人类的经验，为理解今天和谋划未来提供了知识储备。历史学对人类的这一独一无二的重要贡献，构成了历史学实践性的学科依据。

如同人类历史一样，历史学也是一条变动不居的长河。不同时代产生出的不同历史意见，是历史学进步的基本保证。历史学知识之树常青，不仅来自于不同时代人们对往昔岁月历史残片的更多和更好的缀合，也来自对现实问题的领悟和回答，来自将平凡的历史知识在理论层面上的升华，来自历史学先天具有并被自觉和自主执行的实践性。从这个意义上说，一切历史既是当代的和思想的历史，也是实践的历史。

三

如此看来，历史研究是否需要指向现实，历史知识是否要介入现实世界，历史学是否要具备现实的品格，历史学家是否要具有对现实关怀的精神，似乎不应存在疑问。但事实上，在新史学浪潮冲击之下，以及在马克思主义历史学传入中国，并深刻地改变了中国传统历史学之后，依然有不同的意见。历史与现实的关系依然是一个问题。

中国近现代史学史是一部浓缩的中国近现代史。自鸦片战争之后，救亡图存、追求民主自由、寻找古老中国的新的希望，成为一代代人为之奋斗的方向。历史这一延续着中国人生存的传统世界，历史学这一保存着中国文化根脉的传统知识，自然而然地成为人们所关注、所思考的对象。传统史学中原本就根深蒂固的致用功能，在新形势下得到了空前的弘扬。

从某种角度上说，新史学的走向就是以"史"用"今"。早年的梁启超明确主张应取古今中外的历史知识"以求治今日天下所当有事"。① 梁氏的几乎所有著作，都是关注现实问题的产物；几乎所有的心得，都是直接或间接致力于今天改造的思考。在学术旨趣上与新史学相异的国粹史学流派，在对待史学的致用方面，也表现出了他们与新史学派并肩战斗的姿态。这个学派的代表人物章太炎"始以历史民族之义提倡光复"②，复又将历史知识作为"无往而不利"的武器，③ 将历史学升拔到能够"巩固国本"④ 的高度。而在中国现当代史学史上产生过巨大影响的马克思主义历史学则一边倒地将史学的"致用"作为其学术价值的终极体现。

与上述意见不同，近现代中国史学路途上还存在一种有着广泛影响的看法，即历史学是"无用之用"之学，它只应求"真"与不"真"，而

---

① 梁启超：《上南皮张尚书书》（1896），《饮冰室合集》文集之一，商务印书馆1936年版，第106页。

② 章太炎：《致袁世凯书》，朱维铮、姜义华编：《章太炎选集》，上海人民出版社1981年版，第557页。

③ 《章太炎论今日切要之学》，《中法大学月刊》第5卷第5期。转自胡逢祥、张文建《中国近代史学思潮与流派》，华东师范大学出版社1991年版，第299页。

④ 章太炎：《论读经有利而无弊》，汤志钧：《章太炎年谱长编》（下），中华书局1979年版，第951页。

不应理会有"用"和无"用",从而保持自身的科学性。两位对中国近现代史学发展有着重大影响的学者王国维和顾颉刚先后清晰地表达了这一理念。王国维指出:"事物无大小、无远近,苟思之得其真,纪之得其实,极其会归,皆有裨于人类之生存福祉。己不竟其绪,他人当能竟之。今不获其用,后世当能用之";因此,"学无新旧也,无中西也,无有用无用也"。此即历史学的"无用之用"。① 这就是说,在研究历史问题时,不要存有取"用"的预见,唯有如此,才能有历史之"用"的呈现。王氏所言的历史研究的"他人""后世"之"用"说在顾颉刚那里得到了呼应:"我们得到的结果也许可以致用,但这是我们的意外的收获,而不是我们研究时的目的","固然,我们研究的东西也许是社会上很需要的,也许现在虽没有用而将来可以大用的,但这种的斟酌取择原是政治家、社会改造家、教育家的事情,而不是我们的事情"。② 简言之,"无用之用"说的要点是:历史学是有用的,但承担致用责任的人不是历史学家。这与我们前面谈到的近代西方思想和学术界怀疑历史功用的思潮是不同的,其间是否蕴含了东西方文化传统的差异,值得进一步考察。

在中国先秦诸子思想中,"有"和"无"是道家学派提出并论述最多的一对概念。《老子》第十一章提出了三个"无"和"有"用的例子:"三十辐共一毂,当其无,有车之用。埏埴以为器,当其无,有器之用。凿户牖以为室,当其无,有室之用。"结论是:"有之以为利,无之以为用。"③ 按照笔者未必准确的理解,这段话表达的是只有有"无"才可能有"有",只有"无用"才可能出现"有利"即"有用"。老子的这一思想,被庄子概括为"无用之用"。④

显然,如果按照这种解读,老庄哲学中的"无用之用"与近代中国

---

① 王国维:《国学丛刊序》,《观堂集林》下,河北教育出版社2001年版,第875、878页。
② 顾颉刚:《一九二六年始刊词》,《北京大学研究所国学门周刊》第2卷第13期,1926年。
③ 任继愈:《老子新释》,上海古籍出版社1985年版,第82—83页。马王堆帛书《老子》甲本和乙本《道经》文字基本相同(高明:《帛书老子校注》,中华书局1996年版,第449、461页)。又,这段文字断句,或将"无有"连读(朱谦之《老子校释》,中华书局1984年版,第43—45页)。两种读法所表达的基本意思是一致的。
④ 《庄子·内篇·人间世》篇云:"山木自寇也,膏火自煎也。桂可食,故伐之;漆可用,故割之。人皆知有用之用,而莫知无用之用也。"[(清)郭庆藩:《庄子集释》卷二中,中华书局1961年版,第192页]

史学史上将历史学作为"无用之用"之学在含义上有着很大不同。但由于"无用之用"所包含的极具辩证色彩的表达,使得它能够引起人们广阔的联想:它既可以解释一种不能带来实际利益的工作的重要性,也可以消解从事这种工作的人内心的自卑情绪。因此,王国维和顾颉刚巧妙地引用了这句名言对历史学功能所进行的概括能够引起广泛共鸣,是在情理之中的。

如果结合老庄哲学"无用之用"的本义以及中外史学观念的历程去看待历史学之用在于"无用之用",我们可以有更多的思考。

第一,历史学"无用之用"说实际上提出了一个不能回避的有意义的问题:历史学的科学性如何获得?同时还蕴含着另一个重要问题:历史知识的"用"是以何种方式加以体现?求真和致用可以也应当被区分为历史学的两个部分,但这种区分不是截然的。在笔者看来,求真是历史学家的首要的也是重要的学术和社会担当。特别是在历史真相被人为扭曲、被有意遮蔽之时,如果历史学家放弃了寻找和打开历史真相的努力,他就放弃了学术良知,放弃了对社会应有的责任。就此而言,追求历史真相并将历史真相告知公众,实际上已经体现了历史学之大"用"。这不是"意外之用",也不必待"他人"或"后世"而援申。

在《试说历史学的实践性》一文中,笔者曾对学术界关于历史知识的致用性并不必然以历史知识的真实性为前提的观点提出了自己的意见,下面就此做更多的说明。

从历史学的形成开始,历史学家——无论哪个地区和哪个民族——都将记述真相作为自己的一项基本目标。在古代西方,希罗多德声明他的责任是"报道人们所说的一切",同时他还提醒读者,他本人"并不一定就相信这些事是真实的"。[1] 随后的修昔底德则更明确地指出对历史材料的确定,要用"最严格、最仔细的考证方法检验"。[2] 这种怀疑的精神正是西方后来的历史学家努力追求历史真相的一种思想基础。在古代东方,"不

---

[1] [古希腊] 希罗多德(Herodotus):《历史》,王嘉隽译,商务印书馆1959年版,第556页。

[2] [古希腊] 修昔底德(Thucydides):《伯罗奔尼撒战争史》,谢德风译,商务印书馆1978年版,第14页。

掩恶，不虚美"①"不讳"②的"直笔"和"事核"的"实录"③两个彼此相关的概念（"直笔"是手段，"实录"是目标）的确定，为中国史学家提出了科学与道德两项基本要求。总之，一个学科的功能与这个学科特有的属性和体系密不可分，抛弃了对这个学科的必有要求，也就意味着丧失了学科的自律，从而其呈现出的"知识"也就必然成为不属于这个学科的内容。

有研究者将错用历史知识以为现实所用的做法概括为三种类型：其一，借古讽今，错误类比。如20世纪40年代，中国一些马克思主义史学家为配合国内革命斗争的需要写了许多借古说今的文章，却对当时的革命起了很大的教育作用。其二，以被歪曲了的"史实"激发爱国热情。如19世纪德国史学界的普鲁士学派为唤起同胞奋斗，用假的"历史知识"来"教育"民众。其三，史实基础全错，但研究结论却有学术价值或现实意义。④第三个类型实际上与不同的人对历史资料的不同理解有关，不属于我们所说的滥用或误用历史知识。而前两个方面均属于以对历史真实的扭曲和歪曲为代价，以获得所期待的特定时代的社会效果，具有程度不同的主观故意性质。一时所期望的效果可能达到了，但当人们最终看到鼓舞他们的历史知识是虚假的，所带来的损害是不言而喻的。19世纪英国史学界辉格党人最具代表性的史学家麦考莱（T. B. Macaulay，1800—1859）为维护党派利益，在《英国史》一书中歪曲历史，声称："事实不过是历史剩下的渣滓。"⑤对此马克思批评说：这是为了讨好辉格党而"伪造了英国历史"。⑥"良史固所以促国民之自觉，然真自觉者决不自欺，欲以自觉觉人者，尤不宜相蒙"，"乃至对本民族偏好溢美之辞，亦当力戒"⑦——梁启

---

① （唐）刘知幾：《史通》外篇《杂说下》"杂识十条"；（清）浦起龙：《史通通释》，第529页。
② （清）赵翼：《廿二史札记》卷二十九《元史回护处》条；王树民校正：《廿二史札记校正》，中华书局1984年版，第661页。
③ 《汉书·司马迁传》"赞曰"，中华书局1962年版，第2738页。
④ 张耕华：《历史哲学引论（增订本）》，复旦大学出版社2009年版，第220页。
⑤ 引自郭圣铭《西方史学史概要》，上海人民出版社1983年版，第163页。
⑥ 马克思：《资本论》，《马克思恩格斯全集》第23卷，人民出版社1972年版，第303页注120。
⑦ 梁启超：《中国历史研究法》，《梁启超史学论著四种》，岳麓书社1985年版，第141页（《中国历史研究法》成书1921年）。

超在近代发出的这个告诫仍不过时。20世纪50年代初,中国早期马克思主义历史学的代表人物之一范文澜在自评成书于20世纪40年代的《中国通史简编》的不足时,特别强调了其中的非历史主义的观点,包括否认和缩小统治阶级及其代表人物如秦始皇、汉武帝、唐太宗、宋太祖和明太祖等人在历史上的贡献,以及"借古说今"。[①] 他的自我批评,不仅表现出中国马克思主义历史学者的纠错精神,也显示了遵循求真是流淌在历史学家心灵深处的清澈泉流,显示了历史学科中只有忠实于事实才能忠实于真理的铁的自律。

尽管历史学所追求的"真"与自然科学所说的"真"有所不同,尽管历史学中的"事实"与自然科学中的"事实"有某些区别,但有一点是明确的,"真"是历史学的基础,努力寻求过往岁月的真相是历史学者的首要职责:"给历史编造的谎言,只能说明有人为了维护统治阶级的利益,不惜借用这种知识去达到宣传的目的";因此忠实于历史事实,"把历史当作一个整体来探究的使命,实在是一种严肃的责任感"。[②] 反对所谓"片面"和"盲目"追求历史真相的说法,所忽视的正是历史研究的这一基本准则,失去的是历史学的底线。

在历史学非"科学"的那个方面亦即人们所说的历史学的"艺术性"中,与本来意义上的"艺术"最为接近的因素是想象。历史叙事和研究可以接受有时也需要适度的想象,但历史学在"艺术"上的这个表现,与文学中的"艺术"极为不同。历史的想象与艺术的想象亦即在历史事实上所进行的某些推理和对不存在的事物的编造加工迥然有别,因而历史的"真实"和艺术的"真实"也判然不同。这两种想象的方式及其效果不仅为各自共同体所接受,也为读者所认可:对于一部文学作品优劣的判定,不在于它是否严格遵循了真实的事件,而在于它是否能够有效地将历史的"真实"转换成撄动人心的艺术表现;而一部好的历史作品在想象力的使用上是谨慎和有节制的,偏离了这个轨道,就会受到质疑。"从最纯粹的艺术观点来看,除非历史学家尽最大努力来保持对事实的忠实,否

---

① 范文澜:《关于〈中国通史简编〉》,《新建设》1951年第2期。

② [德]雅斯贝尔斯(K. Jaspers):《论历史的意义》,赵鑫珊译,张文杰等编译:《现代西方历史哲学译文集》,上海译文出版社1984年版,第40页。

则历史就不值得称赞";①"真实地说明过去是历史和历史传记的真髓,是区别于一切其他文艺部门的特点"②。历史和文学艺术以各自的方式,表达着对现实的关注,其不可通约性,不仅体现了人类知识的分工,更重要的是它表达了不同知识的有效范围。读者和评论家不会用1928年发生的渭华暴动中真实的人和事以及每一个历史细节去怀疑小说《白鹿原》所再现的那段历史的艺术真实性,在这一方面,《白鹿原》以史诗般的艺术力量,生动而深刻地摹状出一段撄动人心的岁月,提供了艺术的真实。但如果一部历史著作写成了历史小说,那就必然会破坏历史的真实性,削弱甚至丧失了自身的严谨性。一些早期历史学著作包括在后世产生了很大影响的巨著如希罗多德的《历史》、司马迁的《史记》和李维的《罗马史》,因没有彻底区别开历史的想象与艺术想象,将一些历史事实当作文学描写的素材而被后人诟病,原因正在于此。

第二,历史真相本身的发声是有限的,历史真相的意义只有通过对它的思考才能得以拓展。所有的历史既是"当代"的历史,也是"思想"的历史。由真实的历史所形成的历史知识对社会的影响,正是由同一时代的不同个体,不同时代人们的不同认识而被不断地激活。从这个意义上说,历史学之"用",确实有待于"他人"和"后世"的参与,确实不是历史学家的专利,也确实可能在所有对历史知识有兴趣的人的参与中获取到"意外之用"。但由于历史学家是历史知识的主要提供者,并在为历史知识的真实性提供保证的道路上获得了最有资格的发言权;他对历史知识的整理和陈述不仅来自其必有的专业训练,也来自他对现实的感悟,"他是写过去而不是为过去而写,他是为今天和明天的公众而写的"③,因此,这些"他人"可以是政治家、社会改造家或教育家,但首先应该是历史学家自己。历史学家如果拒绝对历史经验进行总结,拒绝在自己的研究活动中体现出对于当下的实践性,那么他所从事的研究工作的意义就会受到限制。

---

① [英]罗素(B. A. W. Russell):《历史作为一种艺术》,张文杰等编译:《现代西方历史哲学译文集》,张文杰译,上海译文出版社1982年版,第132页。

② [美]莫里逊(S. E. Morison):《一个历史学家的信仰》,何新等译,张文杰等编译:《现代西方历史哲学译文集》,上海译文出版社1982年版,第260页。

③ 同上书,第263页。

第三，历史学是实践中的历史学，这种实践性来自历史学家对现实的感受。由于现实不可能完全重演过去的一幕，也由于当下的人们主要不是依靠过去的经验而生活，因而我们就必须考虑历史学实践性的有效范围。

在中国的文化传统中，历史学的知识价值与国家治理密切相关，如刘知幾所倡言的"史之为用，其利甚博，乃生人之急务，为国家之要道。有国有家者，其可缺之哉"。[1] 可以说对于历史经验重要性的认识，中国比世界上任何国家都更为充分。但具有吊诡意味的是，对于历史经验的高度重视，并没有阻止一个又一个王朝的覆灭。宋神宗元丰七年（1084）以申明"穷探治乱"[2] 为主旨的《资治通鉴》编纂完成，而在这部专门为治国而编修的迄今为止最重要的以古鉴今的著作问世后不足五十年即宋钦宗靖康二年（1127），北宋便灭亡了。历史经验的历史悲剧引起了人们的关注。明人方孝孺列举了自秦而下一些朝代借鉴历史经验的失败：

> 当秦之世，而灭诸侯，一天下，而其心以为周之亡在乎诸侯之强耳。变封建而为郡县，方以为兵革可不复用，天子之位可以世守。而不知汉帝起陇亩之中，而卒亡秦之社稷。汉惩秦之孤立，于是大建庶孽而为诸侯，以为同姓之亲可以相继而无变，而七国萌篡弑之谋。武、宣以后，稍剖析之而分其势，以为无事矣，而王莽卒移汉祚。光武之惩哀、平，魏之惩汉，晋之惩魏，各惩其所由而为之备，而其亡也，盖出于所备之外。[3]

历史经验对今天的作用之所以不能尽如人意，方孝孺的解释是"人事"可尽力，而"天道"难违背。在《深虑论》这篇强调历史经验价值的不长的文字中，方孝孺已经意识到了历史经验的局限性。对历史经验作用的夸大，同样出现在西方历史学界。按照莫里逊的说法，如果没有近代美国、法国和英国历史学家的著作，就不会有美利坚联邦的长期存在、拿

---

[1] （唐）刘知幾：《史通》外篇《史官建制》；（清）浦起龙：《史通通释》，上海古籍出版社1978年版，第393页。
[2] （宋）司马光：《温国文正公文集》卷五十七《谢赐资治通鉴序表》，四部丛刊本。
[3] （明）方孝孺：《深虑论》，《逊志斋集》卷二，四部丛刊本。

破仑三世的政治赌博以及英国政治制度的延续。莫里逊本人对于这个耸人听闻的阐说也没有多少底气，自嘲是正在薄冰上滑行，不小心就会跌进无底深渊。① 这种认为历史经验可以解决现实中一切问题的看法与历史知识没有任何益处的看法一样极端，也因此一样无效。然而，在中国古代，试图运用历史经验保证一个朝代长治久安的努力失败的原因是多方面的，其中既有夸大了历史经验现实意义的方面，更有政治决策层筛选历史经验的因素，"好"的历史经验可以被抛弃，"不好"的历史经验同样可以成为走向未来的依据——这个责任是不能由历史经验本身来承担的。如陈寅恪所说，《资治通鉴》的历史观念是宋代人为当下而写的历史。但这些通过历史经验所获得的认识，并未能得到当局的认真汲取。观察往昔，一个好的，尤其是被广泛认可并在实践中得到证明的历史经验值得我们认真思考，这正是历史经验告诉我们的最重要的历史经验之一。而这种经验的获得、认同和实践，需要的是在对历史经验的总结中，个人和集团的偏见被不断抛弃，人类的精神变得更为开放和宽容，人类的精神在开放和宽容的气候中能够自主和自觉地识别最有益的和最合理的历史经验。

总之，与可以直接应用并能立见成效的科学技术不同（科学思想不在其列），历史知识不是一个可以直接搬来使用的工具，更不是万能的工具，现实对历史学的提问与历史知识对现实的支持并不能完全重合——我们可以由此晰明历史学实践性的有效范围：历史是人类的活动，历史学是一门关乎人文的学问，历史知识是人类精神的体现，历史思想是历史知识的结晶，因此历史学的实践性就必然集中表现为对人类智慧的提升方面。这种智慧可以表现为有益于当下某些问题的局部修正（如在制度建设方面历史上一些有过积极作用的措施有可能为我们提供新的思路）；可以表现为通过对历史上某种发展趋势的梳理（如历史上某些经济活动的周期是否可以再现）为今天提交出更多的判断；可以表现为对历史上带有规律性的各种事物的总结，为今后的发展道路提供更多的知识。但这远不是历史学实践性意义的全部所在。哲学的本质是"爱智"，它不仅追求知

---

① ［美］莫里逊（S. E. Morison）：《一个历史学家的信仰》，何新等译，张文杰等编译：《现代西方历史哲学译文集》，上海译文出版社1982年版，第264—265页。

识,也追求真理;历史学在这一根本点上和哲学是一致的。① 但历史学又有着自己的特质:笔者所理解的历史智慧最重要的方面乃是在于,通过我们所记忆的流动的历史河流——其中交织着成功和失败、幸福和苦难、明智和愚昧、开明和强横——启蒙人类的心灵,提高人类的判断力和道德感。这种启蒙力、判断力和道德感是我们能够进步的根基,它的存在,不仅使过去的错误、痛苦和灾难不再重现成为可能,也能够帮助人类在未来任何时刻努力将我们的创造致力于造福最广大的人群。历史学的这种"用"是模糊的,也不能立现,但这"无用之用"却是历史学的最大"用",是历史学实践性价值的最终体现。

原载《清华大学学报》2016 年第 3 期

---

① 何兆武:《译序:反思的历史哲学——评罗素的历史观》,[英] 罗素（B. Russell）:《论历史》,何兆武、肖巍、张文杰译,广西师范大学出版社 2001 年版,第 5 页。

试论心理历史学的主体
原则与理论层次

  国外有的学者曾对心理历史学做了这样的概括：心理历史学从本质上说是精神分析方法与历史分析方法相结合的、以历史上个人与群体生活为研究对象的一门边缘学科。① 然而，这个定义是不能令人满意的。从研究方法上看，它包含了心理学理论的诸多分支，而不仅仅是精神分析学说；从研究对象上看，它更侧重于探讨历史上人们的不同动机、动机形成的原因及其对社会产生的各种影响。因此，运用心理方法对纷繁复杂的社会历史活动进行分析和研究，是深化历史研究的一个重要途径。笔者曾撰文初步考察了心理分析方法与唯物史观的关系，以及运用这一方法时应注意的一些内容。② 本文试图进而说明：历史学家在运用这一方法时的主体意识和心理历史学的理论层次。

一

  20 世纪 30 年代，法国"年鉴学派"创始人之一的费弗尔指出：在运用心理方法时，心理学家所起的作用要比史学家更为重要，"一种真正的心理历史学，只有通过心理学家和历史学家的明白协商，才有可能获得一

---

  ① ［美］埃里克森（Erik H. Erikson）：《新同一范围》（*Dimensions of a New Identity*），纽约 1974 年版，第 13 页。
  ② 彭卫：《心态史学研究方法评析》，《西北大学学报》1986 年第 2 期；彭卫：《心态分析：在历史研究中的运用》，《中国社会科学（未定稿）》1987 年第 8 期。

致。历史学家由心理学家指点方向"①。费弗尔的断言似乎在一定程度上言中了。例如,在中国,尽管梁启超在《中国历史研究法》中疾呼史学家应重视人心理变化的情状,②但响应他的只有心理学家张耀翔和林传鼎等人。③在西方,人们所公认的心理历史学代表人物绝大多数都是心理学家而非历史学家。④有的美国历史学家甚至提出,鉴于人的动机很难研究,与其让史学家重视心理学理论,还不如用这些精力钻研"确定"的问题;与其让史学家涉足这一领域,还不如谨慎地吸取心理学家对历史的某些合理解释。⑤看来,史学家作为一个整体的主体参与意识不足,已经成为当今国际史学发展过程中的某种共同性问题。

诚然,从近半个世纪的发展看,心理学家在心理历史学的研究中的确起了举足轻重的作用,但是他们在研究中也表现出了重大缺陷。第一,他们把人看作"生物的人"超过了"社会的人",用生理原因解释所有的社会活动。第二,他们往往仅限于罗列历史人物的心理结构,而在更深入的分析上驻足不前。如张耀翔在研究变态人物时,就忽略了变态行为对历史所产生的影响。从中外史学史的发展看,每个时代的杰出史学家都对心理活动和心理分析给予高度重视,只是文化个性的差异决

---

① [法] 费弗尔(Lucien Febvre):《历史与心理学——一个总的看法》,王养冲译,田汝康 全甫沅洮编·《现代西方史学流派文选》,上海人民出版社1982年版,第62页。

② 梁启超在《中国历史研究法》第6章《史迹之论次》中提出八项研究因果关系的程序。其中,第五项和第七项均与心理活动有关。梁氏指出:"凡史迹皆人类心理所构成,非深入心理之奥以洞察其动态,则真相未由见也。"他还指出不仅要研究个人的人格,还要研究"多数的人格者"即民族人格、阶级人格、党派人格(《梁启超史学论著四种》,岳麓书社1985年版,第230—231页)。

③ 张耀翔:《中国历代名人变态行为考》,《东方杂志》创刊三十周年纪念专号,商务印书馆1934年版;林传鼎;《唐代以来三十四个历史人物的心理特质的估计》,《辅仁心理研究专刊》,辅仁大学心理系,1939年。

④ 如波姆波(Philip Pomper)指出弗洛伊德(S. Freud)、埃里克森(E. H. Erikson)、马尔库塞(H. Marcuse)、布朗(N. Brown)和利夫顿(R. J. Lifton)五位心理学家在心理历史学中起了举足轻重的作用。参见氏著《历史中的精神结构:心理历史学中的五位重要人物》(*The structure of Mind in History: Five Major Figures in Psychohistory*),哥伦比亚大学,1985年,第1—12页。

⑤ [美] 戴贝尔(Daryle Debell):《人、魔术和行为》(*Of Man Magic and Motive*),马里兰大学,1971年,第333页。

定了东西方史学家的不同侧重。西方史学家更侧重于对心理素质的探索,如修昔底德指出:"即使费尽心力,真情实况也还是不容易获得的:不同的目击者,对于同一个事件会有许多不同的说法,因为他们或者偏袒这一边,或者偏袒那一边。而记忆也不完全可靠。"① 中国史学家则对社会历史生活中人的各种心理活动兴趣浓厚,先秦时期这一情形就已露端倪。《左传》僖公二十八年《传》记述晋楚城濮之战时,生动地描述了晋文公重耳在战前由"惧焉""疑焉"到"定矣"的心理活动。司马迁将此推向一个高峰。他在《史记》中为后人留下了大量的有关帝王、贵族、将军、商人、儒生、游侠、食客、卜者等不同群体的心理活动状况。有的分析还能进而探讨原因,表现出一定的深度。如他对同是高级将领的卫青和霍去病作了比较:卫青的个性是"为人仁善退让,以和柔自媚于上(汉武帝——引者注)";而霍去病却"不省士,其从军,天子为遣太官赍数十乘。既还,重车余弃粱肉,而士有饥者。其在塞外,卒乏粮,或不能自振,而骠骑(霍去病——引者注)尚穿域蹋鞠。事多此类"。司马迁认为,二人在接人待物方面的差异原因在于,他们有着不同的生活经历。卫青是其父与婢女的私生子,少时地位低贱,"其父使牧羊。先母(其父嫡妻)之子皆奴畜之,不以为兄弟数",卫青本人有"人奴之生,得毋笞骂即足矣"的感慨,遂对权贵产生了自卑情绪。霍去病"少而侍中,贵",因此处处流露出优越感。② 两汉以降,这一传统便蜿蜒于中国史学的长河之中。诸如历代史书编纂者对人们心理的描述,诸如历代史评家对历史人物的心理分析,都相当明显地反映出这个特质。

目前史学家与心理历史分析的背离状况也可从历史上找到启示。在古代,史学家之所以意识到人的心理活动可以对历史进程产生某种影响,在于他们认真吸收了当时心理学的理论框架与成果。亚里士多德的《梦论》《记忆论》和希波克拉底的气质学说,都对西方历史学家产生了影响。先秦诸子对心理的观察和研究,也构成了汉代及其以后史家进行心理分析的

---

① 转引自葛懋春、谢本书主编《历史科学概论》,山东教育出版社1983年版,第308页。
② 《史记·卫将军骠骑列传》,《史记》卷一一一,第2939、2921页。

一个理论基础。① 今天史学家与历史心理研究的脱节，主要在于对自 1879 年冯特（Wilhelm Wundt）创立实验心理学以来心理学的迅速发展注意不够，无法运用现代心理学理论去探讨消逝的既往。因此，对于中国史学工作者来说，应当在两个方面强化自身的主体参与意识：

第一，调整现有的知识结构，对现代心理学理论进行系统的吸收，并在此基础上逐步形成介于心理学与历史学之间的、与历史学性质相吻合的心理历史学体系。

第二，在进行心理分析时要避免可能出现的两种谬误：一是不要机械地照搬心理学术语，使历史心理分析变为"玄论"。二是不要用自己的内心体验去框套历史人物或群体的心理活动，以避免出现非历史化的倾向。

二

作为心理历史学理论结构的第一个层次是研究的基本原则，它决定着心理分析能否正确进行，对研究过程起着统摄的作用。

原则之一，历史社会性原则。这一原则强调在运用心理方法分析历史人物或群体时，要将研究对象作为一定社会的产物加以考察，因为一定社会环境是个人精神生活的材料、客体。例如，中国古代出现的消费心理都与经济、政治、宗族和地理环境因素密切相关。从空间上看，北方人喜食猪、羊、牛肉，而吴楚地区则因河流纵横"饭稻羹鱼"②，"不重篙苴之肉"③。从相互影响的角度看，高阶层对低阶层的消费心理产生影响："城

---

① 如孟子对观察人的心理活动的方法曾加以总结："存乎人者，莫良于眸子。眸子不能掩其恶。胸中正，则眸子瞭焉；胸中不正，则眸子眊焉。听其言也，观其眸子，人焉廋哉？"（《孟子·离娄上》，杨伯峻译注：《孟子译注》卷七，中华书局 1960 年版，第 177 页）孙子对军事活动中的心理表现有过陈述："辞卑而益备者，进也。辞强而进驱者，退也。"（《孙子·行军》，吴九龙主编：《孙子校释》，军事科学出版社 1990 年版，第 156 页）韩非对社会世俗心理的描述则触及人们的某种深层心理结构："且父母之于子也，产男则相贺，产女则杀之。此俱出父母之怀衽，然男子受贺，女子杀之者，虑其后便，计之长利也。故父母之于子也，犹用计算之心以相待也，而况无父子之泽乎！"（《韩非子·六反》，梁启雄：《韩子浅解》，中华书局 1960 年版，第 429 页）

② 《史记·货殖列传》，《史记》卷一二九，第 3918 页。

③ 《分门集注杜工部诗》卷十四《岁晏行》注引《风俗通义》，《四部丛刊》本。

中好高髻，四方高一尺；城中好广眉，四方且半额；城中好大袖，四方全匹帛。"①还有从维系家族内聚性产生的周济宗亲心理，汉代文献这类记载极多，②反映了一个时代的社会心理状态。

原则之二，历史客观性原则。这一原则强调尊重客观事实，从社会历史实际出发，切忌任何的主观臆测。换言之，就是从个人或群体的心理所产生和依存的各种客观条件中，去揭示其发生、发展和变化规律。西方学者在这一方面的失误，值得我们借鉴。如美国学者拉斯韦尔（H. D. Lasswell）在《精神病理学与政治》（*Psychopathology and Politics*，1931）一书中夸大和附会潜意识理论，声称支撑历史上政治人物行为的内在动力不是性错罪就是受压抑的仇恨感。直到20世纪70年代，仍有学者继续坚持这种非客观性的观点。③

原则之三，历史系统性原则。这一原则强调用系统的观点去清理和分析各种心理现象，如在魏晋时期，士大夫阶层中流行着许多前代较为少见的现象，如狂喝滥饮，放浪形骸，服食炼药等。从系统性的观点看，首先，从东汉后期以降，社会剧烈动荡，屠城掠地和"弑""篡"之事早已司空见惯。及时行乐代替了对仁义道德的追求。"人生天地间，忽如远行客"，"人生寄一世，奄忽若飙尘"，"人生忽如寄，寿无金石固"的陈说，④勾勒出当时的社会心理氛围。因此放浪形骸、过量饮酒和服食炼药都是人生应享受的乐趣，也都是超越现实和自我的良方。其次，这也是保全身家性命的韬晦之策。所谓"晋人多言饮酒，有至沉醉者。此未必意真在于酒，盖时方艰难，人各惧祸，惟论于醉，可以粗远世故"⑤。

原则之四，历史复杂性原则。在复杂的历史过程中，并非所有前后相沿的事件都有因果联系。因果联系的非线性是历史发展丰富性的重要表

---

① 《后汉书·马援传附子廖》，《后汉书》卷二十四，第853页。

② 如《汉书·循吏传·朱邑》述朱邑事云："身为列卿，居处俭节，禄赐以共九族乡党，家亡余财。"《汉书》卷五十九，第3636页。《后汉书·宣秉传》述宣秉事云："得禄奉，辄以收养亲族。其孤弱者，分与田地，自无担石之储。"《后汉书》卷二十七，第928页。

③ [美]沃芬斯坦（Victor Wolfenstein）：《革命者的人格》（*The Revolutionary Personality*），普林斯顿大学1973年版。

④ 分见《文选》卷二十九《古诗十九首》之《青青陵上柏》《今日良宴会》和《驱车上东门》。

⑤ （宋）叶梦得：《石林诗话》卷下，文渊阁《四库全书》本。

现：或一因多果，或多因一果，或多因多果。而因果关系本身也并非处于恒态，此时为因、彼时为果或互为因果是历史发展的普遍形式。历史心理分析也应恪守这一原则，对隐藏在某种行为之后的意欲的复杂性予以应有重视。例如，不少研究者认为，女性缠足反映了以儒家伦理道德为思想理论基础的封建夫权对妇女的压迫，它是由封建夫权的强化而产生的。这种解释只是部分说明了原因，却无法进一步说明，为什么女性缠足的产生时间是五代而不是其他时代？为什么最坚定地鼓吹强化夫权，甚至提出"饿死事小，失节事大"的二程不允许其家族中的女子缠足，到了南宋末年仍是"妇人不缠足"[①]？为什么这种风俗并非由理学家们自上而下大力提倡而兴盛，反倒是逐渐地、自然而然地弥漫起来？实际上，缠足之俗之所以出现于五代末，发展于北宋时，与当时人们的审美心理有着更为直接的因果关系。在五代以前女性的高大厚重在人们心目中是一个美好的形象。这不仅体现在艺术的表现形式上，也体现在实际生活中。汉代皇帝选后妃，将身材高大视为重要标准；唐代妇女亦以丰腴为美。但到了五代以后，这种观念开始发生改变。纤细灵巧的体态逐渐成为人们心目中女性"美"的重要标准。在这种时代的氛围中，缠足作"尖笋"状以示轻盈的情形开始出现，苏轼才会用"涂香莫惜莲承步，长愁罗袜临波去。只见舞回风，都无行处踪"[②]的笔调褒扬缠足。

原则之五，差异性原则。不同国家、不同民族以及同一民族居住的不同地区，都有与他人迥然有别的独特的心理倾向。差异性原则强调对这些独特的精神面貌的分析。例如两汉时期不同地区女性的性情存在一些差别。地邻边塞的陇西地区妇女性格刚烈，爽快果决，她们或对丈夫颇为不敬，争吵时"跳梁大叫，呼若入冥""讻讻籍籍，不可听闻"；[③] 或持刃为亲人复仇；[④] 或大方迎客，被赞为"健妇持门户，胜一大丈夫"[⑤]。燕

---

① （元）白珽：《湛渊静语》卷一，知不足斋丛书本。
② （宋）苏轼：《咏足》，《东坡词》，文渊阁《四库全书》本。
③ 《后汉书·冯衍传》注引《冯衍集》《与妇弟任武达书》，《后汉书》卷二十八下，第1003页。
④ 《后汉书·列女传·庞淯母》，《后汉书》卷八十四，第2796—2797页。
⑤ 《玉台新咏》卷一《陇西行》，《四部丛刊》景明活字本。

赵地区女性风流不羁,史称"弹弦跕蹀,游媚富贵,遍诸侯之后宫"①。广汉地区的女性则是"厥贞""令诚"②,即恪守贞节孝道,据《三国志》《华阳国志》和《后汉书》,这一地区的这类女性人物有41人,占文献记载的汉代三国时期"贞女"总数的80%以上。

原则之六,历时性原则。这一原则强调从动态出发观察人的心理变化,即不仅要考察一个人现时的心理特点,还要研究其童年、少年、青年、成年和老年各个时期的心理状况。其中,儿童和青少年时期的心理历程尤值重视,因为这是人心理最初萌发、性格最初形成时期。据现代心理学观察,新生儿在出生后的两年内,就会出现喜怒哀乐、厌恶、嫉妒等情绪体验。七岁前儿童开始形成其最初的个性倾向。这一倾向在环境(包括家庭和社会)影响下得到发展,并在一生中都保留其痕迹。而到了人的晚年,个人童年期的心理特征会再度显著起来。青年时期个性进一步形成,开始敏锐地感知周围现实对他们的反映。历时性原则也适于研究一个社会群体的心理历程。任何一个民族都不可能割断历史而发展,沉积于民族内部的深层心理结构在其走向未来的过程中,所延续、补充、变更和发展的部分对这个民族的影响,则表现得更为明显。

原则之七,时代性原则。这个原则要求研究者要注意到历史的特殊性,即以历史主义的眼光充分考虑不同时代的各个方面,以避免把现代人或史学家本人的某些情感渗入研究中去。正如费弗尔所说:日与夜的差别,对于生活在20世纪的人来说几乎没有什么影响,这是因为我们有足以代替日光取亮的电灯。但中世纪时期的人却没有做过夜的主人。当茫茫夜色降临之后,他们中许多人连蜡烛也没有。这是一种与现代生活迥然有别、每天由光明和黑暗来节律的生活:日与夜,白和黑,喧闹的劳动和绝对的安宁。在此情形下,中世纪人们是不可能有与我们完全相同的心理状况,以及思考、感觉、意愿、行动和再行动的方式。③

一方面,这七个原则具有如上所述的各自的功用;另一方面,又不可

---

① 《汉书·地理志下》,《后汉书》卷二十八下,第1655页。
② (晋)常璩:《华阳国志》卷十中《广汉士女》,任乃强校注:《华阳国志校补图注》,上海古籍出版社1987年版,第579页。
③ [法]费弗尔(Lucien Febvre):《历史与心理学——一个总的看法》,王养冲译,田汝康、金重远选编:《现代西方史学流派文选》,上海人民出版社1982年版,第59页。

将其割裂开来。笔者认为，应当把它们作为一个整体贯彻到具体历史问题的研究中去。

三

构成心理历史学的第二个层次是现代心理学理论，它决定了心理历史分析的深度和广度。

从学派划分的角度看，现代心理学有五个主要流派：

1. 构造学派，认为人的心理状态包括多种意识经验，把"内省法"作为研究的主要方法，而将"实验法"作为辅助手段。

2. 机能学派，强调人的活动的"内驱力"和"机制"，认为机制是内驱力得以满足的外在行为方式，内驱力是激发机制的内在条件。

3. 行为学派，认为个人的行为是其过去条件作用及其所处环境的双重影响产物。

4. 格式塔学派，认为个体的心理活动存在于生存空间，人的行为是人和环境相互作用的函数。

5. 精神分析学派，强调潜意识心理活动的重要性，认为无法观察的内驱力和动机在很大程度上决定了一个人的行为方式。

从学科划分角度看，现代心理学的分支已相当细密。主要有：

1. 普通心理学，研究一般的心理现象和规律，包括感觉心理学、知觉心理学、思维心理学、情感心理学等。

2. 年龄心理学，研究人的心理活动的年龄变化状况，包括儿童心理学、青年心理学、老年心理学。

3. 社会心理学，研究一定社会中的个人与群体情绪、情感、意志和认识过程，如需要和动机、社会控制、社会态度、社会促进等。

4. 民族心理学，研究不同民族的心理特征。

5. 能力心理学，研究人在获得和发挥能力时的各种心理活动，重点考察能力的结构和因果制约性，先天、后天、活动及性格等因素对能力形成的影响，能力测量等。

6. 变态心理学，研究人的各种异常心理活动现象，造成异常心理出现的原因及异常心理对个人和社会的影响。

7. 教育心理学，研究人在教育、学习过程中的各种心理活动。

8. 比较心理学，研究人与人、人与动物之间的心理活动的异同。

9. 缺陷心理学，研究心理或生理缺陷者（智障者、聋哑人和盲人等）的心理活动。

心理学理论的大部分内容都对历史心理分析大有裨益。从研究对象考虑，把这些内容分作三个系列。

第一个系列，用于研究历史人物的系列。这个系列中主要有如下内容：

1. 个性、气质与意志品质。个性和气质是一个人身上那些经常的、稳定的、本质的心理特征，并体现出心理活动的强度、速度和灵活性。气质有多种划分方法，其中以高级神经类型说较为科学（见表1）。意志是有目的、有计划变革某一客观过程中所表现的主观能动性作用（见表2）。尽管个性、气质和意志品质在实践活动中的作用有其限度，但它对人的活动的方式、规模、速度和水平，均能产生相当程度的影响。这是因为作为社会历史活动的主体，是对客体进行认识和实践活动的人。在此过程中，主体是以或普遍的、或特殊的、或个别的形式存在，并在客体上打上主体的印记。下面试略作说明。

表1　　　　　　　　　　人的气质分类

类别	定义	特点	趋向
多血质	各种心理活动和外部活动敏捷而易于变动	1. 对各种事物形成生动而肤浅的印象 2. 活泼好动，不甘寂寞 3. 情绪和情感活动显著行之于外	积极一面：活泼热心，富于生气，敢于冒险 消极一面：轻率任性，浮动不定
胆汁质	各种心理活动和外部动作敏捷而强烈	1. 果断而精力充沛 2. 易怒而不持久	积极一面：热情主动，精力充沛 消极一面：浮躁冲动，情感用事

续表

类别	定义	特点	趋向
黏液质	各种心理活动和外部活动迟缓而稳健	1. 淡泊宁静 2. 沉着坚定	积极一面：冷静稳健，富于毅力 消极一面：冷酷执拗，偷懒苟且，畏惧冒险
抑郁质	各种心理活动和外部活动缓慢而柔弱	1. 多愁善感 2. 情感活动单调持久而又不易显著行之于外	积极一面：深刻坚定，平稳沉着 消极一面：阴沉拘谨，不耐挫折，自卑感强

表2　　　　　　　　　　　　　人的意志品质类型

类别	定义	特点	区别
自觉性	能清晰意识到自己行动的目的，主动支配自己的行动	不盲从附会，不鲁莽从事	与易于盲目接受别人暗示或影响的受示性不同 与易于盲目抗拒别人意见或劝告的独断性不同
果断性	善于适时地和坚决地采取决定能力	深思熟虑后的当机立断	与眼光短浅、盲目自信的武断性不同 与优柔寡断的品质针锋相对
自制性	善于支配自我和节制自我的能力	克服自我方面存在的种种障碍，如懒惰、恐惧和愤怒等	
坚强性	善于坚持不懈地克服各种困难	表现在克服各种困难的过程中	与不能理智地评价自我行为、不能客观权衡外界情况不同

　　第一例是西汉前期皇帝气质对社会进程的影响。西汉始建，社会经济凋敝。经高、惠帝和吕后时期近三十年的恢复，国家实力明显增强，史称"海内殷富"①。文景时代，西汉国家一直恪守既成之业，对外妥协退让，

---

① 《史记·孝文本纪》，《史记》卷十，第548页。

对内无为而治。造成这种局势的重要原因不是由于国力虚弱，也不仅仅因为外部的匈奴和内部的诸侯王实力太强，而是与文、景二帝的个人性格有极大关系。文帝和景帝的性格都不属于敢冒险的气质类型。文帝（当时还是代王）在陈平、周勃平定诸吕立其为帝后，迟迟不敢即帝位；即帝位之后，又反复声称自己"不德"和"不敏"，① 这在西汉诸帝中是仅见的。景帝也缺乏开拓精神，史称："至于孝文，加之以恭俭，孝景遵业。"② 文、景二帝的这种气质，造成了他们政治行动的特点：一方面稳健持重，另一方面拘谨苟且。如在对待官员的受贿上，文帝不但不将受贿者绳之以法，反而"更加赏赐"，企图"以愧其心"。在内政外交上，"专务以德化民"；③ 在官吏选拔上，以"醇谨无它"即只能守成不思进取为重要标准。如御史大夫直不疑"不好立名称，称为长者"。他可"称道"的事是："其同舍有告归，误持同舍郎金，已去，而金主觉，妄意不疑，不疑谢有之，买金偿。而告归者来而归金，而前郎亡金者大惭，以此称为长者。"④ 而一些谋进取的官员如贾谊、晁错的悲剧性结局发生在此时也不是偶然的。到了武帝时期，国力的增强幅度并不是很大，但一系列决策却出现了重大转折，他个性外露、不拘小节、精力充沛、兴趣广泛，他在位的五十多年中，几乎无日安宁。在诛两粤、击朝鲜、逐匈奴、伐大宛、通西域的多事之秋中，文景时期那些"本分"的旧臣退位了，如以"谨慎"而知名的丞相石庆因"无能有所匡言"被免职。⑤ 选拔官员的标准因武帝性格和兴趣转为不拘出身，果敢有为。于是，"群士慕向，异人并出"。卜式拔于刍牧，桑弘羊擢于贾竖，卫青奋于奴仆，金日䃅出于降虏。"汉之得人，于兹为盛。"⑥ 同样，还是与武帝的强势个性相关，他比起前辈

---

① 这类诏书凡三见。《史记·孝文本纪》文帝元年（前179）诏云："朕既不德，上帝神明未歆享，天下人民未有嗛志。"（《史记》卷十，第532页）《汉书·晁错传》文帝十五年（前164）诏云："今朕获执天下之正，以承宗庙之祀，朕既不德，又不敏，明弗能烛，而智不能治，此大夫之所著闻也。"《史记·孝文本纪》文帝后七年（前156）遗诏云："朕既不德，无以佐百姓。"（《史记》卷十，第548页）

② 《汉书·景帝纪》"赞曰"，《汉书》卷五，第153页。

③ 《汉书·文帝纪》"赞曰"，《汉书》卷四，第135页。

④ 《史记·万石张叔列传》，《史记》卷一百三，第3353页。

⑤ 同上书，第3349—3350页。

⑥ 《汉书·公孙弘卜式儿宽传》"赞曰"，《汉书》卷十八，第2633—2634页。

更加主动和坚决地将权力高度集中于自己手上，以致出现了前所未有的"丞相府客馆丘虚而已"。武帝一朝的丞相只有个别人善终，多数则"尽伏诛"。① 无疑，文景时代的政治形势打上了文帝和景帝的性格特征，武帝时代的政治形势也带有武帝的个人性格色彩。

第二例是班超通西域。东汉在西域都护府任职的官员前后有数十人，他们多数人的政治业绩不突出，或暴虐贪戾（如任尚），或怯懦无为（如郭恂），或贪生怕死（如陈睦），而班超父子则与他人不同，赵翼赞其功绩"更优于西汉诸人"②。班超能成功复通西域并稳定局面数十年之久与其个人的意志品质有着密切关系。班超富于果断性，他始入西域，匈奴也派了使团。鄯善王惧怕匈奴，对汉使团"礼敬即废"。班超当机立断，半夜火攻匈奴，局势由此转危为安。他还富于坚韧性。班超在西域的十余年中，都处于孤军作战、缺粮乏饷的境地。但在坚韧品格的支持下，他陆续赢得了平鄯善、定于寘、安疏勒、破莎车、驱月氏的胜利。他又具有很强的自制力。班超在管理西域期间，屡遭权贵的嫉妒和猜疑。每逢这类事情出现，他总是表现出谦和克制，这种品格和胸怀化解了来自内部的不利因素。③ 东汉时期，西域的复归与班超更具体地说与班超的个人的性格、品质有着密切关系，东汉通西域历史事件由此在时间上和规模上出现了新的局面。

2. 认同理论。即人的自我定义理论，包括我是谁、我到底做了什么、应该去做什么等一系列问题。在类型上，认同又可分为目标认同（遭受挫折者对成功者的模仿）、损失认同（人在失去某一需要的对象时产生的对该对象的模仿）、自恋认同（对与自己具有相同特点的对象的亲和）。在现实情形与认同感出现脱节时，就会产生认同危机。历史过程，在社会出现重大变迁时，认同危机通常会显著增长。国外有学者认为，中国人在近代化浪潮的冲击下，并未像其他社会一样产生出广泛的认同危机。④ 这

---

① 《汉书·公孙弘传》，《汉书》卷五十八，第2623页。
② ［清］赵翼：《廿二史札记》卷三"汉使立功绝域"条，王树民校正：《廿二史札记校正》，中华书局1984年版，第58页。
③ 《后汉书·班超传》，《后汉书》卷四十七，第1572—1582页。
④ ［英］佩尔（Lucien W. Pye）：《中国政治精神：政治发展中权威危机的文化心理研究》（*The Spiriy of Chinese Politis: A psychoculture Study of the Authority Crisis in Political Development*），剑桥大学出版社1986年版，第80页。

其实是不够确切的。中国并非是一个"不可重复的例外"。事实上，在此两千年未遇之历史大变局中，自冲击之初的道咸时期开始，"内忧外患，纷起迭乘，国人思变心切，旧学日遭怀疑，群盼西方，能负拯救"，① 从而形成了明确的目标认同。由此并生的认同危机也普遍存在。蒋梦麟形象地描述说："两个相互矛盾的势力正在拉着，一个把我往旧世界拖，一个把我往新世界拖，我不知道该怎么办。"② 社会变动与认同危机的高度关联实可被视为一个"规律"。

3. 变态心理学理论。在人类社会中，精神疾患者和人格变态者并不罕见，其行为方式对历史产生的影响也绝非无足轻重：政治家的心理变态可能对国政带来不良影响，军事家则有可能影响战争的进程。即使是普通百姓的异常心理，有时也会造成意想不到的后果。《续汉书·五行志五》注引《风俗通义》云，洛阳男子夜龙因生活困窘而情绪异常，"持弓矢射玄武东阙"。因时当灵帝年间，朝政混乱，夜龙的行为使朝廷上下恐慌不已。③

按照现代心理学观察，精神疾患和人格异常的表现繁多，其中精神活动障碍主要有：

（1）感知觉障碍，包括感觉过敏，感觉减退，错觉和幻觉。常见疾患有神经症、癔症、精神分裂症和癫痫。

（2）记忆障碍，包括遗忘（顺行性遗忘症、遗忘综合征、阶段性遗忘）和记忆错误（记忆虚构、记忆错构、潜隐记忆）。常见疾患有癫痫、老年性痴呆和精神分裂症。

（3）思维障碍，包括联想障碍（联想奔逸、思维迟缓、思维贫乏、思路中断、思维破裂、强迫联想）、逻辑障碍（语词新作、逻辑倒错）、妄想（迫害妄想、关系妄想、虚无妄想、疑病妄想、罪恶妄想、夸大妄想、嫉妒妄想、贫困妄想）。常见疾患有躁狂症、抑郁症、精神分裂症、脑器质性痴呆、强迫性神经症和癔症。

（4）情感意志障碍，包括情感障碍（情绪高涨、欣快症、情绪低落、

---

① 钱穆：《现代中国学术论衡》，岳麓书社1988年版，第2页。
② 蒋梦麟：《西潮》，（台北）中华日报社1959年版，第42页。
③ 《后汉书》志第十七，第3343页。

情感淡薄、无故发笑、情感倒错、情绪爆发）、欲望障碍（拒食、厌食、异食、性欲异常、谎言癖、纵火癖）、意志障碍（意志增强、意志减退、意志丧失、意向倒错）、意识障碍（意识清晰度降低、神游症、夜游症）、语言及动作障碍（刻板动作与刻板语言、缄默症）。常见疾患有癫痫、癔症、精神分裂症、抑郁症和躁狂症。

变态人格与精神疾患不完全相同，它是由儿童或青春期逐渐发展起来的个体人格的缺陷。变态人格者通常并无思维和智能障碍，但其情感和意志活动则与正常情形格格不入，且自我控制能力差，常与周围人群发生冲突，或致他人受害。西汉江都王刘建（景帝之孙）思维和智能均正常，但其意志活动却是变态的："宫人姬八子有过者，辄令裸立击鼓，或置树上，久者三十日乃得衣；或髡钳以铅杵舂，不中程，辄掠；或纵狼令啮杀之，建观而大笑；或闭不食，令饿死。凡杀不辜三十五人。"① 一般认为，导致变态人格的因素有四点：首先是家族遗传基因。心理学实验观察表明，变态人格家族中的变态者远远高于其他家族。其次是疾病因素。一些感染和中毒有可能引起日后人格的畸形发展。再次是药物因素。一些有毒的药物可以破坏人的神经系统，进而导致变态人格。北魏道武帝拓跋珪早年人格正常，因服食有毒的寒食散后性情大变，国政亦受严重干扰。《魏书·道武帝纪》云："初，帝服寒食散……药数动发，至此逾甚。而灾变屡见，忧懑不安，或数日不食，或不寝达旦。归咎群下，喜怒乖常，谓百僚左右人不可信"，"追思既往成败得失，终日竟夜独语不止，若旁有鬼物对扬者。朝臣至前，追其旧恶，皆见杀害"。臣下见此惊恐万状，"或以颜色变动，或以喘息不调，或以行步乖节，或以言辞失措。帝皆以为怀恶在心，变见于外，乃手自殴击"，"于是，朝野人情各怀危惧，有司懈怠，莫相督摄，百工偷劫，盗贼公行；巷里之间，人为希少"。② 最后是社会环境因素。人在儿童期受到包括家庭和社会环境在内的诸多因素的影响。某一环节的失常（如家庭地位的急剧下降）也有可能引起某些人的心理变态。变态人格也因此而呈现出若干特点：

第一，在年龄和性别上表现为发生年龄早，童年时即可出现异常征

---

① 《汉书·景十三王传》，《汉书》卷五十三，第 2416 页。
② 《魏书》卷二，中华书局 1974 年点校本，第 44 页。

象，青年期趋于明显，男性比女性更多。南朝刘宋后废帝刘昱幼年时极为顽皮，"惰业好嬉戏，主帅不能禁，好缘漆帐竿，去地丈余，如此者半食久，乃下"，"年渐长，喜怒乖节，左右有失旨者，辄手加扑打。徒跣蹲踞，以此为常"。① 是为中国历史上的一则案例。

第二，行为目的不明确，动机令人费解。如北齐文宣帝高洋"以槊戏刺都督尉子耀，应手而死。在三台太光殿上，锯杀都督穆嵩。又幸开府暴显家，有都督韩哲无罪，忽众中召，斩之数段"。又"至有闾巷庸猥，人无识知者，忽令召斩邺下"。②

第三，冲动性和攻击性强烈，行为极为残忍。如刘宋后废帝刘昱对"或有忤意"的大臣"辄加以虐刑"。施行酷刑的器物"有白棓数十枚，各有名号"。它"针椎凿锯之徒，不离左右。尝以铁椎椎人阴破，左右人见之有敛眉者，昱大怒，令此人袒胛正立，以矛刺胛洞过"。③

第四，在人格方面往往表现出极端自私的个性，自我评价严重过高，并伴有多疑和猜忌。如前秦厉王苻生敏感多疑，时有民谣云："东海大鱼化为龙，男便为王女为公。问在何所洛门东。"苻生在没有任何证据的情况下，诛杀朝廷众多官员及其亲属。在遭遇挫折时，他又责备推诿他人。时有星异，人们以为失德，苻生将此"责任"推给皇后和大臣，说："皇后与朕对临天下，亦足以塞大丧之变。毛太傅、梁车骑、梁仆射受遗辅政，可谓大臣也。"遂诛皇后和毛、梁诸臣。④

第五，变态人格者的预后一般较差，矫正的可能性很小。上述的刘建、苻生、刘昱、高洋等人，自幼年形成变态人格后，终其一生未能改变。《宋书·后废帝纪》说刘昱幼时即人格异常，"自加元服，变态转兴"即是（这也是中国古代文献较早以"变态"一词形容此类异常人格者）。

第六，由于统治集团中尔虞我诈之风弥漫盛行，阴险的权谋，严密的设防，残酷的争斗，以及为荣华富贵和身家性命的担忧，对这些人的心理造成了巨大的压力；加之寻求精神与肉体上的刺激以摆脱心理紧张（这

---

① 《宋书·后废帝纪》，《宋书》卷九，中华书局1974年版，第188页。
② 《北史·齐本纪中》，《北史》卷七，中华书局1974年点校本，第261—262页。
③ 《宋书·后废帝纪》，《宋书》卷九，中华书局1974年版，第189页。
④ 《晋书·苻生载记》，《晋书》卷一一二，中华书局1974年版，第2878、2872—2873页。

种刺激有时会引起性格的异常),所谓"率多骄淫失道。何则?沉溺放恣之中,居势使然也"。① 因此,中国历史上统治阶层中的变态人格的发生率,一般高于其他阶层。如南朝刘宋朝皇帝八人,有变态人格者4人(见表3),占总数的50%,远远高于国外人格异常的流行病学调查的9%—18%的数据。② 其他一些群体如知识群体、军人群体的变态人格发生率如何,还需进一步考察。

表3　　　　　　　　　南朝刘宋皇帝的人格变态

人物	变态人格出现时间	表现	变态类型	资料出处
少帝刘义符	少年	皇后去世,执绋歌呼,抃掌笑谑 好皂隶之役,悦厮养之事。亲执鞭扑,殴击无辜,以为笑乐	情感倒错 虐待狂	《宋书·少帝纪》
前废帝刘子业	少年	梓宫在殡,喜容腼然。詈辱祖考,以为戏谑 凶悖日甚,诛杀相继,内外百司,不保首领	情感倒错 虐待狂	《宋书·前废帝纪》
明帝刘彧	成年	好鬼神,多忌讳,言语文书,有祸败凶丧及疑似之言应回避者,数百千品,有犯必加罪戮	偏执狂 情感焦虑	《宋书·明帝纪》
后废帝刘昱	少年	飞镞鼓剑,孩稚无遗,屠裂肝肠,以为戏谑,投骸江流,以为欢笑。天性好杀,以此为欢,一日无事,辄惨惨不乐。内外百司,人不自保,殿省忧遑,夕不及旦 或入市里,遇慢骂则悦而受焉	虐待狂 受虐狂	《南史·宋本纪下》

第七,变态人格的出现还与民族和地区的文化因素有关,即有的变态行为仅存在于某些民族或某些地区的人群中。如近代在阿拉斯加和北极圈的爱斯基摩人中出现的"温地高"(Windigo)症、"皮普鲁克图"(Piblok-

---

① 《汉书·景十三王传》"赞曰",《汉书》卷五十三,第2436页。
② 上海第一医学院等:《临床精神病学》,湖南科学技术出版社1985年版,第510—511页。现代国外数据或与中国古代和现代情形有所不同,在没有其他资料前,姑存备考。《宋书》所记刘氏皇族宗亲有64人,据此,则人格变态的皇族比率至少为9%以上(不考虑皇族成员中其他人物是否存在人格变态)。

to）症，在南美洲出现的"萨斯图"（Sasto）症。① 在中国古代，东汉会稽居民存在对牛的恐惧心理，"至竟言不敢食牛肉，或发病且死，先为牛鸣"②。明清时期，中国北方对狐的畏惧，南方对"五通神"的恐慌，也造成了变态人格的出现。

第二个系列，是用于研究社会集团和群体的理论系列，主要包括以下内容：

1. 传播方式理论。这一理论包括宣传效应、社会舆论、谣言和传播的心理定式等内容。通过吸取传播方式理论，有助于我们认识社会控制过程，以及某些集体性行为的发生与后果。下面以谣言为例略作说明。谣言通常被分作无意讹传和有意捏造两种类型。谣言的传播需要一定的社会环境，如因社会动荡而导致的紧张和猜忌情绪；或战争造成的恐怖气氛；或社会虽较平稳，但某个阶层或某些人中产生的不满厌烦情绪等。其过程是：谣言的最初出现，局限在较小的范围中——添枝加叶，以讹传讹——范围急剧扩大，失真度增大。谣言引起的后果通常较为严重。秦末"今年祖龙死"的谣传，③ 东汉后期洛阳讹言"虎贲寺东壁中有黄人"，闻此围观者达数万人。④ 它们在一定程度上推动了秦末反秦斗争和黄巾起义的爆发。

2. 社会促进理论。这一理论包括社会促进、社会助长、时尚迷狂等内容，一般有如下带有普遍性的方面：从众原则（即多数社会成员价值观念的接近）；年龄原则（即对儿童和老年人影响较少，对成年人影响较大）；新奇原则（即新奇之物的出现和不断为人们所承认）。社会促进理

---

① "温地高"（Windigo）症的发病原因是受传说中食人鬼兽 Windigo 附体，发病者出现食人表现。"皮普鲁克图"（Piblokto）症则表现为杀人或自杀。"萨斯图"（Sasto）症起因于人们相信独眼魔兽 Sasto 危害于人，因而产生极度的焦虑和惊恐。参见张伯源、陈仲庚编著《变态心理学》，北京科学技术出版社 1986 年版，第 93—94 页。

② （汉）应劭：《风俗通义·怪神》，吴树平：《风俗通义校释》，第 339 页。

③ 《史记·秦始皇本纪》，《史记》卷六，第 330 页。

④ 《续汉书·五行志五》："灵帝熹平二年（173），雒阳民讹言虎贲寺东壁中有黄人，形容须眉良是，观者数万，省内悉出，道路断绝。"李贤注云："应劭时为郎。《风俗通》曰：'劭故往视之，何在其有人也！走漏污处，腻赭流潾，壁有他剥数寸曲折耳。劭又通之曰：季夏土黄，中行用事，又在壁中，壁亦土也。以见于虎贲寺者，虎贲国之秘兵，扞难御侮。必是于东，东者动也，言当出师行将，天下摇动也。天之以类告人，甚于影响也。'"（《后汉书》志第十七，第 3346 页）应劭是目击者，他见到的只是墙壁染污剥落，可见"黄人"云云不过是一个谣言。

论有助于研究各种社会风俗。如 16 世纪荷兰出现的"郁金香时狂"造成了许多荷兰人不事生产,专门从事郁金香买卖。其原因在于人们深信郁金香的魅力经久不衰,可以带来吉祥。此外,这一理论也有助于研究社会思潮。

3. 团体构成理论。这一理论包括团体功能、团体的社会标准化倾向、团体中人际关系的层次、团体压力的产生、团体领袖的产生等。每一个社会团体都具有比较一致的价值系统,并以之为坐标构成社会标准化倾向,形成团体压力。东汉后期的党人集团"激扬名声,互相题拂,品核公卿,裁量执政,婞直之风,于斯行矣"。他们以"品行""操守""抗强"相互激励,形成了"虽情品万区,质文异数,至于陶物振俗,其道一也"的价值标准。并以"党"中的优秀成员为榜样,"共相标榜",形成了"三君""八俊""八顾""八及""八厨"等团体内部的人际层次。①

第三个系列是既可研究社会集团也可研究个人,并注重二者之间的相互关系的理论。主要包括如下内容:

1. 需求理论。心理学家马斯洛(A. H. Maslow)在摩里(H. murry)研究的基础上提出了渐次发展的"需求五层次"说:(1)生理需求,即对食、性、睡眠和避寒暑等的需求。(2)安全需求,即对安全、保障、居住和免于恐怖等的需求。(3)社会交往需求,即对感情、恋情和归属感的需求。(4)尊重需求,即对成就、名誉、威望和地位等的需求。(5)自我实现需求,即对自我发展最大限度的需求。一般而言,需求层次的满足是由低层向高一层次渐次延伸的。但是历史活动中,还有一些值得注意的逆向性需求和停滞性需求。例如,中国古代早期儒家主张精神层面的获得感,追求自我实现的需求,对生理方面的需求则不甚看重。孔子赞誉颜回:"贤哉,回也!一箪食,一瓢饮,在陋巷。人不堪其忧,回也不改其乐。"② 孟子则将此作为知识阶层的一种必要的磨砺:"故天将降大任于斯人也,必先苦其心志,劳其筋骨,饿其体肤,空乏其身,行拂乱其所为,所以动心忍性,曾益其所不能。"③ 此外,在某一层次的需求得到

---

① 《后汉书·党锢列传》,《后汉书》卷五十七,第 2187 页。
② 《论语·雍也》,(清)阮元校刻:《十三经注疏》,中华书局 1980 年版,第 2478 页。
③ 《孟子·告子下》,(清)阮元校刻:《十三经注疏》,中华书局 1980 年版,第 2762 页。

满足后,有的个人或群体并不是向着更高层次发展,而是在同一层次中横向扩展。这种情形在中国古代封建贵族和食封地主阶层中表现得尤为突出。他们拥有大量的财富,但在生理和安全层次的需求满足之后,并不追求更高层次的需要,声色犬马,恣意挥霍,过着寄生性的奢侈生活。正如仲长统在《昌言》中所说:"豪人之室,连栋数百,膏田满野,奴婢千群,徒附万计。……琦赂宝货,巨室不能容;马牛羊豕,山谷不能受。妖童美妾,填乎绮室;倡讴伎乐,列乎深堂。宾客待见而不敢去,车骑交错而不敢进。三牲之肉,臭而不可食;清醇之酎,败而不可饮。"① 对于马斯洛的需求层次理论,不能死搬硬套,要依据具体的历史情况,做具体的分析。

2. 社会交往理论包括交往形式(个体之间、群体之间、个体与群体之间)、人际关系以及角色扮演等理论。其中历史活动中人际关系的建立与如下心理有关:

首先是外表的吸引性。一般来说,外表越吸引人,越容易得到他人的较好印象,是为心理学所言之"光环效应"。秦时张苍犯法当斩,"解衣伏质,身长大,肥白如瓠,时王陵见而怪其美士,乃言沛公,赦勿斩"②。晋时陶侃本痛恶庾亮,庾亮有"风姿神貌",陶侃"一见便改观,谈宴竟日,爱重顿至"。③ 这是两个因容貌而改变个人命运并影响到历史活动的故事。其次是态度的相似性。共同的价值观念和态度倾向,易于唤起彼此之间的共鸣。反之则可能形成相反的局面。《后汉书·党锢列传》叙述东汉后期"党人"兴起背景云:周福(字仲进)任尚书,"时同郡河南尹房植有名当朝,乡人为之谣曰:'天下规矩房伯武,因师获印周仲进。'二家宾客,互相讥揣,遂各树朋徒,渐成尤隙,由是甘陵有南北部,党人之议,自此始矣。后汝南太守宗资任功曹范滂,南阳太守成瑨亦委功曹岑晊,二郡又为谣曰:'汝南太守范孟博,南阳宗资主画诺。南阳太守岑公孝,弘农成瑨但坐啸。'因此流言转入太学,诸生三万余人,郭林宗、贾伟节为其冠,并与李膺、陈蕃、王畅更相褒重。学中语曰:'天下模楷李

---

① 《后汉书·仲长统传》,《后汉书》卷四十九,第1648页。
② 《史记·张丞相传》,《史记》卷九十六,第3243页。
③ 《世说新语·容止》,徐震堮:《世说新语笺》,中华书局1984年版,第338—339页。

元礼，不畏强御陈仲举，天下俊秀王叔茂.'……自公卿以下，莫不畏其贬议，屣履到门"①。唐之李党、牛党，宋之洛党、蜀党、朔党，明之东林、复社，均与此有着直接关联。再次是才华的敬仰性，即才华、能力和威望有助于增加人的吸引力和影响力。西汉时期，尚侠之风甚烈，季布以侠气闻名，楚人为之谚曰："得黄金百斤，不如得季布一诺。"② 东汉末，"党人"声望极高。"党人"领袖之一张俭被逼亡命，一路受到保护，"望门投止，莫不重其名行，破家相容"，"其所经历，伏重诛者以十数，宗亲并皆殄灭，郡县为之残破"。③ 最后是时空的接近性。一般来说，空间距离的相近，易于发生人际交往关系。在中国古代，封建皇帝信任中宦近侍，这与他们在空间上的接近（同处宫中）和较高的交往频率（几乎每日必见）有着密切关系。

3. 动机冲突与心理防御机制理论。这一机制强调人对外部世界刺激的反应。人们的动机与客观现实状况、与所期望的目标并不总是一致的，毋宁说常常会出现动机与客观结果的反差从而形成多种动机冲突类型。其一是双趋式冲突，即个体或群体在有目的的活动中有两种并存目标，但因种种客观因素的限制，无法同时获取两个目标。孟子说："生，我所欲也，义亦我所欲也；二者不可得兼，舍生而取义。"④ 这就是一种双趋式冲突。其二是双避式冲突，即个体或群体对两种可能出现的后果都想躲避，但只能避开其中的一个后果，被迫接受另一个后果，因而产生了动机冲突。如北宋末年，宋、金订立"海上之盟"夹攻辽国。金军旋即攻占按约应由宋占领的燕京，由于无法驱逐金军，宋徽宗既不想让金军占据燕京，又不愿付出金帛赎城，陷入了双避式心理冲突，不得已选择了后者。其三是趋避式冲突，即某一选择可能导致两种同时存在的截然不同的后果。如东汉前期朝廷讨论是否收回西域，这个选择的好处是可以解除北匈奴的威胁，不利的后果则是军费开支甚剧。这两种后果使东汉政府陷入趋避式冲突之中。

---

① 《后汉书·党锢列传》，《后汉书》卷六十七，第 2185—2186 页。
② 《史记·季布传》，《史记》卷一百，第 3308 页。
③ 《后汉书·党锢列传》，《后汉书》卷六十七，第 3210 页。
④ 《孟子·告子上》，（清）阮元校刻：《十三经注疏》，中华书局 1980 年版，第 2752 页。

在个体或集团遭受挫折时,必然会产生一系列的心理防御机制。

机制之一,攻击性机制。攻击行为可以直接指向挫折的人或物(直接攻击),也可以找到替代物(间接攻击)。近代中国军民反抗外来侵略者的斗争都是直接攻击行为,而侵略者在占领城乡后对平民的屠戮和对房屋的破坏则属于间接性攻击行为。

机制之二,文饰机制。表现为对个人和群体的受挫原因,做出貌似合理实则荒谬的解释。如在中国近代史上,从道光到慈禧对列强做了一系列屈辱性让步,为了保全面子,却冠冕堂皇地将之称为"羁縻外夷"。文饰机制的进一步发展,还可导致以自我封闭、自我欣赏为特征的自固心理的强化。

机制之三,投射机制。将自己不喜欢或不能接受的而自己却具有的性格、欲望和观念转移到他人他物身上,以求得心理上的适应。

机制之四,升华机制。在遭受挫折后个体或群体的欲望向他处转移。司马迁《报任安书》所说的"西伯拘而演《周易》;仲尼厄而作《春秋》;屈原放逐,乃赋《离骚》,左丘明失明,厥有《国语》;孙子膑足,《兵法》修列"[①],即是实例。

机制之五,补偿机制。个体或群体用一些方法对心理或生理上的缺陷进行修补,以减轻心理受挫后的不适感。前秦王苻生幼时一目盲,其祖父戏问侍者:"吾闻瞎儿一泪,信乎?"苻生怒引佩刀自刺出血,曰:"此亦一泪也。"在这种紧张感和不适感的压力下,苻生格外注意发展自身体能,成为能"力举千钧""手格猛兽,走及奔马,击刺骑射,冠绝一时"的勇士。[②]

机制之六,压抑机制。在心理遭受挫折并形成痛苦经验后,因需要将痛苦经验排除于个人记忆或意识之外,形成的"动机性遗忘"。

机制之七,否认机制。通过不承认痛苦事实的存在,避免心理上的不安。秦末陈胜农民起义爆发,秦二世召大臣商议,多数人主张"急发兵击之"。二世却不愿承认局面危殆,"怒,作色"。叔孙通迎合其心理,说:"且明主在其上,法令俱于下,使人人奉职,四方辐辏,安敢有反

---

① 《汉书·司马迁传》,《汉书》卷六十二,第 2735 页。
② 《晋书·苻生载记》,《晋书》卷一一二,第 2872 页。

者！此特群盗鼠窃狗盗耳，何足置之齿牙间。"二世转怒为喜。① 秦二世心理上的否认性选择为农民起义的迅速发展创造了有利条件。

机制之八，冷漠机制。个体或群体对于所受挫折无动于衷，其中包含了逃避现实、麻木绝望的心理状态。

机制之九，反向机制。个体和群体对于与自己有距离的个体或群体（年龄、财富、地位和价值观念等的差异）的排斥心理，常表现为嫉妒、苛责和猜忌。

四

构成心理历史学理论的第三个层次是具体的研究方法，它直接决定了心理分析在历史研究中能否顺利进行。这些方法主要有下述几项：

（一）个案分析法。其功用主要用于对历史人物的心理分析。在现代心理学中，个案指对个人、群体或事件进行长期的跟踪观察。心理历史学研究的对象是历史，由于史料缺湮，且是已消逝的过去，我们不可能像现代心理学那样对研究对象进行系统的跟踪观察。但史料提供了历史人物的生平概貌，细加比勘，可以观察到某些细微之处。加之，心理历史学是用业已发生的人的行为作为依据，从而有助于避免在现代心理学调查中常出现的回答（口头与书面）同实际行为的差异。个案分析法的步骤有两项：一是分析个人的主要言谈，二是分析个人的主要行为。下面以司马懿为例略作说明。

《晋书·宣帝纪》称司马懿："少有奇节，聪明多大略，博学洽闻，伏膺儒教。汉末大乱，常慨然有忧天下心。"② 这段材料包含着对司马懿的谀奉之词，关键的论据应从他的主要言行中获得。

1. 受到怀疑时的表现。曹操察闻到司马懿"有雄豪志"，并有所谓"狼顾之相"，"欲验之。乃召使前行，令反顾"，司马懿镇静自若，"面正向后而身不动"。他力图消除不利因素，奉承迎合曹丕，曹丕"每相全佑"。他还善于窥察曹操内心，有意做一些让曹操感到放心的事，"魏武

---

① 《史记·叔孙通传》，《史记》卷九十九，第3294—3295页。
② 《晋书》卷一，第1页。

意遂安"。

2. 权力被剥夺后的表现。司马懿与大将军曹爽有隙,尽管他大权旁落,曹爽也不放心,遣人探视。司马懿"诈疾笃",有意"错乱其辞",给曹爽集团造成司马懿"余气,形神已离,不足虑矣"的印象。

3. 初步得志后的表现。司马懿"勋德日盛,而谦恭愈甚。以太常常林乡邑旧齿,见之每拜。恒戒子弟曰:'盛满者,道家之所忌。四时犹有推移,吾何德以堪之。损之又损,庶可以免乎。'"依然是一副谦谦君子的形象,掩盖了其内忌而外宽、猜忌多权变的本性。

4. 大权到手后的表现。司马懿残酷杀戮对手,使其无反扑的可能:"收爽兄弟及其党与何晏、丁谧、邓飏、毕轨、李胜、桓范等诛之","诛曹爽之际,支党皆夷及三族,男女无少长,姑姊妹女子之适人者,皆杀之"。①

可以看出,司马懿属于黏液性气质,一方面冷静稳健,富于毅力;另一方面冷酷残忍,工于心计。在意志品质上,具有很强的果断性、自制性和顽强性。不仅曹爽等人无法与之相匹,即如曹操、曹丕亦未能察觉其"雄心"。

不过,个案分析法也有其缺陷,它不适于研究团体行为,也不易于看出被分析的个体与他人的关系。这就需要问卷分析方法加以改善。

(二)问卷分析法。在现代社会学和心理学中,问卷分析是通过书面回答提出问题以取得有关数据。但是,由于学科性质的不同,我们不可能对已经死去的古人提出设计好的问题,请他们执笔回答,这是历史心理分析过程中遇到的主要困难之一。然而,这一不足可以得到一定程度的弥补,即列出题目,通过分析其各种表现,进而作出判断。问卷分析方法的功用主要是考察较之个体而言行为更为复杂,历程更为漫长的社会集团。问卷分析法还可以用以纵向或横向比较,因此,其涵盖面是相当大的。下面,以汉代和两晋南北朝地主阶级的不同婚嫁心理略作说明。

作为一种集团性取向,汉代地主阶级的婚嫁心理表现出三种倾向:第一,经济、政治和社会地位的相近,如王充所说:"富贵之男娶得富贵之

---

① 《晋书·宣帝纪》,《晋书》卷一,第20、14、16—18页。

妻，女亦得富贵之男。"① 第二，重视相貌。如蜀地巨商卓王孙之女卓文君因司马相如容貌"甚都"，举止"雍容闲雅"②而与之成婚。第三，重视才能。如刘德"有智略"，大将军霍光"欲以女妻之"。③ 两晋南北朝地主阶级的婚嫁心理则发生了很大变化。第一，地主阶级内部的"排异"心理加重，士族和庶族区分甚明，庶族即使资产丰厚，或政治地位显赫，士族也不与之通婚。家族门第、本人出身成为通婚的唯一标准，并进而发展成为士族内部也以相应的品第高下通婚，特别是由于南方士族对北方士族的蔑视，在晋室南渡后，北方士族的认同尝试都遭到失败。如王导请婚于陆玩，玩对曰："培塿无松柏，薰莸不同器。玩虽不才，义不能为乱伦之始。"王导的请婚遂告失败。④ 第二，此时虽也重视容貌，但与汉代不同的是绝不以容貌影响等级标准。如北魏士族崔巨伦之妹因"眇一目"而难以出嫁，家中有人建议下嫁，其姑声称："岂令此女，屈事卑族！"遂令己子娶此女。而舆论则大加颂扬，"叹其义识"。⑤ 虽然都是地主阶级，但是由于时代的差异，二者的集团婚姻心理有很大不同，从而也对社会状况产生了影响。汉代地主阶级的婚姻心理造成了社会等级性的相对淡漠，而两晋南北朝时期地主阶级的婚姻心理则强化了"士庶之际，实自天隔"⑥的门阀等级状况。

（三）回溯动因法。即运用心理学理论，通过形式排比与逻辑推理的方法去研究历史。这种方法有助于了解历史上某些微妙而又不太为人们所注意的事物。例如对于历史记录的客观性和准确性的判断，便可以运用这种方法。实验心理学认为，记忆是经验的保持，但由于刺激度弱的神经系统很容易被抑制，从而产生记忆过程中量与质的差异。其中，人类记忆量的遗忘本能正是现存史料无论如何丰富也不可能穷尽历史全过程的根本原因。质的差异则是由时间因素、材料因素、主体因素和社会因素所造成，并表现为以下四种类型，从而使事物原貌呈现出不同程度的扭曲。首先是

---

① 《论衡·骨相》，黄晖：《论衡校释》卷三，第114页。
② 《史记·司马相如传》，《史记》卷一一七，第3638页。
③ 《汉书·楚元王传》，《汉书》卷三十六，第1927页。
④ 《晋书·陆晔传附弟玩》，《晋书》卷七七，第2024页。
⑤ 《北史·崔巨伦传》，《北史》卷三十二，第1164页。
⑥ 《宋书·王弘传》，《宋书》卷四十二，第1318页。

简略概括：原有的某些细节，特别是不甚重要的细节趋于消失。其次是完整合理：通过联想记录比原有的情节更为完整、均衡、合理和有意义。再次是详细具体：通过联想，增添了原先没有的细节，使整个情节更为详细具体。最后是夸张突出：通过联想，把原来事物的特点突出夸大，使其更具特色。中国古代历史学也无例外地呈现出多样性的质的误差。

1. 增添衍加，即增添了一些传奇动人的细节，使史实变得引人入胜。晋人关于诸葛亮"空城计"的描述，就出现了增添衍加的误差。第一，晋人所云空城计事件发生在阳平，但诸葛亮屯于此地时，司马懿"尚为荆州都督，镇宛城，至曹真死后，始与亮于关中相抗御耳"。因此，"此之前后，无复有于阳平交兵事"。第二，按照晋人叙述，司马懿派"侦候"探知诸葛亮只有万人，对蜀军"兵力少弱"了若指掌，"若疑其有伏兵，正可设防持重，何至便走乎"？由此可见，这个描述"举引皆虚"。[①]

2. 血统崇拜。古代史家在为帝王、贵族、将军和名士等统治阶级上层人物撰写传记时，有时崇拜血统遗传，追溯这些历史人物的祖先时，附会为前代名人，但实际情形则多与此不合。《三国志·魏书·武帝纪》就把曹操的祖先上溯到汉初名相曹参，而王沈的《魏书》则更追溯到黄帝。这一世系的排列是很难令人相信的。

3. 伦理植入。史家由于受儒学伦理思想影响，有时对历史上出现的"忠孝"之类的事件大肆宣扬，从而出现误差。如汉代有的史书称"高子羔之丧亲，泣血三年，未尝见齿"[②]。按，一个人能够悲痛到连续三年泪中带血，而且一言不发的程度，却又平平安安生活下来是很难令人相信的。

4. 光环—扫帚星作用。光环作用是指由于一个人被标明是好的，他就被一种积极肯定的光环笼罩，并被赋予一切好的品质。扫帚星是指由于一个人被标明是坏的，他就被认为具有一切坏的品质。正如王充在《论衡·艺增》中所说："世俗所患，患言事增其实，著文垂辞，辞出溢其

[①] 《三国志·蜀书·诸葛亮传》裴松之注难郭冲三事，《三国志》卷三十五，中华书局1959年版，第917页。

[②] 《论衡·儒增》。王充引称"《传》记言"。或以"泣血"后句读（黄晖：《论衡校释》卷八，第369页）。按这个传闻亦见《礼记·檀弓上》，郑玄注"泣血三年"连读，本文从郑读。

真,称美过其善,进恶没其罪。何则?俗人好奇,不奇,言不用也。故誉人不增其美,则闻者不快其意;毁人不益其恶,则听者不惬于心。"[1] 在中国古代史书中,这类情形并不罕见。被赋予光环意义的多是那些贤明之君、佐弼之臣(如周公旦、汉文帝、诸葛亮、文天祥、史可法等);被赋予扫帚星意义的则多是暴戾之君、奸佞之臣(如夏桀、殷纣、隋炀帝、冯道等)。

(四)语义分析法。这种方法是根据文字、文体或称谓,对历史人物和集团心理进行研究的方法。应当指出,这种方法只是一种辅助手段,如果单以此为据,容易出现失误。其内容包括:

1. 笔迹鉴定,对字的书写形式(习惯于正书抑或草书、行书)、面积(每个字所占位置的大小)、字的倾斜度等加以研究。其理论依据是现代心理学中的投射分析,即要求被试者对各种书写样式如无标题画或墨迹做出反应,从而显示自我的心理和意识活动。一般来说,习惯于写行、草书的人,习惯于较大面积的写字者,以及自己起伏较大者,比与之相反的人更具有情感的外露性、活泼性和冲动性。

2. 文体中动词、形容词之间的比例。美国心理学家卡尔(J. Care)指出:"一个人的用字遣词,及其出现的频度,乃是其内在性格的反射。"[2] 形容词越多,越显示情感的不稳定。美国学者杜阿德(J. Dorad)进而研究出"不安—舒愉"商数(DRQ)的计算方法,即在正常人的文字表述中,将感到不安字句词语出现的次数,除以感到不安及舒愉字句词语之和:

$$DRQ D/D + R$$ [3]

不过,不易将这个公式绝对化。因为,文体有时代、地域、文化和民族的差异,要注意可比性,用当时当地的标准来衡量。

3. 依据不同时代人们之间的不同称谓,分析家庭亲族关系的密切程度;或社会上人与人联系程度的变迁。此外,依据人们对食物称谓的变

---

[1] 黄晖:《论衡校释》卷八,第381页。
[2] 转自古伟瀛《内容分析(Content Analysis)之几种用于研究传记、历史的方法及其中国材料底初步运用》,《食货》(复)1卷12期,1971年12月。
[3] 同上。

化，还可以观察价值观念的变化。

（五）梦的分析法。对梦的科学研究是从弗洛伊德（Sigmund Freud）开始的。他的经典著作《梦的解析》强调的基本观点是，在梦中，一件事情被凝缩为别的事情，一个人被另一个人所置换。梦者的欲望常常以乔装打扮的形式来表现并使梦者满足。他的《少女杜拉的故事——一位歇斯底里少女的精神分析》曾被认为是新史学的写作。今天看来，弗氏的泛性说在一定程度上影响了他对梦的合理解释。尽管如此，剖析历史人物之梦所蕴含的真实意义，仍然是有价值的。它的最大功用在于了解人物的个性特征和深层心理结构中的一些重要方面，而这些特征和方面在公开场合中有时是难以发现的。在解析历史人物的梦境时，重点是分析梦的类型和推测其含义。

一种类型是不能解释的梦，因为它可能带有非理性和虚假的因素。如《史记·高祖本纪》记载刘邦出生异象云："其先刘媪尝息大泽之陂，梦与神遇。是时雷电晦冥，太公往视，则见蛟龙于其上。已而有身，遂产高祖。"这段叙述极有可能出自刘邦本人或刘邦集团中某些人的附会，是不可靠的。

一种类型是无法解释的梦，这是由于史料过少所致。如《风俗通义·怪神》引《晏子春秋》说齐景公梦与日斗不胜（这个内容不见今本《晏子春秋》），因可资参考的其他史料过少，无法作出判断。

一种类型是可以做出解释的梦。如秦二世听信赵高谗言诛杀李斯，"群臣皆畏高"。后关东地区义军并起，无人可挡。"二世梦白虎啮其左骖马，杀之。心不乐，怪问占梦。卜曰：'泾水为祟。'二世乃斋于望夷宫，欲祠泾，沉四白马。"① 按，秦二世为破梦祟行祭祀之礼，可知此梦确实存在。李斯生前是左丞相，马象征作为辅佐的李斯，白虎则包含着秦二世对李斯被杀的后悔以及对赵高的提防心理。

一种类型是可以基本予以解释的梦。如东汉明帝的性格史书记载不多，但他所做的梦却提供了有价值的线索。史称他祭祀刘秀原陵前，"夜梦先帝（刘秀——引者注）、太后如平生欢。既寤，悲不能寐"②。这表

---

① 《史记·秦始皇本纪》，《史记》卷五，第346页。
② 《后汉书·皇后纪上》，《后汉书》卷十上，第407页。

明，与其父光武帝相比，明帝多愁善感，情感脆弱。又如，十六国时期，燕王慕容儁"夜梦石季龙啮其臂，寤而恶之"[①]。按，后赵之主石虎（季龙）为冉闵所杀，而慕容儁旋击杀冉闵。据此，慕容儁梦石虎啮己之臂似乎难以理解。但史书还提供了另一条线索：石虎在位时曾兴兵攻伐燕地，因此，慕容儁与石虎之间并非仅有报恩的关系，还有一段令慕容儁难以忘怀的纠葛。另外，在冉闵杀石虎后，石氏部将纷纷投奔慕容儁，在燕国形成了一股后赵势力，且燕、赵不同族（燕是鲜卑人政权，后赵是羯人政权）。可以看出，慕容儁此梦的潜意识显示了他对后赵降人的不信任感和畏惧感。

仅仅是起步，现在还远不到对运用心理方法研究历史作出全面估价的时候。但是，只要我们坚持马克思主义的发展观，认真汲取各种有价值的心理学理论与方法，就能够建立起中国马克思主义心态史学体系。这篇献芹之作正是缘于这一目的而作的。

原载《史学理论》1987年第2期

英文"Psychohistory"在华语世界有不同译法，包括中国内地学者的"历史心理学""心理历史学""心理史学"和"心态史学"，中国台湾学者的"心理历史"和"心理史学"。我个人主张使用"心态史学"，理由是该种译法似乎更明确地指示了"Psychohistory"的跨学科性（即历史学和心理学）和研究的目的性（即研究历史上人们的心理状态）的特点（彭卫：《历史的心镜——心态史学》，河南人民出版社1992年版，第2页）。本文使用了"心理历史学""历史心理学"和"心态史学"三种表达，盖因原文如此，其所指相同。特此说明。

---

① 《晋书·慕容儁载记》，《晋书》卷一一〇，第2841页。

历史心理学如何成为可能
——从史学本质角度的思考

三十多年前，历史心理学（Psychohistoy，法国"年鉴学派"往往冠以"精神状态史"，即 Historè, de mèntality，苏联史学界多称为"资产阶级的历史心理决定论"，国内也译称为"心理历史学"或"心态史学"）一词的含义，对于欧美地区大多数以历史为专业的人来说，似乎还是一个笼罩神秘纱幕之物。如今，当这层纱幕彻底落下后，研究者发现它并不是一个通体透明、全无阻隔和一览无余的体系，这真有点儿使原先乐观的学者们诧异不已甚至大失所望了。

确也难怪，相当矛盾的现象存在于近几十年欧美学者所从事的历史研究中：一方面，进行历史心理分析的著述卷帙繁多，其触角遍及历史上的集团、家庭和个人，被戏称为"心理泛滥"；另一方面，历史心理学作为一门学科所必要理论构架的设立与基本观念的表述却显得踌躇不前。实践的疑问不能被理论所解决，理论的空位理所应当地引起了来自史学界的广泛诘难。在诸多质疑中，最为尖锐，也是最为核心者莫过于：心理学的解释内容如何应用到一去不复返的历史事件中去？"存在"和"可感知"的（理论）层面，与"非存在"和"已逝"的（历史）层面如何能够契合？换用历史哲学的话来说就是：历史心理学如何成为可能？

这实际上涉及一个比本题更为深刻、更为复杂、也更令人困惑的问题，即历史学的性质。对于此点判断的不同，必然会导致对历史心理分析看法的根本分歧。因此，历史心理分析能否运用和如何展开，与其说是存在技术或技巧方面的疑问，倒不如把它理解为观念层面上的问题。与其预先确定或事后怀疑它在实践中的可行性，倒不如首先从高屋建瓴的历史哲学上去分析、思考和理解它的可行性及适用范围。

关于历史学的本质，是一个曾长期被包括哲学家、思想家特别是史学家在内的知识阶层的坚定信念所认定，而后又不断陷入波动、陷入迷惘、陷入矛盾的论题。在17世纪之前东方与西方古典的历史的编纂学时代，无论是专业学者抑或对历史有兴趣的人们，都把史学研究视为一项"资治""经世"的高尚伟大事业，都把史学研究视为一块绚丽多彩的能够"指导千秋万世的瑰宝"，都把历史知识看作"确定的""真实的"和"可信的"结论——即便其中可能含有某些不真实的成分，也可通过逻辑上的推绎分析考核甄别，使虚假的尘埃荡然无存。总之，确信研究者可以以一种超凡的能力保证历史事实的客观。17世纪开始的自然科学的凯旋行进，逐渐摇撼了史学家们信奉已久的观念。他们自觉地把历史学比拟于自然科学——从研究的理论规范到方法乃至某些概念和术语，于是他们不时建构起具有普遍意义的命题，但结果却是不能像自然科学家那样进行"严密的""全面的"试验，他们试图以自然科学的，"反复"的观测方式来考察历史，但不幸的是，历史过程的不可重复性使得这一努力受到决定性的打击，他们试图像牛顿或开普勒一样，构筑起一整套行之万事万物而有效，并能准确预测未来的普遍法则，但不能获得成功。在自然科学取得广泛进展的显赫地位面前，历史学多少有些惴惴不安了。既是历史学家更是哲学家的休谟①，从哲学认识论的角度升华了这种感觉。他认为，任何曾被确定过的知识源泉，只要发现欺骗了人们一次，或只要它包含着欺骗性，我们就不能给予信赖。历史既不能把事实还原为定律（law），又不能排除这种欺骗性，因此，它的价值最终只能被低估，甚至被摒弃或否定。

确乎，"怀疑"不仅与"理性"一起成为这一时代的哲学特色，也是史学研究的一个特色。进一步看，如果说这一时期肯定有一点是合理的，那就是开始丢掉旧的，也是浅薄廉价的乐观情绪，在自然科学与人文科学一体化的意义上省察历史学的性质。如果说，这一时期肯定有一点偏颇

---

① 休谟有六卷本《英国史》行世，成为18世纪这方面研究的一时之选。不过在后世，"他那历史学家的名声为其哲学家的名声所掩，很少为人们所知"（郭圣铭：《西方史学史概要》，上海人民出版社1983年版，第127页）。

了，那就是人们把赖于启迪的参照物等同于自身，满腔热情但又不无盲目地在自然科学身上寻找自己的归宿；那就是仍然崇奉"理性"的超凡入圣的力量，确信在它面前，真伪是非可以断然水落石出。这又是一种新的危机，尽管历史研究中科学主义思潮因不断注入新内容而一直延续至今，使得这种危机仅仅时隐时现。

于是，有人便把参照物的科学置换成参照物的文学（如德国学者 J. 布克哈特）；有人便强调历史是某种"非科学"的学问，充其量只是半理性的思维方式，直觉在其间起的作用更应得到重视，历史只能是"当代的"或"观念的"历史（如意大利学者 B. 克罗齐和英国学者 R. G. 柯林武德）；有人便指出历史研究者应致力于"历史过程的重建"；明确研究过去只是为了现在，历史评判在本质上只能是相对的、无法把握的（如美国学者 J. H. 鲁宾逊和 C. A. 比尔德）；有人便提倡对历史进行综合性的总体考察（如法国的"年鉴学派"）……这一切，构成了从 19 世纪末延续至 20 世纪的国际范围内缤纷多姿的历史研究面貌。

但"这一切"又说明了什么呢？

从表层上看，不妨把它视为史学观念发展的一个高潮，也不妨把它看作一个波浪巨大、色彩斑驳的思想之海，还可以把它理解为学科渗透的文化趋势。从深层上看，它又似乎以一种实践的方式和力量证实了迄今为止史学界中许多人不愿同意的观念意涵：远不是一切认识——无论是深刻的抑或不怎么深刻的——都能够展开观察，真理并不简单是经验事实归纳的结果，"正确性"不仅在过程中是相对的和历时的，即便在固定的"点"之上，其表现也未必都"确定"。在历史研究中，被当作证据和进行观察的东西，并不是一次给定的或一成不变的，它们随着人的知识的增长、观念的变化、意识的流动而变动摇曳。历史学的活力在于人们对它的创造和再创造，历史研究的生机在于人们对它的选择和再选择，历史研究者具备的创造和选择的主体意识，是历史学扶摇万里的双翼。

反顾以往的史学观念，有人根据历史观点不断变化这一特点试图证明历史"真理"的不可靠，有人根据历史事实不能"在实验室里重现"这一特点，试图说明历史知识的不真实或不可能，从而认为历史研究在根本上与"科学事业"无缘。但是与非、真与假本身便包含了复杂的判断。

"物无非彼,物无非是,自彼则不见,自此则知之。"① 庄子这句话在说明判断标准的多元性和互容性上,仍不乏意义。那么,历史到底有没有不卷入主观性的"客观性"?历史的"客观"究竟是什么意义上的"客观"?历史学达到"客观"的途径何在?

作为人类知识分支的一个特征,历史学所考察的过程的客观性并不是被简单给予的。正如尼采、贝克尔等人曾经指出的,对于任何历史的记述都包含着记述主体或研究主体复杂的判断选择过程,从而导致论述以相当程度的偏差背离"事实原貌"之轴。从哲学解释学的角度关注,问题则变得更为明晰。历史作品的表达方式主要或基本是书面语言。因此,第一,历史作品在其流传过程中,造成理解历史语言者和使用语言者之间,不存在直接对话的语言理解环境。前者总是在揣测或自问自答,后者却总是保持沉默,千秋是非任后人去说。无疑,历史作品的语言背景和意义与后来的理解者保持着巨大的时代差。在这种背景下,很难认定对某一个"事实"再现是绝对或完全"客观"的。第二,在阐释一部作品时,阐释者的语言也带有个人的独特体验和风格,因此,每一个个人的理解与表述,也必然为作品注入了游离于本身的新的因素。第三,作品的意涵与语言之间存在着张力。往往是,文字对作者本欲表达的想法有着或多或少的距离,因此衍生出了"言越其意"的羡余信息,或"言不尽意"的匮乏信息,或"词不达意"的歧义信息。代代相传,代代相袭,在这种背景下,史学家们怎样能使自己的判断吻合于"历史真实的"原貌呢?

与自然科学的反复严格实验、周密缜细推理乃至不断检验和印证所获的认识相比,这似乎是史学研究的某种悲凉(迄今为止,不愿承认这一点的史学家在深层心态上坚持认为:肯定了史学的这个特性,无异于把史学推向荒谬。承认这一点的史学家也强烈倾向于屈从历史原貌的"近似值"。这两者在认识上实质同出一源,即对"客观"的旧理性主义认定)。但从基本和根本方面来看,这更是历史研究的生命力所在,是历史学能够成为科学的重要条件。任何历史事实在匮乏一个理论负荷之前,总是飘忽不定的,随时都可能被人类与生俱来的遗忘本能永远席卷而去。干瘪的法

---

① 《庄子·齐物论》,(清)郭庆藩撰、王孝鱼点校:《庄子集释》,中华书局1961年版,第71页。

老的木乃伊，风吹日晒的长城的延伸，还有"龙"的观念的形成与不断丰满……仅仅作为"事实"来测量或推考并无意义，只有注入了解释——并且是与我们的生活过程息息相关的创造性解释，才会腾涌出其科学的价值和知识的力量。生活过程无际无涯，解释和理解的过程也永无止境。"真实""客观""真理"的本身并不诱人，因为我们关于过去的知识和认识永不完整，而探寻"真理"的努力却弥足珍贵。面对"客观"的延续性理解，使人们有可能在一个长期的历史时序中，得到越来越深刻、越来越广泛和越来越完整的体味。历史学的真实性和可靠性，正是由此得到了最为突出和最富有价值的体现。

为了不致引起误解，应当特别说明的是，笔者并不认为在历史研究中可以任意想象，凭空杜撰。尽可能准确的或翔实的历史记述应是也仅是研究的基本起点。关键的问题在于，在这个起点上，我们应拥有富于智慧的洞察力，具有自己的思想，使得历史学在现实中"活"起来：如同哲学一样庄严深刻，如同文学一样流动活泼，如同艺术一样撄动人心。

这就是说，观察渗透着价值，价值升华为理论，理论凝结了实践的经验，经验因此而具有活力。历史应似我，一个史学研究者在为自己作出选择的同时，也就为其他人作出了选择。无数的选择在宏观上汇入时代的认识洪流中。进行选择的标准主要不是判断的方式（如理性、非理性或其他），而是判断的功能：在于把多少不写出来，在于把多少写不出来的而应当写出的写出来。历史学家在面对如烟往事的这一形象或那一形象之间作出抉择筛选的同时，也就肯定了所选择对象的价值。在模铸这一形象时，也就在"过去—现在—未来"的一体性历史时态之上，模铸了最高层次的真实。

因此，我们大可不必对何种心理学理论对历史研究最有用而发愁。因为选择一切都可能有用（只要自己认为有用并作出证明），一切也都可以是无用的（只要自己不满意，不妨作出新的解释）。构造主义理论（冯特、艾宾浩斯、铁钦纳）、机能主义理论（高尔顿、卡特尔、吴伟士）、行为主义理论（桑代克、华生、斯金纳）、格式塔理论（韦特墨、勒温）、精神分析理论（弗洛伊德、荣格、阿德勒、霍妮、弗罗姆）、人本主义理论（马斯洛、布根塔尔科克、波拉尼）无疑都有道理成为我们理论选择的客体。抑此扬彼，拘泥一径，只能钝化自我的创造力。这一切自然是为着一个目的：如何在历史解释中体现出活力和深度。

重新确认历史研究的意义是认识历史学本质的另一重要方面。当"史学危机"（或者说"史学低谷"）出现，迫得人们必须回答为什么需要历史研究时，相当数量的历史学家在茫然中习惯性地退返到传统的对历史学的辩护上：或者把历史看作弘扬民族精神的武器，或者把历史看作抛弃否定传统沉重压力的一种方式，或者把历史看作从事道德训诫的老师，或者把历史看作能预见或部分预见未来的先知或准先知，或者仅仅把历史视作"抚今追昔"的怀旧源泉以及好奇心的满足。然而，历史学中最深刻的、决定上述内容在内的其他一切表层效用的意义，却被疏忽亦被遗忘了。

犹如其他人文学科的学者一样，历史学家也在终身穿越"人"这个庞大无垠的莽莽林海。较之哲学、艺术、文学、人类学……我们所走的具体途径当然是独特的，但是，我们沿"此道"而行时，感受和思考的不是道路本身，而是这座森林，这与其他道上的行者们是共同的。历史研究只是方式，只是工具，它的中心目的在于探求、理解、勘破"人类"这个我们所居星球上最复杂和最根本的问题，包括人的生存、人的本质、人的价值、人的尊严、人的创造力、人的毁灭力、人的和谐共处、人类自我发展、人类对自身的超越、人类精神的归宿……总之，是人的存在的意义。没有其他任何道路能够替代历史之道的思考。即使我们自己在这方面做得并不差强人意，也只能说明我们自我意象的片面，丝毫不能证明历史学在这方面的无用无能。

心理学研究所要达到的根本目的，也是要洞悉人类的行为之谜，也是把人作为分析的中心环节，正如美国心理学家布根塔尔所说："最终目标是准备全面地描述：作为一个人活着究竟是什么意思……这一种全面的描述将必然包括人类先天才能的一系列内容，他的潜在的思想、情感和行动；他的形成、演变和衰老，他与各种环境条件的相互影响……他可能有的经验范围和种类，以及他在世界上的有意义的地位。"① 心理学与历史学所共同瞩目的主题都是人的活动，这一切为两个不同领域的跨学科研究

---

① ［美］舒尔茨（D. P. Schultz）：《现代心理学史》，沈德灿译，人民教育出版社1981年版，第405页。

提供了天然性的联系前提。学科或知识的移植行为大致要受供体、受体、移植对象和操作者四种因素制约。其中，移植知识的双方内容和倾向的相似属性越多，对应程度越高，移植也越有效。历史学与心理学理论和研究方法正是通过这种认识基础，并通过下述可检验原则，展示出其成功的前景：

（1）历史学中拥有的知识内容 C；
（2）心理学的研究规范 M；
（3）移植 M 能提供消化 C 的理论 T；
（4）根据理论 T，可以解决更多（或其他）的历史知识内容……
（5）经过处理成为可以确证的知识内容；
（6）移植 M 的有效度得到进一步改善和确认。

反之亦然。

学科的本质（目的及意义）与学科之间的契合程度，构成了历史心理学之所以成为可能的基本理论条件。自然，这只是两种先验的预设，进一步证明还需在实践中展开。

另一个不容忽视的方面在于，峰峦是以渊谷作为补充的。我们不能把历史心理研究方法作为孤立封闭的体系，把它与其他方法割裂开来。我们也不能陷溺于其中而无法进退自如。如同其他一切思想体系和研究手段，历史心理分析的理论与方法也是适用性和局限性的双重组合，在有效的同时，便蕴含了无效，在规定的同时，便包括了否定。在这里，老子的一句话或许是明智和深刻的："无执故无失。"

原载《社会科学》（沪）1989 年第 8 期

关于经济社会史研究的若干思考

一

一般认为"经济社会史"是一个晚近出现的概念。但据笔者看来，这个估计似乎只是静止的判断。事实上，古典时代的历史学家对经济活动与社会活动之间的密切联系已有所领悟。例如，在中国古典史学定型的两汉时期的代表性人物司马迁和班固对不少问题的看法虽有差异，但在本文涉及的论题上，则保持高度一致。二人的见解集中在《史记·平准书》《货殖列传》和《汉书·食货志》《地理志》等篇章中。以《汉书·食货志》为例，《志》是以"食"与"货"为提纲的经济史记录。《志》大致分为三个系列：（1）产业系列，包括农业、工商业、畜牧业等；（2）经济活动系列，包括收入、支出、经济波动等；（3）社会状况系列，包括生活水平、社会群体、社会风俗、社会风气等。令我们感兴趣的是，《志》是如何考虑这三个方面尤其是前两个方面与第三个方面的关系的。《汉书》作者用两种方式表达自己的看法。一种是作者的直接表达，另一种是通过引述其他文献间接表达。较为典型的有如下这类分析：

  凌夷至于战国，贵诈力而贱仁谊，先富有而后礼让。是时，李悝为魏文侯作尽地力之教……行之魏国，国以富强。

  今背本趋末，食者甚众，是天下之大残也；淫侈之俗，日日以长，是天下贼也。残贼公行，莫之或止，大命将泛，莫之振救。生之者甚少，而靡之者甚多，天下财产何得不蹶。

而商贾大者积贮倍息，小者坐列贩卖，操其奇赢，日游都市，乘上之急，所卖必倍。故其男不耕耘，女不蚕织，衣必文采，食必粱肉，亡农夫之苦，有仟伯之得。因其富厚，交通王侯，力过吏势，以利相倾；千里游敖，冠盖相望，乘坚策肥，履丝曳缟。此商人所以兼并农人，农人所以流亡者也。①

自公孙弘以《春秋》之义绳臣下取汉相，张汤以峻文决理为廷尉，于是见知之法生，而废格沮诽穷治之狱用矣。……公孙弘以宰相，布被，食不重味，为天下先，然而无益于俗，稍务于功利矣。②

这四段文献在时间上覆盖了从动荡纷争的战国时代到稳定的大一统的西汉中期，是中国古代极为重要的历史转折时期，因此显示出其格外重要的价值。可以看出，作者在观察和记录这段经济变迁历程时，是将经济与社会作为一个整体来思考的。就前者来说，涉及的内容包括现代学理所说的经济制度、交易活动、财富的产生和分配以及消费状况；就后者而言，则含有社会风尚、习俗、价值观念、阶层等因素。尽管《汉书·食货志》在开篇后不久便提出"食足货通，然后国实民富，而教化成"的结论，似乎经济因素居于主导地位，但在《志》对先秦到西汉历史进程的分析中，既没有证明更没有延伸这一判断。相反，从上面的引文中我们看到的是多种经济因素与社会因素的互动关系：有时是前一种类型因素起决定作用，有时是后一种类型因素起决定作用。换言之，《汉书·食货志》不是对单纯经济行为的记录，而是在考察经济活动的同时，也纳入了多种社会因素。由于《汉书·食货志》在中国古代历史编纂学中的开创性地位，对经济与社会关系的《汉书·食货志》样式分析，在中国古代历史学后来的发展中也成为一种对经济史的规范性的解读模式。

二

同样值得注意的是，尽管中国古典史学在记录经济活动时没有将社会

---

① 《汉书·食货志上》，《汉书》卷二十四上，第1125、1128、1132页。其中后两段分别是贾谊和晁错的上疏。

② 《汉书·食货志下》，《汉书》卷二十四下，第1160页。

因素排除在外，并提出一些有价值的见解，但却没有产生出任何类似于"经济社会史"的范畴，也没有在讨论中提供独特的概念工具。研究者对经济与社会之间的密切联系的直觉感悟，并没有上升为理论化的认识。其间的原因除去对复杂事物的深刻理解需要一个较为漫长的过程，最主要的因素在于在农业社会中，经济与社会的关系属于低层次的联系类型，经济活动（尤其是商业活动）对社会所产生的深刻和持久的影响以及各种社会因素对经济活动的广泛作用，还没有得到充分展现，这种现状限制了人们的视野和认识深度。

19世纪中叶至20世纪初，随着资本主义制度的确立和工业革命引起的社会经济的迅猛进展，一些前所未有或以前表现尚不充分的社会现象陆续出现，经济与社会的关系进入了一个新的阶段。新的社会现实向历史学界提出了新的问题：如经济因素在社会变革中承担怎样的角色？它是否是唯一的决定性因素？它与社会状况有着怎样的关系？欧洲大陆和不列颠的"经济史学派"就是在这种背景下产生的。其代表人物和代表著作有法国P. E. 勒瓦瑟尔（1828—1911）的《法国工人阶级史》（1859—1867），德国W. 罗歇（1871—1894）的《德国国民经济史》、K. T. 冯伊纳马—什特涅赫（1843—1908）的《德意志经济史（从日耳曼入侵开始至16世纪初）》（1879—1901）、K. 朗普勒希特（1856—1915）的《中世纪德意志经济史》（1885），英国T. 罗杰斯的八卷本《1295—1793年的英国农业和价格史》（1866—1902），以及俄国的格拉诺夫斯基（1813—1855）、鲁奇茨基（1845—1918）、卡列耶夫（1850—1931）、柯瓦列夫斯基（1851—1916）等学者。所谓"经济史学派"并不是一个可以望文定义的学术研究类型，事实上"经济史学派"在研究过程中有着将经济与社会现象结合在一起的鲜明倾向。它以社会和经济的历史变化过程作为研究对象，不仅着眼于国家对经济生活的干预，也重视劳动者群体的生活状况。如格拉诺夫斯基所说：对于历史研究者而言，"精神因素固然重要，但社会生活的其他方面，比如物质生活条件、自然界、人们的经济活动，也应包括在历史学研究范围之内，并受到足够重视"。[1] 20世纪西方经济社会史研究的某些

---

[1] 转引自宋瑞芝等主编《西方史学史纲》，河南大学出版社1989年版，第274页。

取向实际上在此时已暗伏萌芽。当然，这个时期的"经济史学派"在经济与社会的衡量上侧重的是前者，社会现象在很大程度上只是前者的补充或陪衬。

稍后，对经济史的关注在美国也成为一时风气。经济因素不仅用于阐明经济活动，也用于解释政治过程，如 C. 比尔德（1874—1948）在《美国宪法的经济观》（1913）中试图证明美国的宪法"不是所谓'全民'的产物，而不过是希望从中获得利益的一个经济利益集团的产物"①。尽管比尔德晚年修改了他以前的看法，认为经济解释不过是对历史的一种解释，并非历史的绝对真理。但这个时期美国经济史研究的基本倾向与前述欧洲情形相近，在经济与社会的关系上，经济因素仍然居于主导地位。

与"经济史学派"出现大致同时，马克思和恩格斯创立了唯物史观。从经济社会史的角度看，唯物史观最具特色也最具价值的部分是其开阔的研究视野和建立在辩证关系基础上的"物质生活的生产方式"的决定论。人们所熟知的《〈政治经济学批判〉序言》中关于唯物主义历史观的那段经典陈述，同样也可被视为马克思和恩格斯关于经济和社会的历史进展原理的经典表达。在这段论述中，马克思提出了"社会生产""经济结构""物质生活的生产方式""上层建筑""社会意识形式""社会生活""政治生活""精神生活"等一组彼此密切相关的重要概念。② 这种历史观的实质就在于，从直接生活的物质生产出发来考察现实的生产过程，把与该生产方式相联系的并由此所产生的交往形式理解为整个历史的基础。尽管唯物史观在诞生后的一个多世纪的岁月中经历曲折，就其本身而言也有其盲点，但它对人类历史活动的深邃洞察力为包括"经济社会史"在内的历史研究提供了恒久的启发。正如贝林所说："马克思主义者把一种强有力的融会贯通的体系引入了历史学。不管他们有什么不足之处，他们的首要目标过去是，现在仍然是，把条件和环境同人类的斗争及其成就联系起

---

① ［美］比尔德（C. Billd）：《美国宪法的经济观》，何希齐译，商务印书馆1984年版，第22页。

② 马克思：《〈政治经济学批判〉序言》，《马克思恩格斯选集》第2卷，人民出版社1972年版，第82—83页。

来，把各方面的素材综合起来，融会贯通地解释现在是如何在过去的基础上形成的。"① 事实上，20世纪经济社会史研究的所有重大进展，都与唯物史观的理论体系有着千丝万缕的联系。

三

"经济社会史"（economic and social history）作为一个专门语词立足于史学界大致在20世纪20年代末和30年代。明确使用这个语词作为研究对象的重要著作包括美国J.汤普逊（1869—1942）的《中世纪经济社会史》（*Economic and Social History of the Middle Ages*, 1928）及续篇《中世纪晚期欧洲经济社会史》（*Economic and Social History of Europe in the Later Middle Ages*, 1931），比利时H.皮朗（1862—1935）的《中世纪欧洲经济社会史》（*Economic and Social History of Medieval Europe*, 1934）。这些著作与以前的研究相比较，其引人注目的变化是，尽管对经济因素的解释仍然贯穿作者的全部研究中，但社会因素的分量显著增加。皮朗《中世纪欧洲经济社会史》辟出专门篇章讨论城市生活的复兴、商人与市民阶层、城市制度与法律等社会因素在经济变迁中的意义。按照该作者的陈述，汤普逊《中世纪经济社会史》是一部"从经济社会史观角度所编写的中世纪史。它既不是一篇经济学的专题论文，也不是一篇社会学的研究著作"②。阅读这部著作和《中世纪晚期欧洲经济社会史》，我们可以看出其基本研究风格，即在关注经济活动的同时，也关注大量的社会现象在社会变迁中的意义。《中世纪经济社会史》的创新意义就是通过经济社会史观纠正被以往史家对欧洲中世纪冠以"宗教时代"的偏颇。的确，教会是神学机构，"但是在中世纪欧洲千千万万劳动人民所注意的，是从农业和工商业所产生的资财方面征取赋税。当时教会也享有很大的物质利益，远不是一个单纯的精神机构"③。以往被忽视的一些自然因素，由于

---

① ［美］贝林（B. Bailyn）：《现代史学的挑战》，载王建华等译《现代史学的挑战——美国历史协会主席演说集（1961—1988）》，上海人民出版社1990年版。

② ［美］汤普逊（J. Thompson）：《中世纪经济社会史·前言》，耿淡如译，商务印书馆1992年版。

③ 同上。

与社会活动发生了联系，也成为研究的必要背景。例如，黑死病和其他自然灾害在内的社会因素是否和如何对经济发展产生延缓、对经济行为起到变形作用，他的下述评论至今仍有启迪："不论如何，把黑死病提高到唯一的'持续不断的经济力量的尊严地位'是错误的。因为还有许多其他复杂的现象与之混合在一起，使人们不易肯定黑死病是14世纪变化的唯一的，甚至最重要的因素。历史上有这样的时代，那时经济和社会力量如此紧密地交织在一起，以致它们所产生的问题难以解决。……历史学家仅能确定一件事情，即没有哪一个政府曾经成功地理解或控制过自然的发展或自然的衰落。"①

皮朗在谈到当时经济社会史研究状况时曾抱怨道："目前尚无经济社会史史料汇编。"② 但他在书末附录"总书目提要"中开列了"一般研究""专题研究"和"期刊"三个内容。"期刊"最末一条是布洛赫和勒费弗尔主编的《经济与社会史年鉴》。皮朗没有特别评价《经济与社会史年鉴》的学术价值，但在他去世后经济社会史能取得长足进展，年鉴学派贡献殊多。

年鉴学派提供的解释模式是20世纪历史学最有价值的内容之一。它所倡导的"全面的历史"，向研究者提交的是历史过程中极为广阔的空间和被观察者的意识所撕裂的不同层面的时间；它所提出的"问题历史"，则意味着将研究境界从实证主义"恢复历史真相"的企图，转移到对"历史真相"的深层认识，总之，这两个方面都是对历史研究主体的挑战和考验。已有不少学者指出，从某种意义上说，年鉴学派的研究就是经济社会史研究。这个看法是准确的。年鉴学派创始伊始，就将历史研究对象定义为包括经济、社会、心理在内的人类活动的全部现象。作为年鉴学派研究理念杰出实践的布罗代尔的《地中海与菲利普二世时期的地中海世界》和《15—18世纪的物质文明、经济和资本主义》两部名著，将纷繁复杂的经济现象放置在广阔的社会背景下，社会因素尤其是以

---

① ［美］汤普逊（J. Thompson）:《中世纪晚期欧洲经济社会史》，徐家玲等译，商务印书馆1961年版，第538页。

② ［比利时］皮朗（H. Pirenne）:《中世纪欧洲经济社会史》，乐文译，上海人民出版社1964年版，第198页。

往被大大忽略了的日常生活对经济活动的意义受到前所未有的重视。布罗代尔这样解释自己对经济和社会关系的理解:"我的出发点是日常生活,是我们在生活中不知不觉地遵守的习惯或者例行公事,即不下决心、不加思考就到处风行和自动完成的成千个动作。我相信人类有一半以上的时间都泡在日常生活中","人类的全部历史就建筑在这些隐蔽力量的基础之上"。[1] 在《15—18世纪的物质文明、经济和资本主义》中,布罗代尔力图展示经济中心的转换只是由更为深层的日常物质生活决定的短时段的表面现象,他相信只有从日常生活结构出发,才能真正揭示资本主义的起源和演变。

四

前面已经指出,将经济因素和社会因素结合起来考察历史的方法在中国史学的古典时期已经萌芽,这个传统在20世纪前期发生了重要转变。当然,古典时代的终结并非其成就的亡佚,而是旧有的研究范式被一些在唯物史观和其他西方思想和学理影响下产生的新的研究范式所替代,旧有研究范式中的很多内容则被新的范式所吸纳和延展。与新的范式相适应,新的范畴和概念也为学术界高度关注。经济社会史研究工作正是在这种情形下发展开来。

这里有一个必须指出的背景,即这个时期经济社会史研究远远超出了学院范围。当时中国特殊的政治状况不可避免地使得有关讨论带上浓厚的意识形态和政党色彩。这种情形可以从下面一系列表现中得到明确反映。首先,人们关注的中心话题是中国古代社会的性质,所讨论的问题主要有三个:亚细亚生产方式;中国历史上有没有奴隶社会阶段;"商业资本主义社会"或"前资本主义社会"和"专制主义社会"。[2] 但是研究的取向并非仅仅是学理的探讨,其根本目的乃是在于试图通过厘定中国历史的发

---

[1] [法]布罗代尔(F. Braudel):《资本主义的活力》第一章"关于物质生活和经济生活的再思考",载布罗代尔《资本主义论丛》,顾良等译,中央编译出版社1997年版,第66—67页。

[2] 林甘泉、田人隆、李祖德:《中国古代史分期讨论五十年(一九二九——九七九年)》,上海人民出版社1982年版,第6页。

展阶段，为当时中国社会的性质和走向提供依据。① 与此相关的一个似乎微不足道的现象是对这个领域的定义。如前所述，西方史学共同体对此的通行定义是"economic and social history"，"economic"被放置在"social"之前。其原因大约在于人们对经济因素的侧重。而在中国同样的论域却被表达为"社会经济史"，"社会"被放置在"经济"之前。当然，这个安排与当时的研究者直接从日文借用有一定关系，但笔者以为更本质的原因是，这种表达可以更加明确地显示研究的主旨即考察中国的社会性质。作为笔者推测的一个旁证是"经济社会史"概念的引入大致与"社会经济史"同时。1934年王宜昌在文章中使用"经济社会史"一词，②是为这个语词的最早使用。同年也出现了"社会经济史"语词。③此后一段时间，"社会经济史"和"经济社会史"是并存的。1936年以后，"社会经济史"一词逐渐被学术界广泛采用。这种情形表明，在中国，研究共同体对这两个语词的选择不是随意的，至少在无意识中蕴含着倾向性意向。正是由于研究共同体对研究对象的定位一致性，因而在多数场合中，经济史、社会史、社会经济史三个概念是可以互置的。

20世纪30—40年代的社会经济史研究为以后很长一段时间国内学术界对相关论题的探讨，提供了一个遵循模式。这个模式的核心是认识历史时期的社会性质，而其代价则是对社会性质以外的其他问题的忽略。因此，尽管这个时期的社会经济史讨论无论在学理抑或政治和社会实践上都成为20世纪最引人注目的现象，但我们仍然不能将其完全等同于国外同一时期的经济社会史研究模式。

近三十年来史学研究经历了走出僵化教条、借鉴西方史学理论和进行跨学科研究的过程，其间，社会史研究复兴可以看作这三者的综合体现。虽然这个领域的研究存在诸如缺乏系统思考、结构松散、理论贫乏、描述

---

① 郭沫若对此有一段真切的描写："对于未来社会的待望逼迫着我们不能不生出清算过往社会的要求。古人说'前世不忘，后世之师'。认清楚过往的来程，也正好决定我们的去向。"（《中国古代社会研究·自序》，上海新文艺出版社1952年版）

② 王宜昌：《论陶希圣最近的中国经济社会史论》，《中国经济》第2卷第1期，1934年1月。

③ 陈啸江：《〈西汉社会经济研究〉序》，《文史学研究所月刊》第2卷第3、4期，1934年1月。

多而分析少等重大不足，但它的出现打破了政治史、经济史和思想史组成的历史研究三大板块的旧有格局，为研究者提供了广阔的新的学术增长点。

另外，经济史研究也在探索超越旧有的模式。这里试以两部有影响的经济史著作进行比较。1982年，人民出版社出版傅筑夫撰著的《中国封建社会经济史》第2卷，该卷论及秦汉时期的经济活动。作者通过下面的题目探讨经济状况和变迁：（1）经济区及其变化和发展；（2）土地制度和土地问题；（3）劳动制度；（4）农业、手工业、商业；（5）货币经济与货币制度；（6）货币财富的形成与积累；（7）经济波动；（8）经济政策。这个研究纲领和作者在纲领中所表述的话语如供给、需求、财富、资本等都说明作者是以一个经济观察者的眼光思考秦汉社会，作者笔下的秦汉社会是一个经济社会，人群是不同类型的经济人。显然，用传统的经济史体例和研究模式为标准度量，傅著所关注的问题是经济学的，解决的方式也是经济学的，总之，是一部中规中矩的经济史著作。1999年，经济日报出版社出版林甘泉主编的《中国经济通史·秦汉经济卷》，该书所讨论的主要题目是：（1）经济活动的背景和特征，包括自然环境与生态状况、社会环境与基本生产单位、基本经济区、产业结构与经济类型、社会经济形态；（2）人口分布；（3）农业、畜牧业、林业、渔业、手工业；（4）土地所有制形式、土地经营方式以及土地继承与土地买卖；（5）商业、交通运输；（6）商品价格、货币；（7）赋税、徭役；（8）财政；（9）经济政策；（10）社会各阶级和等级的经济地位与资产；（11）不同阶级和等级的生活消费；（12）少数民族经济。较之傅著，这部著作的研究纲领在保持20世纪30年代社会经济史研究的基本风格即关注社会经济性质的同时，无论在视野还是概念工具方面都突破了以往的经济史模式。作者的出发点是经济活动，归宿也是经济活动，但其思索的方式却超越了经济学。首先，作者试图提供一个仅依靠经济学的理解所不能涵盖的"大历史"。在这个"大历史"中，与人相关的自然和社会人文因素都被纳入研究纲领之中。其次，特定时代的社会主体不仅是经济化的，也是社会化的。二者之间通过不同阶级和等级的经济状况和生活状况被联系起来。就这两个方面而言，这部断代经济史在某种程度上与20世纪域外的"经济社会史"研究风格有相似或相通之处，尽管这部著作由于基本上没有考虑某些重要因素如经济思想、价值观念、日常生活、社会交往，使其在融会贯通方面尚有一些重要缺环。似乎可以说，傅著《中国封建社会经济史》和林著《中国经济通史·秦汉经济卷》是不同时代下不同理念的学术实践，后者在保持学术传统的同时，昭示着一种新的研究模式。

五

经济与社会史研究是史学史中一个引人注目并值得深入考察的领域。笔者对这个过程扼要和粗浅的叙述，意在说明三点：第一，"经济社会史"作为一种明确和稳定的学术概念虽然出现较晚，但并非突然生成，其源之悠长，其流之未断，都表明"经济社会史"是一个富有生命力的变化发展的概念。第二，在经济与社会的关系上，经济社会史研究经历了从经济与社会因素的混沌状态，到经济与社会因素的被分离；从侧重经济因素，到经济与社会因素并重的演进。这既是学术理路的逐渐清晰，也反映了由一元或独断式思维模式向多元化思维模式的转变。第三，经济社会史研究的每一次进步，都能推动史学研究的深入甚或引起突破性的进步。经济社会史研究的意义也由此得以呈现。

既然"经济社会史"不是一个静止的概念，我们就有理由给予它与我们所处时代相适应的理解。在此，笔者不揣简陋，试提出若干肤浅想法。

首先，为什么经济史研究和社会史研究具有某种程度的内在联系？在笔者看来，二者之间的关联不是观念的结果，而是现实活动结果的观念呈现。经济活动与社会活动具有一种天然的密切联系。一方面，二者是不同的论域指称，有各自的范围和范畴，经济过程的全体不能与社会活动的全体重合，形成逻辑上的全同关联。另一方面，经济活动的某个部分与社会活动的某个部分之间则可能具有上属、下属或交叉关系，彼此的差别更多的是研究者侧重或研究角度的不同。例如，作为社会活动重要内容的日常生活，从经济史的角度理解，可能更多地讨论供需关系或市场机制；从社会史的角度理解，则更看重具体的生活过程并借此展示某种社会秩序。这种部分与部分之间亲缘形态的组合，超过了经济史或社会史与其他学科如政治、文化的联系。

其次,"经济社会史"是一种研究方向,还是一种研究方法?显然,以往的相关研究都包含了两方面内容。但笔者以为如果据此将"经济社会史"仅仅理解为研究范围或方法未免流于表层。20世纪70年代中期一位"年鉴学派"的追随者运用"列维—斯特劳斯提出的、经布罗代尔改造的三个层次的一般传播理论",并将史料进行计算机数据处理,其结论是"当全部工作大功告成并进行历史编纂时,将有'16777216个子系统'"[1]。这个"范例"不仅让我们看到"使问题限于手头的数字答案,就会使人得出貌似严密而实际上缺乏根据的观点","从而破坏历史认识的基础",[2] 也让我们看到了将某种研究简单等同于方法的偏差。"经济社会史"同样也不只是与称谓相应的研究领域。固然,本文列举的"经济社会史"著述,都将经济活动和社会活动作为研究的重点,但我们在这些著述中同样可以看到,无论是萌芽的古典时代抑或具备独立素质的近代,无论域外抑或国内,"经济社会史"研究都是以一种明确而强烈的目的性为支撑的。虽然时代、社会和文化差异使得这种目的性的表现不尽相同,但试图通过对多种类型资料的多角度解读,以广阔的视野认识历史,并力图对历史进行深层次的说明,则是研究者所共同履践的基本点。因此,"经济社会史"的实质是一种富于张力的研究理念,这种理念要求对历史资料进行综合解读,对历史活动进行整体把握,对历史进程进行融会贯通的思考。正是在这种理念的支配下,研究者的眼界得以不断开拓,"经济社会史"研究不因时代变化岁月流逝而枯竭其学术源泉。

再次,与之相关的是,"经济社会史"中的"经济"和"社会"分别指的是什么?当然,我们可以一般地表述为历史上所有的经济现象和社会现象,但这样的理解除去可以帮助我们扩展研究范围,仍然颇为模糊,对此的极端理解似乎与"历史学"没有大的区别,至少它不能在学理上体现时代特色,从而将我们的研究与前人的研究区分开来。

---

[1] 特雷恩·斯托亚诺维奇:《法国史学方法:年鉴派范例》,伊萨卡1976年版,第100页。转引自[美]贝林(B. Bailyn):《现代史学的挑战》,载王建华等译《现代史学的挑战——美国历史协会主席演说集(1961—1988)》,第391页。

[2] [美]贝林(B. Bailyn):《现代史学的挑战》,载王建华等译《现代史学的挑战——美国历史协会主席演说集(1961—1988)》,第398页。

当代经济学界对"经济学"的定义没有形成一致的意见。根据 P. 萨缪尔森的统计，重要的定义有八种，包括"研究在经济活动中如何确定劳动、资本和土地的价格，以及如何运用这些价格配备资源"；"考察金融市场行为"；"考察收入分配"等，他本人则强调生产和分配两个要点，即经济学"研究的是社会如何利用稀缺的资源以生产有价值的商品，并将它们分配给不同的个人"。① 社会学界关于"社会学"的定义也有类似情形。如 R. 雷蒙认为："社会学是以人与人之间的基本关系，以及更广泛的群体、阶级、民族、文化乃至人们通常所说的全部社会的宏观方面作为研究对象的一门科学。"② A. 英格尔斯强调社会学研究社会制度和社会关系。③ 国内有的社会学者则将社会学定义为"一门以人类的社会生活及其发展为研究对象的科学"，目的在于"揭示存在于人类各历史阶段的各种社会形态的结构及其发展的过程和规律"。④ 上述这些判断是不同学者的个性化理解，对我们把握"经济和社会"都能提供概念工具和理论资源支持，但不能直接临摹为"经济社会史"。例如，被西方经济学界视为经典概括的前述萨缪尔森对经济学的定义，带有明显的工业社会和后工业社会色彩，其适用的时间范围是有限度的。雷蒙等学者的社会学指称又显得十分宽泛。历史学区别于其他学科的一个重要特征在于时间和变化，前者是标尺，后者是标尺的呈现；另一个重要特征是它重视具体现象而不是抽象概念。笔者以为，这两个方面乃是我们把握"经济社会史"的出发点。"经济社会史"不是从一般意义上分析历史上的经济与社会现象，而是重点研究历史上经济与社会的变化的具体内容，既包括差异、前进、倒退、发展、转折等历史过程中的重要时刻，也包括为这些重要时刻积蓄能量的相对平静的时期。如果我们不加区分地将所有经济行为和社会行为统统纳入研究领域，或者只是对经济和社会现象进行平面、静止的分析，

---

① ［美］萨缪尔森（P. Samuelson）等：《宏观经济学》（第 16 版），萧琛等译，华夏出版社 1999 年版，第 2 页。

② ［美］雷蒙（R. Raymond）：《社会学的主要思潮》，葛智强等译，华夏出版社 2000 年版，第 6 页。

③ ［美］英格尔斯（A. Ingalls）：《社会学是什么？》，陈观胜等译，中国社会科学出版社 1981 年版，第 20—25 页。

④ ［美］雷蒙（R. Raymond）：《社会学的主要思潮》，葛智强等译，华夏出版社 2000 年版，"译者的话"。

"经济社会史"的价值将会大大降低。因此,笔者所理解的"经济社会史"研究不是经济现象与社会现象的简单相加或一般组合,而是对人类历史活动的融会贯通的深层次思考。

原载侯建新主编《经济社会史——历史研究的新方向》,商务印书馆2002年版

时代体验与历史知识的汇合

由于研究的拓展性和学术视野以及指向的广阔性，社会史研究无疑是近年来中国历史学最令人瞩目的领域之一。然而，在发展了几年后，当前中国的社会史研究也出现了欧美一些国家如美国社会史研究在20世纪50年代初所面临的那种"缺乏创造性"[①]的状况。一个显而易见的事实是，尽管社会史研究的各种著述不断增加，但它们所负载或提供的新意灼见却没有相应地增添，就是说，社会史研究表面上的方兴未艾，并不能掩盖它实质上的困境，表面上的"热"正在"冷"中摇曳。

是什么原因造成了当前中国社会史研究缺乏创造性的状况？是已经走到了研究的饱和点吗？事实上，许多研究课题还没有展开，一些正在进行的研究课题还有待深掘，应该说，社会史研究距离它的饱和点还很远。是已有的选题过于零碎吗？似乎并不那么简单。题目的大小与研究的高下没有必然的联系，法国年鉴学派第二代宗师布罗代尔正是从面包价格、饮食习惯、住房样式、闲暇的利用这些日常生活琐事入手，考察重大的社会历史问题，写出了《菲力二世时代的地中海及地中海时代》《15至18世纪的物质文明、经济和资本主义》等名著。是研究方法的阐述与操作相脱节吗？是理论的贫血导致研究的苍白吗？是的，这两个缺陷在今天的社会史研究中表现得相当突出。然而，这又不是问题的全部所在，甚至也不是根本所在。这里，笔者想换一个角度，略陈己见。

[①] ［美］莫里逊（S. E. Morison）：《一个历史学家的信仰》，载何新等译《美国历史协会主席演说集》，商务印书馆1963年版，第38页。

在笔者看来，任何一种史学研究都可以被概括化为一个正置着的三角形：两个底角分别是理论体系与历史知识体系，顶角是研究指向，把三个角连在一起的线段是时代性。史学作品的内部结构，可以被概括为一个倒置着的三角形：居于上方的两角分别是它的社会意涵和文化意涵，居于下端的顶角是它的生命意涵，把这三个角连在一起的线段，同样也是时代性。连接这些线段的就是历史学家的主体意识。离开了时代性，离开了现实生活的提示和激活，这些角只能成为孤立的、僵死的存在。毋宁说，现实与历史、生活与研究的疏离，是造成社会史研究信息量少和理论后滞的最重要原因。历史学家和历史研究只有在其所处的时代才能找到自己的立足点。"超"时代的历史作品，其实正是时代经验与历史知识的丰富提炼和高度浓缩，也就是说，是最具有时代感的作品。当今的中国正处在重大的变化中，旧的与新的、不成熟的与成熟的、失望与希望……交织在一起，历史学家的时代体验因此更为复杂和丰富。这正是深化研究的重要前提。

时代体验不是超学术的强制，人们早已厌恶用行政手段制定的"时代精神""时代命令"。相反，自主地体验时代是历史研究者主体性的生命之源。现实生活可能使人不安和困惑，但也使人深刻，一切带着希望、启人心智的理论不都是从不安和困惑中产生的吗？现实生活可能使人琐细和不够超脱，但也使人更加脚踏实地，大众需要的不正是亲切、鲜活的历史作品吗？现实生活可能使人的情绪易于起伏，但也使读书人珍贵的社会责任感不至于消解，历史学家的历史纵深感不正是在现实的国情民瘼中得到呈现吗？时代体验是生命的力量，这对历史学的所有分支都是如此，对于研究视角广泛触及社会历史表层和深层的社会史学，就更是如此了。时代体验不是也不可能摒除历史知识；相反，历史交付给我们以往的生活经验和精神历程，正是历史学家独具特征并具有永久价值的立足点，站在这个基点上，历史学家具备了一种宏观的深沉；然而只有在现实生活中，这份深沉的历史真实，才产生出活泼泼的生机，社会史这颗种子，只有在现时代的土壤中才能根深叶茂。

时代体验与历史知识的汇合，不仅可以引发我们看到许多新问题，可以帮助我们更好地为社会史学定位，也可以促使我们设想和提供许多新的解决方式和新的思考。中国的社会史研究已经在让历史进一步走向深入、走向大众、走向社会方面发挥了作用,它的继续发展则有赖于研究主体的时代体验与历史知识的汇合。

原载《历史研究》1993 年第 2 期

文化史研究应触及民族的精神

从史学史的角度观照，1978年以来中国内地的历史学是可以与20世纪初的中国新史学勃兴相提并论的重要阶段。在改革开放和思想解放的大背景下，这个时期的富有生机的中国历史学在研究理念和研究对象上都呈现出新的局面。其间有两个领域的研究成为突破旧格局的先头部队：社会史的复兴不仅拓展了研究者的视野，同时由于采用了跨学科的研究方法，对打破教条化地理解唯物史观产生了积极作用；文化史的蓬勃不仅让历史研究具备了更为广阔的空间，同时也带动了对中华文明和传统文化特点的思考。在西方，文化史和社会史"扩展了历史学家的领域"；[1] 而在近三十多年来中国历史学前进的路途中，文化史和社会史则显示了更大的意义：它们启迪了研究者的心灵，引领了一个时期的研究走向，打开了被遮蔽已久的学术道路。

开疆拓土的岁月并不漫长，接下来的任务是建设，正是在这个方面，社会史和文化史遭遇到共同的困难，因而也陷入了相似的困境。概括起来，这个困境表现为"空"和"泛"。所谓的"空"是指这两个领域都缺乏有深度的理论思考和理论建树，关于文化史理论和方法论的专著寥若晨星，[2] 在大多数研究中，似乎研究了社会群体、日常生活等，就是社会史；研究了文化现象，便是文化史。换言之，是研究对象而不是其他因素

---

[1] ［英］伯克（Peter Burke）：《什么是文化史》，蔡玉辉译，北京大学出版社2009年版，第148页。

[2] 在20世纪80—90年代的文化史研究中，有若干篇建设文化史学科方面的论文，专著仅有常金仓《穷变通就——文化史学的理论与实践》（辽宁人民出版社1998年版）。关于这个时期中国古代文化史研究的综述报告可参阅王艺《改革开放三十年的中国文化史研究》（中国社会科学院历史研究所编《改革开放三十年的中国古代史研究》，中国社会科学出版社2010年版）。

决定了学科类型。一个学科自然需要特定的研究对象,这是不需要讨论的,但一个学科如果没有与这个学科相适应的理论和方法论范式,没有属于该学科的研究理念,这个学科只能是初级的、不完整的,问题意识难以产生,研究活动很容易成为单纯描述性的而不是分析性的。

由于理论上的"空",我们便遭遇到下面跟进的问题,这就是研究领域越来越宽大("泛")。文化史的范围从20世纪80—90年代的通论性著作如《中华文化史》《中华文明史》《汉唐文化史》《魏晋南北朝文化史》等①延展到许多历史现象,被研究者描述为"纵向上从古至今,横向上不仅包含传统的文献典籍、文化传统、文化制度和各代学人的思想研究等内容,而且包括社会生活风尚、大众生活方式,以及社区文化、企业文化、校园文化、服饰文化、饮食文化、茶文化、商业文化、旅游文化、地域文化、科学文化等等"。②可以看出,在这个研究框架中,文化史不仅与社会史难以割舍,而且与几乎所有的历史内容都形成了一个共同体。在很大程度上,文化史可以换称历史学。这种情形并非中国独有,西方史学界甚至做得更过,在那里"几乎所有的事情似乎都已经被写成了文化史"③。所有的历史现象固然都有其文化的内涵和表现,但当我们看到"社区文化"被形容为显现一个社区的文化精神、"服饰文化"被形容为显现穿着者的审美情趣、"饮食文化"被形容为由取食所反映出的精神风貌,在这些不言自明且大而无当的概括中,文化史研究的意义被大幅度降低;而许多被贴上了"文化"标签的历史具象的价值并没有因此而得到升华和深化。

与社会史研究略有不同的是,文化史研究较少表现出研究目标选择上的琐细亦即学术界最近关注的碎片化情状,宏大叙事一直是20世纪80年代以来文化史研究的主流。社会史研究的碎片化颇受诟病,而文化史研究

---

① 代表性著作如下:冯天瑜、周继明、何晓明:《中华文化史》,上海人民出版社1990年版;《中华文明史》编委会:《中华文明史》(10卷本),河北人民出版社1989—1993年出齐;熊铁基:《汉唐文化史》,湖南出版社1992年版;万绳楠:《魏晋南北朝文化史》,黄山书社1989年版。

② 陈启能:《近20年中国历史学的新发展》,《世界历史》1999年第3期。

③ [英]伯克(Peter Burke):《什么是文化史》,蔡玉辉译,北京大学出版社2009年版,第151页。

则未因此而沦为社会史的难兄难弟。然而，在笔者看来，这恰是文化史研究的软肋所在。学术研究活动始终存在两种意义上的"碎片"。第一种是研究工作必有的"碎片"。由于每一个研究者都有自己特定的知识范围和研究领域，由于历史研究必须从具体的、微观的研究开始，由于对历史细节的澄清是对历史进行事实判断和价值判断的前提，因此"碎片"是历史研究程序中不可缺少的环节。第二种是缺乏问题意识且止步于琐细目标的"碎片"。这样的研究也有其价值，但意义有限。尤其是当一个时代的多数学者都倾心于此，将人类历史活动复杂变化的现象割裂开来，形成"碎片化"的研究风气，历史研究工作将不会得到有意义的推进。这两种"碎片"都没有出现在文化史研究中，其积极面是阻止了文化史研究的被细枝末节化，消极面是阻止了文化史的深度研究。得失相较，失大于得。对具体问题关注不够，与研究的泛化互为表里，使得对历史的探索往往停留在浅表的层面。文化史的研究不但不能拒绝历史细节，相反，它是将历史细节作为一种符号，借此分析人类的社会变迁和精神历程。德国学者埃里亚斯在《文明的进程》中将羞耻感和难堪作为文化的符号，细致地分析了这两种情感界限的前移对近代西方社会演变的意义。[①] 成为西方文化史的研究经典。从某种意义上看，文化史学家的共同基础是"他们关注符号以及对符号内涵的解释"[②]。

文化史研究"空"和"泛"的局面不能在冥想中改变，实践中的困难只能在实践中解决，一个基本前提是我们对文化史的理解。

似乎又回到了文化史初兴时学术界关注的问题：什么是文化史？这不仅是中国人的发问，也是国外学者的发问。伯克（Peter Burke）直接以"What is Culture History"作为那本在西方史学界产生影响的著作的标题。什么是文化以及什么是文化史见仁见智，已有很多讨论，也许永远不会有让所有人都满意的"标准答案"。因此笔者想把这个发问置换为另一个发问：我们需要怎样的文化史？

---

① [德] 埃利亚斯（Norbert Elias）：《文明的进程——文明的起源和心理起源的研究》第 2 卷，王佩莉译，生活·读书·新知三联书店 1998 年版，第 316—325 页。
② [英] 伯克（Peter Burke）：《什么是文化史》，蔡玉辉译，北京大学出版社 2009 年版，第 3 页。

无论对文化有怎样不同的界定，有一点是可以明确的，这就是在"文化"这一宽大场景中，蕴含着一个民族的精神。从行为方式到人际关系再到思维特征，日常生活的所有表象无不与这个民族的气质息息相关，文化机理的每一个条纹的形成都来自民族的精神。这是"文化"区别于其他领域的基本特征，文化史驰骋的舞台也因此表现出与其他专门史研究的不同。历史学不同学科的边疆有着一定程度的不确定性，研究领域的交叉使得研究者的学术指向不能泾渭分明地用学科进行简单区分，但分工的确存在。我们不能要求政治制度史研究者重点关注一个时代的思想变迁，也不能要求经济史研究者将研究中心转移到一个时代的精神风貌方面。从这个意义上说，每一个专门史都是独一无二的学术承担者，都负有其他研究领域所不具备的责任，都具有其他研究领域所不拥有的价值。尽管唯物史观将经济基础放在首位，但在历史学的不同学科之间，并不存在这样的隶属关系。文化史的研究起于文化的各种表现，但它的任务不是仅对这些表现进行描述，而是要将这些表现与民族的精神联系起来，解释它们之间的关联。民族精神是民族的根脉和灵魂，文化史研究要触及民族的精神，指向民族的灵魂。

一个民族的精神历程是这个民族成长的支撑，是这个民族生存方式的凭借，是这个民族从事创造的根基。历史是人的活动，人的活动既受传统性的制约，同时也天然地被赋予了该时代给予的要求，而这两者所形成的历史结果都与民族精神息息相关。文化史的研究要有批判精神，要有现实的担当，但这不是文化史研究的全部。我们不只是要简单地将民族精神作出是非黑白的简单区分，像20世纪30年代有的前辈对国民性的批判；或者是20世纪80年代文化史研究起步时有的学者所倡导的通过文化史研究，认识中华民族的灿烂文明；或者如时下有的学者所呼吁的从历史经验出发，增强民族凝聚力。文化史研究的基本目标应当是认真梳理文化发展的历史脉络，说明各种文化现象对历史活动的影响，解释人们对待生活的基本态度和发生的变化，为理解一个民族精神世界的历史，及其与现实的关联提供合理的答案。在这个宏大目标引导下，通过具体的、微观的研究，总结和提出文化史研究原创性理论解释模式。

在历史学各学科中，文化史位置自在。文化史研究的终极目标是一个民族的精神世界，而文化史研究自身也存在着民族性。不同国家文化史的发展是不均衡的。例如在英国,"文化史并不被看做是'可靠的事实'或'实质性细节'",因而一些研究者对文化史产生了抵触情绪。[①] 在中国,由于自近代以来历史大环境下造成的对民族精神的批判和反思,文化史一开始便成为社会和学术界关注的对象。但在中国实证主义历史意识根深蒂固的学术背景下,文化史又有着某种尴尬。相对来说,历史研究的一些"硬件"对象如制度史比较容易坐实,进行有新意的或有深度的研究也比较容易获得学术界认可,而"软件"对象即属于精神层面的内容,由于它的抽象因素,进行创新性研究就有特殊的难度。例如,在中国五千年文明进展的几个关键时期,即早期国家的形成、王制时代的奠定、王制时代向帝制时代的转变、帝制时代的发展以及近代化因素的出现等方面,虽然许多问题还不够清晰,还有待进一步开掘,却已有较多的讨论,大致的轮廓应该说已被勾勒出来。相比之下,文化史在这些方面的研究显得较为薄弱,许多问题有待开掘,已有的一些研究也需要在对史料深度阅读后进一步深化。这种背景为文化史的新发展提供了宽阔的研究空间。每一个学科都有不可替代性,这意味着它对历史的观照是独到的,意味着不同观照是以牺牲其他角度为代价的,由不同角度组成的研究视野如同推动历史前进的合力一样,提供了对历史的整体性理解。通过文化史研究解读中国历史进程,是我们知识体系中不可或缺的重要认识维度,这也是未来文化史研究者肩负的学术和社会使命。

原载《史学理论研究》2013 年第 1 期

---

① [英]伯克(Peter Burke):《什么是文化史》,蔡玉辉译,北京大学出版社 2009 年版,第 151 页。

转型与契合
——解读秦汉风俗

一

如同文化历史领域中的许多概念,"风俗"或"民俗"一词充满歧义。20年前出版的第15版《大不列颠百科全书》概述近代以来这一领域的研究状况时指出:"或许没有任何一个研究领域比民俗学更能引起误解。"① 一部西方出版的民俗学词典收入的民俗定义达21个。② 大体上说,关于风俗或民俗的看法主要有文化遗留说、精神文化说、民间文学说、传统文化说以及人民大众创造、享用和传承的生活文化说。③ 对风俗理解之所以出现如此之大的差异,一个重要原因是,风俗是一个极为驳杂的研究对象,涉及精神和物质层面的几乎所有内容,不同学派或学者的解说通常侧重风俗的一种表现或一个侧面。

近十几年来,学术界对民俗概念和构成进行了有益的探讨,提出了下述一些有启发性的意见:民俗研究的主体是民族全体成员的生活文化,其基本结构是物质生产和生活、社会组织、信仰意识和价值体系观念。④ 在我们看来,风俗大致包括两个部分,其核心内容是人们在对待外部环境以

---

① 《大不列颠百科全书》第7卷,1980年第15版,第461页。
② 张紫晨主编:《中外民俗学词典》"附录",浙江人民出版社1990年版。
③ 钟敬文主编:《民俗学概论》,上海文艺出版社1998年版,第3页。
④ 参见钟敬文《新的驿程》,中国民间文艺出版社1987年版,第371—393页;高丙中《民俗文化与民俗生活》,中国社会科学出版社1993年版,第6章;程蔷、董乃斌《唐帝国的精神文明——民俗与文学》,中国社会科学出版社1996年版,第10—19页;钟敬文主编《民俗学概论·绪论》,上海文艺出版社1998年版,第3页。

及交往中所呈现的普遍行为方式和精神世界。作为其外延部分则是构成这种行为方式和精神世界基础的自然与人文环境。所谓"普遍行为"意味着风俗是一种群体的而非个人所独享的生存和生活方式，所谓"精神世界"则是指任何一种风俗都具有精神基础或心理凭借，这种精神基础或心理凭借同样来自时代和群体。由此我们可以从逻辑上将风俗史研究对象与诸如社会史或生活史等相近领域区分开来，尽管这种区分有时并非泾渭分明。

秦汉风俗在当时便引起广泛关注。代表性著作以时间先后为序有《吕氏春秋》《新书》《淮南子》《史记》《盐铁论》《方言》《汉书》《论衡》《潜夫论》和《风俗通义》等，重点考察的内容包括什么是风俗、风俗如何形成、风俗的基本状况、风俗变化的原因以及风俗的社会功能等。这些方面是迄今为止民俗研究仍必须面对的课题。

汉代学者通常将"风俗"概念的解释与风俗的形成联系在一起。《汉书·地理志下》指出："凡民函五常之性，而其刚柔缓急，音声不同，系水土之风气，故谓之'风'；好恶取舍，动静亡常，随君上之情欲，故谓之'俗'。"[①] 应劭《风俗通义·序》也写道："风者，天气有寒暖，地形有险易，水泉有美恶，草木有刚柔也。俗者，含血之类，像之而生。故言语歌讴异声，鼓舞动作殊形。"[②] 这种解释用现代语言表述就是：群体生活方式的差别是风俗的基本内容，风俗是在自然和人文共同作用下形成的，因此"风俗"具有自然与人文的双重意义。这个视野广阔的阐说，也成为汉代以后传统中国人文学界对"风俗"概念的共识。

关于秦汉时期风俗状况最为系统的陈述见诸《史记·货殖列传》和《汉书·地理志》班固所辑汉成帝时朱赣条陈各地风俗，前者反映了战国后期至西汉中期以前的风土人情，后者在此基础上进而展示了西汉中期至西汉后期各地的风俗概况。值得注意的是，秦汉学者对风俗的观察和记录并不限于华夏民族，边地各民族的风俗习惯也引起人们的极大关注。在《史记》成书前，《吕氏春秋》和《淮南子》便记录了岭南和塞外居民的生活方式。其中，后者的描述更富有价值。如述越人习俗云："陆事寡而

---

① 《汉书》卷二十八下，第1640页。
② 吴树平：《风俗通义校释》，天津人民出版社1980年版，第1页。

水事众,于是民人被发文身,以象鳞虫,短绻不绔,以便刺舟,因之也"(《原道》),"得髯蛇以为上肴"(《精神》)。张骞通西域之后,随着与域外交往的拓展,汉代人初步走出以前相对狭小的生活圈子,人们的眼界得到拓展,南亚、中亚和罗马地区居民的一些风俗也历史性地留在笔墨之中。尽管有关记述十分简略,但却显示出当时风俗观念所具有的国际眼光。

风俗备受秦汉学者重视的原因还在于,在他们看来,风俗不仅是学术探讨的对象,更重要的是,它与国家兴衰息息相关。由此引发出秦汉风俗观的一项重要内容:风俗的政治教化功能及其可变性,所谓"为政之要,辨风正俗最其上也"[1],"若不修其风俗,而纵之淫僻,乃随之以刑,绳之以法,虽残贼天下,弗能禁也"[2]。据《风俗通义·序》所述,应劭是在东汉末年"王室大坏,九州幅裂,乱靡有定,生民无几"的社会背景下撰写此书,目的在于纠正时俗的"迷昧",为汉王朝的复兴提供资鉴。

这一时期,关于风俗的讨论大致流行如下几种观点:

其一,风俗是一种差异,而这种差异缘自不同的自然和文化背景,是为风俗观中的环境影响说。《淮南子·地形》认为,自然环境和食物摄取与人的性格和品质具有因果关系,所谓"衍气多仁,陵气多贪,轻土多利,重土多迟……中土多圣人。皆象其气,皆应其类"[3]。《吕氏春秋·用众》指出:"戎人生乎戎、长乎戎而戎言,不知其所受之;楚人生乎楚、长乎楚而楚言,不知其所受之。今使楚人长乎戎,戎人长乎楚,则楚人戎言,戎人楚言矣。"[4] 贾谊则强调生活在不同地区的人群"生而同声,耆欲不异",但在其成长过程中,因"教习"的不同形成风俗差异。[5] 贾谊所说的"教习"与现代社会学和心理学的"习得"概念有类似之处,值得重视。

其二,上古时期风俗纯厚质朴,后世风俗浇薄败坏,是为风俗观中的

---

[1] (汉)应劭:《风俗通义·序》,吴树平:《风俗通义校释》,天津人民出版社1980年版,第2页。

[2] 《淮南子·泰族》,张双棣:《淮南子校释》卷二十,北京大学出版社1997年版,第2075页。

[3] 张双棣:《淮南子校释》卷四,北京大学出版社1997年版,第451页。

[4] 陈奇猷:《吕氏春秋校释》卷四,学林出版社1984年版,第232页。

[5] 《汉书·贾谊传》,《汉书》卷四十八,第2252页。

厚古薄今说。《淮南子》集中阐述了这一种观点。《本经》通篇主旨就是指抨今俗不如古俗。在其他篇章中，也有不少类似的文字。如《齐俗》云："今世俗之人，以功成为贤，以胜患为智，以遭难为愚，以死节为憨。"① 此后仍有不少人坚持厚古薄今的风俗观。盐铁会议上，文学声称："古者贵德而贱利，重义而轻财。……及其后，礼义弛崩，风俗灭息。故自食禄之君子，违于义而竞于财，大小相吞，激转相倾。此所以或储百年之余，或无以充虚蔽形也。"② 可以看出，这种风俗观念是汉代思想文化中崇古思潮的组成部分。

其三，物质财富的增长和商品经济的发展必定带来风俗的沦丧。是为风俗观中的财富与风俗背离说。《淮南子·齐俗》指出："有大路龙旂，羽盖垂绥，结驷连骑，则必有穿窬、拊楗、抽箕、逾备之奸。"③ 西汉中期参加盐铁会议的贤良文学也以此为立论基础抨击朝政弊端，具见《盐铁论》诸篇。在汉代其他文献中也常可见到这种意识的种种表述。限于篇幅，这里不赘举。虽然也有相反的意见，如《汉书·食货志》上所说的"食足货通，然后国实民富，而教化成物"，强调良好的风俗与财富的增长相一致，但总的来看，这只是风俗观中的一条副线。

其四，大一统的王朝需要统一的风俗，统治者应致力于风俗的一致化，消弭差异有助于维护国家稳定；相反，风俗的多样化则必然瓦解统治基础。是为风俗观中的"齐同"说。这种观点在西汉中期以后成为定见，清晰地显示出中央集权加强后风俗观的变化。如终军指出："夫天命初定，万事草创，及臻六合同风，九州共贯，必待明圣润色，祖业传于无穷。"④ 王吉写道："《春秋》所以大一同者，六合同风，九州共贯也"，而"百里不同风，千里不同俗，户异政，人殊服"的结果是"诈伪萌生，刑罚亡极，质朴日销，恩爱寝薄"。⑤ 平帝时，王莽为粉饰太平，编造"天下风俗齐同"的谎言，⑥ 更明确地反映出风俗"齐同"观对国家政治

---

① 张双棣：《淮南子校释》卷十一，北京大学出版社1997年版，第1189页。
② 《盐铁论·错币》，王利器：《盐铁论校注》，中华书局1992年版，第56页。
③ 张双棣：《淮南子校释》卷十一，北京大学出版社1997年版，第1109—1110页。
④ 《汉书·终军传》，《汉书》卷六十四下，第2816页。
⑤ 《汉书·王吉传》，《汉书》卷七十二，第3063页。
⑥ 《汉书·王莽传上》，《汉书》卷九十九上，第4076页。

的影响。

其五，风俗并非凝固不变，良好的风俗要依靠社会上层尤其是君主或圣人的努力来建立。是为风俗观中的圣人施教说。这个思想贯穿两汉。如《淮南子·泰族》说："圣人怀天气，抱天心，执中含和，不下庙堂而衍四海，变习易俗，民化而迁善"；"诚决其善志，防其邪心，启其善道，塞其奸路，与同出一道，则民性可善，而风俗可美也"。[①] 匡衡提出改革风俗的方案是社会上层以身作则："公卿大夫相与循礼恭让，则民不争；好仁乐施，则下不暴；上义高节，则民与行；宽柔和惠，则众相爱。四者，明王之所以不严而成化也。"相反，如果"朝有变色之言，则下有争斗之患；上有自专之士，则下有不让之人；上有克胜之佐，则下有伤害之心；上有好利之臣，则下有盗窃之民"。因此，上层的行为是"风俗之枢机"，风俗是否能向理想的方向发展，"审所上而已"。[②] 应劭在《风俗通义·序》中也认为：风俗"或直或邪，或善或淫也"，"圣人作而均齐之，咸归于正，圣人废则还其本俗"。[③] 将改变风俗的力量完全系于个人，不合理性是显而易见的，但我们从中也能窥见风俗与政治的密切联系。

值得注意的是，政治和法律对改变风俗的作用也引起人们思考。《淮南子》表达了两种截然相反的观点。《氾论》承认法律对风俗的制约作用："法度者，所以论民俗而节缓急也"；[④]《主术》却持"刑罚不足以移风"[⑤] 的否定性意见。《淮南子》成于多人之手，因此这些相反的看法应是当时不同意见的记录。这两种意见此后都得到呼应。《潜夫论·三式》则强调法律控制不良风俗的巨大意义："夫积怠之俗，赏不隆则善不劝，罚不重则恶不惩。故凡欲变风改俗者，其行赏罚者也，必使足惊心破胆，民乃易视。"[⑥] 另一方面，也有人将属于道德范畴的"礼义"视为移风易俗的不二法门，生活在西汉中后期的王吉是这一观点的代表之一。他指出："今俗吏所以牧民者，非有礼义科指可世世相通行者也，独设刑法以

---

① 张双棣：《淮南子校释》卷二十，北京大学出版社1997年版，第2040、2074页。
② 《汉书·匡衡传》，《汉书》卷八十一，第3335页。
③ 吴树平：《风俗通义校释》，第2页。
④ 张双棣：《淮南子校释》卷十三，北京大学出版社1997年版，第1359页。
⑤ 张双棣：《淮南子校释》卷九，北京大学出版社1997年版，第898页。
⑥ 彭铎校正：《潜夫论笺》卷四，中华书局1979年版，第209页。

守之……是以百里不同风，千里不同俗，户异政，人殊服，诈伪萌生，刑罚亡极，质朴日销，恩爱寝薄。孔子曰：'安上治民，莫善于礼'，非空言也。"①

这五个方面的思想萌芽在春秋以来的百家争鸣中均有程度不同的体现，不过可以肯定的是，这些风俗观念正是在秦汉时期才得到全面展开。就思想史自身的逻辑脉络而言，一方面这些观念略显零乱，另一方面仍显示出明显的思维同一性，即风俗与社会尤其是与政治方面的关系贯穿着上述这些观点，这既是秦汉风俗观的中轴，也是中国古代社会风俗观的一条基本脉络。观念的历史是社会历史的组成部分，在人们所目及的秦汉风俗形态中，可以清晰地看到风俗与风俗观之间的密切关联。

二

无论从哪个角度看，秦汉时期都是中国历史上一个十分重要的时期。秦王朝对全国的统一，标志着一个时代的结束。表明一个新时期的来临，则是从汉代开始的。许多后代出现的现象，在汉代已经显示出其具有必然意义的强大生命力。在政治上，大一统中央集权王朝建立，与此相配套的各种制度趋于成熟；在经济上，私有化的土地所有制基本定型，产业的构成及其分布格局更为明晰并形成与此相适应的产业管理和经营方式；在思想文化方面，春秋战国时期百家争鸣的局面被适应王朝统治的思想统一模式所取代。这三个为人们所熟知的方面都奠定了此后一千多年中国古代社会形态的基础和规模。在风俗习尚方面，这个时代同样有着承先启后的意义，只是由于自身特点，风俗演变的时间轨迹与政治、经济和思想文化方面的变化并不完全重合。

以王朝为标尺，秦汉可以被看作一个时间段落。但从风俗流变看，战国晚期到西汉中期当属一个时代，而西汉后期和东汉则更具内在一致性：前者更多地保留了大一统前的风俗习尚，同时也在继承过程中注入改造；后者则在继承改造的基础上逐渐形成了与大一统政治形态和经济结构相适应的习俗。住宅、服饰、信仰、出行、游艺、丧葬、儿童教育、社会风尚

---

① 《汉书·王吉传》，《汉书》卷七十二，第3063页。

和人际交往等方面都明显地表现出这种转变，并直接或间接地影响后代。礼仪是一种精致化的风俗，它的变化展现出同样的轨迹。《周礼》《仪礼》和《礼记》所记录和描述的礼，是否为周代礼制，学术界尚有不同意见。我们认为尽管"三《礼》"成书较晚，但其主干部分应大致反映了周代礼仪特点，①即等级上尊卑有序、血缘上亲疏有别和程序上的细致繁密。春秋战国时期，随着原有统治秩序的解体，周的礼仪制度也彻底瓦解，"礼崩乐坏"就是对这一历史事实的真实概括。根据现有史料，秦王朝的礼仪制度与周礼有很大差异。西汉建立不久即致力于重建礼仪，但一直到西汉中期，礼仪制度仍较为粗疏。礼仪制度的严密化和规整化的趋势，则始于西汉后期而完成于东汉王朝。汉代礼仪的两大支柱是尊卑有序、亲疏有别，因此在本质上可以视为对周礼的继承。另外，政治、经济和社会结构的变化，以及日常生活内容的改变，也使得汉代礼仪与周礼出现了一些重要差异。譬如，与政治上专制主义中央集权相适应，礼仪强化了对皇帝至高尊严的维护。经济的发展和社会分工的细密，导致社会分层的扩大，在一个群体较多的社会中，繁密的礼仪不仅无助于交往，反而成为交往的包袱。因而，汉代礼仪的繁密程度明显不及周代礼仪。这些方面同样直接和间接地影响着后代。从这个意义上说，秦汉时期的风俗既是旧时代的结束，也是新时代的肇始。

秦汉风俗这种鲜明的时代特征不仅表现在动态演进中，在风俗的世俗化气质、多元的区域构成以及法律与风俗的关系等方面，也显示出秦汉风俗所具有的深刻历史影响。

与中国历史上其他时期相似，秦汉风俗具有强烈的世俗化色彩。求富趋利始终是这个时期人们的普遍心态。《吕氏春秋·节丧》"民之于利也，犯流矢，蹈白刃，涉血盩肝以求之"②的陈述和《史记·货殖列传》引述的"天下熙熙，皆为利来；天下攘攘，皆为利往"的谚语，形象地展示出这一时代风貌。司马迁把求"福"规定为"人之性情"，是天下所有人

---

① 沈倬文和杨向奎以先秦史迹与《仪礼》互证，认为《仪礼》所述许多礼仪在当时确实存在，《仪礼》中的一些内容并非汉儒向壁虚构。参见沈倬文《略论礼典的实行和〈仪礼〉书本的撰作》，《文史》第15、16辑，中华书局1964年版、1965年版；杨向奎《宗周社会与礼乐文明》下卷《周公对于礼的加工与改造》，人民出版社1997年版。

② 陈奇猷：《吕氏春秋校释》卷十，第525页。

"俱欲"的目标。① 东汉人王符将理想化的"君子"定位为"非为嘉馔、美服、淫乐、声色也,乃将以底其道,而适其德也"②;杨秉以"我有三不惑:酒、色、财也"而自负,③ 恰证明追逐"嘉馔、美服、淫乐、声色"和"惑"于酒、色、财者的众多。长寿、多子、安逸舒适、仕途显赫等也是人们企盼的生活内容。不仅如此,社会交往也成为实用化的工具。由于"与富贵交者,上有称举之用,下有货财之益。与贫贱交者,大有赈贷之费,小有假接之损"以及"欲相护论议",因此"富贵虽新,其势日亲;贫贱虽旧,其势日疏"的现象广泛存在。④ 王充鄙夷为"俗性"⑤。汉代文学作品中则有"世薄多苏秦"的愤然。⑥

　　世俗生活是风俗成长和变化的催化剂。对财富积累和享乐的无休止追逐,不仅极大地刺激了人们的消费欲望,也引发了价值观念的改变。秦汉风俗第一次重大变化出现在社会经济得到恢复的文帝统治时期。贾谊十分敏锐地观察到在享乐观念驱使下的世风改易:"今世以侈靡相竞,而上亡制度,弃礼仪,捐廉耻,日甚,可谓月异而岁不同矣。逐利不耳,虑非顾行也,今其甚者杀父兄矣。盗者剟寝户之帘,搴两庙之器,白昼大都之中剽吏而夺之金。矫伪者出几十万石粟,赋六百余万钱,乘传而行郡国,此其亡行义之[尤]至者也。"⑦ "今世贵空爵而贱良,俗靡而尊奸;富民不为奸而贫为里骂,廉吏释官而归为邑笑,居官敢行奸而富为贤吏,为利为材士。故兄劝其弟,父劝其子,则俗之邪至于此矣。"⑧ 以后,类似的景象总是伴随类似的社会背景不断出现,呈现出周期性的跃动节奏。

　　秦汉时期宗教信仰同样具有强烈的世俗化特点。当时的神灵具有不少世俗人性,例如他们喜欢吃喝,有的贪色,并非都是道德楷模。按照睡虎地秦简《日书》的说法,群神只有在世人祭祀过程中受飨后,才能"盈

---

① 《史记·货殖列传》,《史记》卷一二九,第 3969 页。
② (汉)王符:《潜夫论·赞学》,汪继培笺、彭铎校正:《潜夫论笺》卷一,中华书局 1979 年版,第 6 页。
③ 《后汉书·杨震传附子杨秉》,《后汉书》卷四十四,第 1775 页
④ (汉)王符:《潜夫论·交际》,彭铎校正:《潜夫论笺》卷八,第 337 页。
⑤ (汉)王充:《论衡·自纪篇》,黄晖:《论衡校释》卷三十,第 1192 页。
⑥ 《太平御览》卷四〇六引《古歌辞》。
⑦ 《汉书·贾谊传》,《汉书》卷四十八,第 2244 页。
⑧ (汉)贾谊:《新书·时变》,抱经堂本。

志"（甲种简3正贰）。东海神甚至如世间无赖一样在葛陂神家中淫其夫人。① 更重要的是，秦汉人对神灵的信从带有强烈的讨好付出—索取回报的实用主义色彩，无论是出于对神祇的敬重抑或恐惧。前者是手段，后者是目的，没有后者就绝不会有前者的产生。正如《汉书·郊祀志上》所强调的对神"敬而不黩，故神降之嘉生"，"灾祸不至，所求不匮"②。

诚然，说秦汉人的精神世界完全世俗化有简单片面之嫌。他们对生命意义发出的询问，至今仍能撄动人心。短暂的人生为他们的心灵蒙上了一层忧郁的影痕。这种情绪在以"古诗十九首"③ 为代表的文学作品中有着极为细腻的表达："人生天地间，忽如远行客"（《青青陵上柏》）；"人生寄一世，奄忽若飙尘"（《今日良宵会》）。野郊的坟茔、四季的更替都能使汉代人产生具有本体意味的恐惧感："去者日以疎，生者日以亲。出郭门直视，但见丘与坟。……白杨多悲风，萧萧愁杀人"（《去者日以疎》）"回风动地起，秋草萋已绿。四时更变化，岁暮一何迟"（《东城高且长》）。然而，人们同样可以在《古诗十九首》中清楚地看到，对生命短暂的悲凉并没有驱使汉代人将生命之舟从"此岸"驶向"彼岸"，相反却让自己在"此岸"中更刻意地经营："生年不满百，常怀千岁忧。昼短苦夜长，何不秉烛游。为乐当及时，何能待来兹。愚者爱惜费，但为后世嗤"（《生年不满百》）；"人生忽如寄，寿无金石固。万岁更相迭，圣贤莫能度。服食求神仙，多为药所误。不如饮美酒，被服纨与素"（《驱车上东门》）。及时行乐尽情享受被视作善待人生的即使不是唯一也是最重要的归途，经过震撼的精神家园在世俗网络的操作下回归平静。总之，在今生与来世、此岸与彼岸、肉体与心灵的对话中，是前者溶解了后者而不是相反。

尽管秦汉时期的主流意识强调风俗的整齐划一，尽管王朝风俗拥有大量的一致性内容。但完全整齐划一显然只是一种理想，而风俗内容上的一致性也蕴含在相对之中。这里不仅有时间的变化，也有空间的差异。《史记·货殖列传》从物产、经济、民风三个方面对西汉前期的区域分布进

---

① 《后汉书·方术列传下·费长房》，《后汉书》卷八十二下，第2744页。
② 《汉书》卷二十五上，第1189页。
③ 《文选》卷二十九《古诗十九首》，中华书局1977年版，第409—412页。

行了系统说明,其中的部分内容与风俗有关。据司马迁描述,当时有关中、三河(河东、河内、河南郡)、北方沿边地区、齐、邹与鲁、梁与宋、颍川与南阳、楚八个大的风俗区域。从司马迁的描述中可以看出,西汉前期区域风俗的地理格局显然与春秋战国时期诸国位置有着直接联系,其风俗在很大程度上同样也是春秋战国民风的延续。西汉后期扬雄《方言》记录的地方方言大体有秦(包括秦幽、秦之西鄙、自关而西秦汉之间、秦旧都等)、陇(包括西陇、凉州西南等)、晋(包括晋、东晋秦晋、晋之北鄙、河汾之间等)、蜀、燕、代(包括燕、燕之外鄙朝鲜洌水之间、北燕朝鲜之间、北燕、北燕之外郊、燕代、燕赵等)、赵、韩、齐、鲁、周、郑(包括周魏、周魏齐宋楚、周魏之间、周洛韩魏间、周洛韩郑汝颍、周郑之间等)、宋卫、陈、梁、吴、西楚、南楚、瓯、东瓯、瓯越、西瓯等,此外还有相邻地区的交叉方言。可见,作为风俗组成部分的方言,也具有相似的地域布局。这些都显示出风俗流变过程中的历史传承。

不过,由于司马迁视野的局限,他的记录并不完善。譬如,巴蜀地区的民风在他的笔下就没有得到反映,将天水等地风尚等同关中地区也不够准确。随着统一国家的建立,"国土变改,民人迁徙"①,原有的区域风尚也出现了缓慢的改变。汉成帝时朱赣对各地风土人情重新进行描述,原文虽已不可见,但主要内容却保留在《汉书·地理志》中。其中的风俗区域与司马迁所述有同有异,既补充了司马迁的缺漏,也显示区域风俗的某些时间性变化。

区域风俗差异不仅展示了秦汉王朝丰富的风俗景观,同时也提出了若干有意义的问题。例如,是什么原因使秦汉风俗统一和多元态势成为可能?多元与统一是否就是秦文化与楚文化之间的简单对立和融合?这种态势是一种偶然的历史情状还是具有必然性走向?这一进程所呈现的普适性因素和特殊因素是什么?统一和多元之间有着什么联系?风俗领域的统一和多元与政治上的大一统存在什么样的关系?这些问题显然需要更为细致的讨论。我们在这里试图强调的是,秦汉国家政治、经济、文化和传统的广泛内容,为既定的风俗空间走向提供了适宜环境。秦汉以后,尽管一些

---

① 《汉书·地理志下》,《汉书》卷二十八下,第1640页。

区域的风俗内容发生了变化,尽管存在风俗中心区域向边缘区域的浸润,但由于同样因素,这种统一和多元的风俗构成却一直延续至今,并由此显示出这个历史时期的转型意义。

孟德斯鸠曾对法律、风俗和礼仪作了如下区分:"法律和风俗有一个区别,就是法律主要规定'公民'的行为,风俗主要规定'人'的行为。风俗和礼仪有一个区别,就是风俗主要是关系内心的动作,礼仪主要关系外表的动作。"他还进一步指出,中国则把法律、风俗和礼仪混淆在一起,风俗代表法律,礼仪代表风俗。① 虽然孟德斯鸠所说的"中国"主要是指清王朝,但他提出的中国古代风俗、法律和礼仪具有同构性的看法则值得探讨。本文涉及的历史时段也遭遇类似问题。首先应该看到,与中国古代其他时期相同,秦汉王朝的礼仪并未游离于风俗之外,它不仅具有"外表的动作",也显示了时代的价值观念。因此二者原本就是一而二、二而一的指称。而秦汉王朝的法律与风俗之间却存在本质区别,法律的强制和风俗的制约也有着可以分辨的界限,尽管在有的情况下与风俗有关的习惯法使这条界限有时显得模糊,也就是说,法律和风俗一般不具有相互等同意义。不过,秦汉风俗和法律仍然是沟通的而非隔绝的。如前所述,肯定法律对风俗的控制作用是秦汉风俗观的一个内容。观念总是现实社会的产物,我们在秦汉历史上可以发现,不仅法律参与对风俗的控制,如"循吏"利用法律权威移风易俗,风俗同样也影响着法律的实行,如法律禁止生活中"逾制"行为的失效。在个别地区,风俗甚至可以转化为法律。东汉章帝朝山阳太守秦彭"以礼训人,不任刑罚"② 即是典型例证,尽管这只是一个极端的例子。风俗是一种软性秩序,法律是一种硬性秩序,二者虽非同一种事物,却是往来频繁的联姻者。以主流风俗观念为主要代表的意识形态和法律与风俗之间的同构不是从秦汉时期开始的,却在这个历史时代得到全面认定,并获得空前加强。统一的国家机器以行政力量干预风俗走向,力图使之符合政治形态和意识形态,大一统中央集权的政治体制借此得到有效保障。这种情态不仅对秦汉王朝风俗和法律的内容

---

① [法]孟德斯鸠(C. L. Montesquieu):《论法的精神》,张雁深译,商务印书馆1987年版,第312页。

② 《后汉书·循吏列传·秦彭》,《后汉书》卷六十六,第2467页。

和形式均产生了深刻影响，也是秦汉以后中国社会中风俗与政治关系的基本模式。

三

无疑，风俗的形成是一个有意义同时也是颇具难度的话题。笔者有限的知识范围对此无法提出有深度的意见。但我们还是愿意就秦汉风俗的发生和发展背景进行扼要归纳。

自然环境和经济结构是风俗形成的基础。前述秦汉时期的区域风俗差异都与各自的自然和经济环境息息相关。如"多林木"与草原交错的地理环境，商业活动的缺乏，造成陇西居民"以射猎为先"和重"车马田狩之事"的经济生活，并进而导致这里人口的勇敢善战和质朴豪爽的性格。① 北方边地种、代民风悍勇，不事农商，也与"地边胡，数被寇"②的环境有着直接关系。巴蜀地区有着优越的自然条件，"俗不愁苦"，当地居民自然容易养成"轻易淫，柔弱褊陋"的习性。③ 相反，在"险恶山居，五谷所生非菽而麦，民之食大抵饭菽藿羹。一岁不收，民不餍糟糠"的韩地，④ 吝啬节俭风气成为对恶劣生存环境的响应。商业都城浓厚的商业气氛对这里居民的性格也起着直接的模铸作用，长安和周围诸陵以及洛阳即是一个鲜明的例子。

风俗是人文的重要内容，人口因素是摇动风俗的一个杠杆。在人口密度较大地区，人口压力总是通过不同方式影响人们的生活习惯。如鲁地"虽颇有桑麻之业"，但因地狭人众，且"亡林泽之饶"，当地居民形成"俭啬爱财"的风俗；同样的"地薄人众"，在赵和中山地区则成为男性不断从事"椎剽掘冢"活动的一个重要原因。⑤ 移民对区域风俗影响是显而易见的，影响程度大体与移民人口数量成正比关系。长安及周围诸陵一带，除汉初迁徙齐、楚旧贵族外，朝廷又多次将二千石官吏、高訾富人及

---

① 《汉书·地理志下》，《汉书》卷二十八上，第1644页。
② 《史记·货殖列传》，《史记》卷一二九，第3960页。
③ 《汉书·地理志下》，《汉书》卷二十八上，第1645页。
④ 《史记·张仪传》，《史记》卷七十，第2786页。
⑤ 《汉书·地理志下》，《汉书》卷二十八上，第1663、1655页。

豪杰并兼之家迁往这里。新人口自身的两个显著特点成为移风易俗的动力。首先，他们有着较高的经济水平，长安及周围地区的消费状况因而得以迅速提高："于是既庶且富，娱乐无疆。都人士女，殊异乎五方；游士拟于公侯，列肆侈于姬姜。"① 其次，移民来自不同的地方，阶层不同，价值观念各异，原有较为单纯的风俗格局因而受到很大冲击，并重组为"五方杂厝，风俗不纯"的新的复杂格局："世家则好礼文，富人则商贾为利，豪杰则游侠通奸。"② 长安式的个例并非唯一。在西北边区，武威、张掖、酒泉、敦煌四郡，原为匈奴昆邪王和休屠王统治地，武帝设置四郡后，迁入大量内地人口。"其民或以关东下贫，或以报怨过当，或以悖逆亡道，家属徙焉，习俗颇殊。"③ 颍川、南阳地区风气原本朴实忠厚，但自秦灭韩后，"徙天下不轨之民于南阳"，导致这里的社会风俗出现了急剧变化，"俗杂好事，业多贾，其任侠"④；有"难治"之名。⑤ 即使一个小区域出现大量移民，也可能因此形成与周边迥异的风俗孤岛。司马迁观察并记录的位于邹、鲁的薛地（今山东滕县南）民风便是其中最突出的例子：由于战国后期孟尝君"招致天下任侠，奸人入薛中盖六万余家矣"，因此"间里率多暴桀子弟"，形成与邹、鲁大相径庭的风气。⑥

历史传承是决定风俗走向的一个普遍因素，传承的必要条件乃是自然和人文环境的稳定不变，秦汉风俗也遵循这个规律。在生产和生活方式没有发生重大变化的情形下，某一地区风俗大体是前代风俗的延续，即使出现某些改变，也只是缓慢和些微的。其中有典型意义的地区是秦地和梁、宋地区。司马迁指出，秦地居民重农风气继承了"公刘适豳，大王、王季在岐，文王作丰，武王治镐"的传统，"故其民犹有先王之遗风"。梁、宋地区质朴的民风也是前代遗风的延续。⑦ 这两个地区民风能够长期延续，一个重要原因就是各自地区稳固的农业文化。

---

① 《文选》卷一，班固：《西都赋》，中华书局1977年版，第23页。
② 《汉书·地理志下》，《汉书》卷二十八上，第1642页。
③ 同上书，第1645页。
④ 《史记·货殖列传》，《史记》卷一二九，第3967页。
⑤ 《汉书·韩延寿传》，《汉书》卷七十六，第3210页。
⑥ 《史记·孟尝君传》"太史公曰"，《史记》卷七十五，第2873页。
⑦ 《史记·货殖列传》，《史记》卷一二九，第3967页。

秦汉风俗习尚的形成和改变与包括情感、情趣、信仰在内的精神因素有着密切关系。以居住风俗为例，秦汉人对宅门的高度重视，既出于安全的需要，也缘于对宅门的许多俗信；东汉时护卫楼阁和上层居室中兵兰的普遍出现，是战乱后防卫心理增强的结果。此外，宴饮活动的盛行、男性和女性的修容方式及其变化、上层社会乘坐马车向乘坐牛车的转变、妇女改嫁得到广泛认同、沐浴禁忌、厚葬的流行、斗兽的风靡等许多社会风尚，都可从心理层面上寻得合理解释。

某些社会上层人士或统治集团是否对风俗产生影响在近代以来的西方学术界是一个有争议的论题。孟德斯鸠写道："风俗和礼仪不是立法者所建立的东西，因为他们不能建立，也是不愿建立的。"① 20 世纪初，美国学者萨姆纳肯定了上层社会对风俗习尚的导向作用，在他看来，"控制了一代又一代人的活动和生活策略"的统治阶级"领导着高雅、文明和生活艺术的新潮流。他们引入了变异"，而普通百姓是因循守旧的，"过着完全自发的生活，就像动物一样"。② 稍晚一些时候的德国学者埃里亚斯的看法则显得有些自相矛盾。一方面，他认为风俗习尚的改变不是由个别人或个别团体通过目标明确的教育理智地加以实现；另一方面，他又指出，习尚的传布方式是从少数上层传布到广大阶层。③ 这里列举的三位学者或是思想家，或是社会学家和风俗史家，尽管他们都有各自的知识背景，所处的时代也不相同，但在这个问题上，他们论述的意图具有共性，即都试图证明各自的结论具有普遍意义。类似的看法也存在于国内学术界。

这里实际上涉及两个层面的问题：其一，个人或群体是否能有意识地改造风俗；其二，改造的效果如何。如前所述，秦汉王朝主流风俗观念的一个重要内容是赋了风俗高度的政治功能，这个理论必然逻辑地导出统治集团必须依照为自己所肯定的模式改造或引导风俗。秦汉王朝的历史逻辑

---

① [法]孟德斯鸠（C. L. Montesquieu）：《论法的精神》，张雁深译，商务印书馆1987年版，第312页。

② [美]萨姆纳（W. G. Sumner）：《民俗》，转引自高丙中《民俗文化与民俗生活》，中国社会科学出版社1993年版，第192页。

③ [德]埃里亚斯（Norbert Elias）：《文明的进程——文明的社会起源和心理起源的研究》，袁志英译，生活·读书·新知三联书店1999年版，第251、270页。

吻合了理论的逻辑。在风俗面前，统治群体不是被动适应者，而是主动改造者。风俗本身的"厚"与"薄"和控制风俗的方式一直是他们关注的内容。司马迁曾开列出整合风俗的五种方式："善者因之，其次利道之，其次教诲之，其次整齐之，最下者与之争。"① 盐铁会议上文学也提到用"导"治理风俗："导民以德，则民归厚；示民以利，则民俗薄。俗薄则背义而趋利，利则百姓交于道而接于市。"② 不过就实践而言，秦汉统治者对风俗的态度通常不是"因之"或"利导之"，而是采用法律手段和道德教诲，强制半强制地谫除与政治控制相矛盾的风俗；强制半强制地助长与政治控制相适应的风俗。其大要是以重农、稳定、等级和血缘为旨归。正如《吕氏春秋·上农》所说："民农非徒为地利也，贵其志也。民农则朴，朴则易用，易用则边境安，主位尊。民农则重，重则少私义，少私义则公法立，力专一。民农则其产复，其产复则重徙，重徙则死处，而无二虑。舍本而事末则不令，不令则不可以守不可以战。民舍本而事末则其产约，其产约则轻迁徙，轻迁徙则国家有患，皆有远志，无有居心。民舍本而事末则好智，好智则多诈，多诈则巧法令，以是为非，以非为是。"③ 秦始皇三十七年（前209）会稽刻石云："大治濯俗，天下承风，蒙被休经。皆遵度轨，和安敦勉，莫不顺令。黔首修絜，人乐同则，嘉保太平。"④ 其实，对风俗意义的这种战略性思考在此前的更早时候已成为秦的治国方针，如睡虎地秦简所说的"父兹（慈）子孝，政之本殹（也）"⑤。汉王朝继承并在实践中发展了秦的这一统治理念，也取得了一定成效。汉代"循吏"治民方略中，重农抑商和移风易俗是互为表里的重要内容。两汉的"循吏"或以行政手段，或以道德示范，或多或少地改变了辖区风俗。如西汉渤海太守龚遂在商业气息浓厚的齐地倡导农业，不仅"吏民皆富实"，而且"狱讼止息"。⑥ 汝南太守何敞"在职以宽和为政"，"是以郡中无怨声，百姓化其恩礼。其出居者，皆归养其父母，

---

① 《史记·货殖列传》，《史记》卷一二九，第3949页。
② 《盐铁论·本议》，王利器：《盐铁论校注》卷一，第3页。
③ 陈奇猷：《吕氏春秋校释》，学林出版社1984年版，第1710页。
④ 《史记·秦始皇本纪》，《史记》卷六，第333页。
⑤ 睡虎地秦墓竹简整理小组：《睡虎地秦墓竹简·为吏之道》，文物出版社1978年版。
⑥ 《汉书·循吏传·龚遂》，《汉书》卷五十九，第3640页。

追行丧服，推财相让者二百许人"。① 山阳太守秦彭"以礼训人，不任刑罚"，为郡中百姓设立符合伦理纲常的戒条，也在一定程度上改变了当地社会风气。② 这些都是个人有意识改变风俗并发生作用的例证。此外，上层人物的一些无意识行为也能影响风俗的走向。西汉淮南地区百姓重女轻男，《汉书·地理志下》将这个现象归为"淮南王异国中民家有女者（颜师古注引晋灼曰：'有女者见优异。'），以待游士而妻之"③。尽管这可能并非唯一的原因，但统治者的举措对这种风气至少产生了某种程度的诱发或推进的作用。东汉后期，孙寿的服饰、发式和妆容原本只是她个人的喜好，但很快就对京城洛阳妇女产生导向。④ 事业上的成功者或德范楷模也可能引起某个地区或群体风俗上的变化。如西汉前期鲁人曹邴氏经商有方，"富至百万"，其家乡许多人以他为榜样，"去文学而趋利"。⑤ 而东汉后期文人中"林宗巾"的风靡，则显示名士郭太（林宗）个人魅力的影响。⑥ 因此，就秦汉历史而言，否定个人或上层社会对风俗影响的意见是没有说服力的。

不过，普通民众也绝非简单接受改造的愚氓，夸大某个强力人物或强势集团对风俗的改变作用同样不足取。一方面，在社会经济政治结构和日常生活发生重要变化的过程中，民众与上层集团一同参与了风俗的改变。另一方面，民众也以自己的主体性回应上层引导。《后汉书·循吏列传·卫飒》载，桂阳郡因"与交州接境，颇染其俗，不知礼则"，东汉初年太守卫飒"修庠序之教，设婚姻之礼。期年间，邦俗从化"。⑦ 但同传《许荆》却说，和帝时，桂阳仍然"风俗脆薄，不识学义"，太守许荆"为设丧纪婚姻制度，使知礼禁"。⑧ 此时上距东汉初年已近百年，可见卫飒治郡"邦俗从化"是言过其实之词。尤其是当具有深刻社会背景的风俗如潮袭来时，个人逆流而动的努力只能是吹弹可破的泡沫。《汉书·食货志

---

① 《后汉书·何敞传》，《后汉书》卷四十三，第 1487 页。
② 《后汉书·循吏列传·秦彭》，《后汉书》卷六十六，第 2467 页。
③ 《汉书》卷二十八下，第 1657 页。
④ 《后汉书·梁统传附玄孙梁冀》，《后汉书》卷三十四，第 1180 页。
⑤ 《史记·货殖列传》，《史记》卷一二九，第 3978 页。
⑥ 《后汉书·郭太传》，《后汉书》卷六十八，第 2225 页。
⑦ 《后汉书》卷七十六，第 2459 页。
⑧ 同上书，第 2473 页。

下》记载武帝朝宰相公孙弘为改变奢侈风尚"布被,食不重味,为下先",但"无益于俗,稍务于功利矣"①的故事,正是汉代历史上出现过的许多类似泡沫中的一个。

总之,作为文化现象的风俗自身是复杂的,风俗形成的背景和变化的原因同样是复杂的。习俗是社会的产物,也必定依社会的特性而定型,依社会的运动而运动,依社会的演进而变化。自然环境、经济、政治、传统、社会心理、人口和上层社会等一系列因素,从不同方面为秦汉风俗习尚的形成和改变提供了基础和驱动力。如果说这里有唯一性的解释,那么这个"唯一"就是多种因素的合力。整体大于部分之和,形成和改变秦汉风俗历史的合力同样也不是诸种因素的简单相加。

四

当然,风俗并不只是社会的产物,它也塑造和影响着社会。秦汉社会渗透着风俗,在日常生活领域所有方面,风俗以其强大的力量,规范和调节着人们的行为方式,它的一系列特点和引人注目的影响力,使之成为与经济、政治、文化同样重要的第四种历史力量。

如同所有时代的人类活动,秦汉王朝的历史演进不是抽象和先验预设的,政治、经济、文化等一系列复杂的行为,总是通过具体而丰富的生活得以展现,而日常生活的所有内容,则是由存在于群体表层和深层的各种风俗得到保证。就其表现来说,秦汉的风俗世界十分繁杂,但却非杂乱无章的集合。一个时代的群体风俗总是具有高度契合的内在一致性,这种一致性不仅是风俗能够存在的基础,也是维系这个社会的锁链。例如,家庭生活中的奉先思孝和长幼尊卑的血缘宗法等级性,通过衣食住行、婚丧嫁娶、人际交往乃至节日、沐浴、游戏活动等不同类型的习尚得到强化,并发展成为一种普遍化的社会行为。这种行为不但保证了社会生活的稳定,也进而保证了政治秩序和经济秩序的稳固。如果把秦汉社会看作一个硕大的网络,那么使这个网络得以浑然成型的网线就是存在于这个社会中的风俗习尚。风俗网线既富有张力,又格外坚韧,秦汉时期所有重要征象都可

---

① 《汉书》卷二十四下,第1160页。

由植根于社会之中的风俗世界得到有意义的解释。

秦汉时期风俗世界的深刻价值和巨大功能还在于它是一个长时段的历史。作为秦汉社会现象的重要组成部分,一方面,风俗存在着变化,并以自身的变化敏感地显示社会变迁;另一方面,相对于其他一些社会现象如经济周期、人口增长和衰减、战争、朝代更替而言,风俗一经形成,便具有稳固性,其变化的方式不是飞流直下的瀑布,而如小溪潺潺流动。正如萨姆纳所说:"随着时光的流逝,民俗将变得越来越固执,越来越不容置疑,越来越不容变通。"[①] 在风俗物质生产和社会生活、生产组织、信仰意识和价值体系四个层面中,决定人们精神风貌的信仰意识和价值体系的变化尤其缓慢。一方面,风俗不时浮于社会的最表层,给人们以直接可视的映象;另一方面,它又存在于社会最深邃和隐秘的沉积层中。就每一个风俗而言,它无疑是零散的;就整体风俗而言,它又是一个拥有复杂联系和内在一致的系统。正是这些特点使得风俗成为决定秦汉王朝走向的最具活力和本质意味的因素。秦汉人生于风俗,长于风俗,终于风俗,风俗不仅教导着一代又一代人如何生存和生活,更指引一代又一代人有意识地保持这种生存和生活方式,将自己及其后代牢固地附着在这片人文土壤上。

原载彭卫、杨振红《中国风俗通史》秦汉卷(上海文艺出版社2002年版)的绪论部分,初载《史学理论研究》2001年第3期

---

① [美]萨姆纳(W. G. Sumner):《民俗》,转引自高丙中《民俗文化与民俗生活》,中国社会科学出版社1993年版,第174页。

风俗与风俗史研究
——以秦汉风俗为主心

一 概念

风俗是一个富有弹性的庞大的历史现象，它几乎涵盖了日常生活的所有内容，并将影响延伸到日常生活之外的其他方面。由此，作为研究对象的风俗史同样是一个庞杂且边缘不甚明晰的领域：广阔的研究对象，复杂琐细的生活细节，与其他研究领域的交集，使得风俗史不仅容易引起人们的"误解"，更重要的是这些"误解"都有自己的理由，因而也就显示出了各自立场的某些合理性。

近代以来风俗史的成长与文化史的发展密不可分。以著述《风俗论》而影响一个时代的法国启蒙运动思想家伏尔泰（1694—1778），在他另一部重要著作《路易十四时代》中点明了他对风俗史的界定：

> 这部著作绝非多次战役单纯的记述，而是一部人类风尚习俗的历史。……这部论作旨在撇开浩如烟海的细枝末节，对这些剧烈变革的主要特征进行描述，让人只看到重大事件，并且在可能的情况下，看到导致这些事件的精神。①

在伏尔泰所处的时代，历史学所关注的对象集中在政治和军事方面。

---

① ［法］伏尔泰（Voltaire）：《路易十四时代》，吴模信译，商务印书馆1982年版，第269页。

伏尔泰提出了研究人类风俗习尚，以及在其背后所包含的民族精神，是冲破传统史学的最早的呼声。其后，以布克哈特（Jacob Christoph Burckhardt）、丹纳（Hippolyte Adolphe Taine）等人为代表的一批研究者致力于文化史建设，提出"精神的气候"即风俗习惯与时代精神，与"自然界的气候起着同样的作用"。① 从而为历史研究打开了一条更为宽阔的学术道路。

早期的风俗史研究对象较为宽泛，如前面提到的伏尔泰所强调的风俗史可以说就是人类的精神活动史。在随后的研究中，风俗史概念开始缩小，19世纪中期牛津大学首位钦定历史学教授沃恩（H. Vaughn）所开列的研究清单包括制度、法律、风俗、传统、爱好、信仰、宗教、节日、礼仪等内容，② 显然，他所理解的风俗史与伏尔泰有了很大不同。再往后，关于风俗的界定言人人殊。这种研究背景使得学者们关于风俗史的理解出现了较大的差异，在一个相当长的时期中形成了结构松散的、描述性的"社会习俗史"（Sittengeschichte），③ 它的一个基本特征是"真伪参半的大杂烩"，"事实上是研究杂乱无章的习惯、风俗、衣食住行方式以及人们为生存而履行的各种义务"。④

需要注意的另一个倾向是，在风俗和风俗史由泛化转向细化的同时，用宏观的眼光对待风俗史也在延续和发展，法国年鉴学派是其中的代表。作为一个并不完全统一的学术流派，年鉴学派经历了从社会史、经济史到文化史的演变途径。年鉴学派风俗史研究的基本特点是，在切入点上，将风俗与社会和文化结构密切相连；在研究方法上，注重社会学、心理学和人类学的理念。年鉴学派创始人之一的布洛克（Marc Bloch）在《封建社会》一书中，就关注了风俗习尚、信仰对欧洲封建

---

① ［法］丹纳（Hippolyte Adolphe Taine）：《艺术哲学》，傅雷译，人民文学出版社1963年版，第34页。
② 何兆武、陈启能主编：《当代西方史学理论》绪论（何兆武、陈启能撰写），中国社会科学出版社1996年版，第22—23页。
③ ［美］贝林（B. Bailyn）：《现代史学的挑战》，载王建华等译《现代史学的挑战——美国历史协会主席演说集（1961—1988）》，上海人民出版社1990年版，第389页。
④ ［美］安德鲁斯（C. M. Andrews）：《论殖民地的著述》，载《威廉和玛丽季刊》1944年第3辑第1卷。转引自［美］贝林（B. Bailyn）《现代史学的挑战》，载王建华译《现代史学的挑战——美国历史协会主席演说集（1961—1988）》，第389页。

社会的影响。他明确提出如果要想深入了解一个时代制度是如何形成的，就必须将这个制度与同时代的精神和风尚联系在一起。他注重文化的群体特征，注重日常生活和习俗，这种研究理念对后来的研究者产生了重要影响。[1]

中国的传统史学始终将风俗放置在重要位置上，这与中国古代国家重视风俗对政治生活和社会生活的影响直接相关。秦汉以前，齐同风俗和保持风俗的延续即是国家管理者关注的重点。《管子》和《荀子》集中表达了战国时代关于风俗政治和社会位置的主流观念。在它们看来"变易风俗"必然会导致百姓成为无法控制的"不牧之民"，[2] 而"广教化，美风俗，兼覆而调一之""全道德，一天下"则是"辟公之事"和"天王之事"[3]。只有"风俗美"，才能"以守则固，以征则强，居则有名，动则有功"。[4] 因此，风俗既是国家命脉所在，也是国家政令得以实施的基本路径。在这些陈述中，可以明确地看到，"风俗"具有政治性和文化性的含义，而不是仅限于日常生活内容中的习俗。对风俗的这种理解延及后世。顾炎武《日知录》卷十三有"周末风俗""两汉风俗"和"宋世风俗"条，所论内容是这三个时代的政治、社会和文化气象和风尚。例如在"周末风俗"条中他写道："盖自春秋之后，至东京而其风俗稍复乎古。吾是以知光武明章，果有变齐至鲁之功，而惜其未纯乎道也！自斯以降，则宋庆历元祐之间为优矣。嗟乎，论世而不考其风俗，无以明人主之功，余之所以斥周末而进东京，亦《春秋》之意也。"[5] 这种广义的"风俗"，实际上描述的是一个时代的社会面貌，它的意义在于试图通过确认这个时代政治、思想、文化以及社会风尚的特征，构建起历史的流变脉络和发展走向。

中国古代对风俗的理解还有另一个传统，这就是将风俗定位于风土人情，即风俗的范围包括一个地区的地理环境、人们生存的基本方式以及性

---

[1] 何兆武、陈启能主编：《当代西方史学理论》，中国社会科学出版社1996年版，第510—511页。

[2] 《管子·法法》，黎翔凤：《管子校注》卷六，中华书局2004年版，第296页。

[3] 《荀子·王制》，王先谦：《荀子集解》卷五，中华书局1988年版，第170—171页。

[4] 《荀子·王霸》，王先谦：《荀子集解》卷七，第229页。

[5] 陈垣校注：《日知录校注》，安徽大学出版社2007年版，第716页。

格和精神面貌。①《史记·货殖列传》和《汉书·地理志》班氏所辑汉成帝时朱赣考察的各地状况即是如此。在汉代以后正史的《地理志》所述"风俗"中也保持了这个传统。在这个框架中，"风俗"包含了人们赖以生存的自然背景、生活方式和民风三个线索。这种狭义的"风俗"，提取的是人们的生存方式的形成过程，以及在生存方式中所显示出的民风和民情。

在中国古代著述中，这两个传统有时并存。几乎所有的方志都有风俗的位置，除去那些专列《风俗志》或《风俗记》的方志外，一些方志将"风俗"系于"政事"或"礼乐"之中，如明嘉靖《维扬志》、明崇祯《嘉兴县志》、清康熙《上犹县志》；② 而更多的方志则将"风俗"置于"地理""地舆"或"疆域"部分。这种设计，反映了先秦秦汉两种风俗模式对后世的深远影响，也显示出在后来史家眼中这两种模式的影响力的些微差异。

近代以来中国学术界对风俗史的考察始于 20 世纪初到 20 世纪 30 年代，其时一批断代和通贯性著作相继问世。③ 由于受到西方学术理念的影响，这些著作表现出了本土学问与外来学问之间的博弈和平衡，最终西方的"民俗"（folklore）概念大体上成为"风俗"的同义词，风俗史的研究也因此被限定在衣食住行和社会习尚方面。对"风俗"的这种定位也成为此后相当长一段时间的主流观念。

从某种程度上说，学术史和思想史的变迁是概念的变化，即新的概念不断出现，一些旧的概念逐渐消失，而某些原有的概念的含义可能也发生了改变。不同时代特定的局面和形势是这种变化的原因所在。在西方"风俗"和"风俗史"概念演进的路径中，它们伴随着传统史学的批判和

---

① 《汉书·地理志下》云："凡民函五常之性，而其刚柔缓急，音声不同，系水土之风气，故谓之'风'；好恶取舍，动静亡常，随君上之情欲，故谓之'俗'。"《汉书》卷二十八下，第1640页。

② 嘉靖《维扬志》卷三十一《礼乐志·风俗》。《天一阁藏明代方志选刊》，上海古籍出版社1963年影印本。崇祯《嘉兴县志》卷十五《政事·里俗》。康熙《上犹县志》卷五《礼乐志·风俗》。均见《日本藏中国罕见地方志丛刊》，书目文献出版社1991年版。

③ 代表著作包括张亮采《中国风俗史》（上海商务印书馆1915年版）、瞿宣颖《汉代风俗制度史前编》（北平广业书社1928年版）、尚秉和《历代社会风俗事物考》（上海商务印书馆1938年版）。

对史学价值的反思而出现。在完成了其使命之后,一方面注重风俗史的细化,风俗史因而成为一个有着独立品格的研究领域;另一方面风俗史仍然是整体史学的重要组成部分,成为解释一个时代社会结构和社会变迁的重要知识资源。在中国,作为政治理论形态中的"风俗"和作为史学研究的"风俗"和"风俗史"既有相合之处,也有不小的差异。无论是将"风俗"理解为政治、社会和文化气象及习尚,还是将"风俗"理解为自然环境、生存方式和精神面貌,都是具有明显的中国传统特色的表达。也正是因为如此,有的研究者试图将这个意义上的"风俗"作为研究中国历史的特有概念。[①] 我们注意到,无论是中国两个传统的"风俗"概念,还是西方"民俗"概念,都存在着某些相合的地方,这就是"风俗"是一种文化现象,它与人们的精神世界、生活态度和价值取向密切关联。这应当是"风俗"的核心部分。

然而"风俗"又不只是一种文化现象。风俗的形成是多方面因素共同作用的结果。其中,自然环境提供了生存方式的基本背景。在这个背景下,不同地区人群以各自特有的生活方式延续着自己的血脉,产生和发展了属于自己的社会组织,形成了稳定的生活观念体系。

在今天的学术分类中,广义的"风俗"已经被思想史、文化史和学术史所分割。尽管其中的某些内容依然属于狭义的"风俗"范畴,尽管研究风俗史仍然需要考察和了解一个时代的基本面貌,但现代的学科分工决定了广义的"风俗"只是一个历史性的概念。在《中国风俗通史》秦汉卷的绪论中,我们是这样界定研究对象的:"风俗大致包括两个部分,其核心内容是人们在对待外部环境以及交往中所呈现的普遍行为方式和精神世界,作为其外延部分则是构成这种行为方式和精神世界基础的自然与人文环境。所谓'普遍行为'意味着风俗是一种群体方式,所谓'精神世界'则是指任何一种风俗都具有精神基础或心理凭借。由此我们可以在逻辑上将风俗史研究对象与诸如社会史或生活史等相近领域区分开来。"[②] 这里需要补充的是,风俗的形成和变化,与一个时代人们的生存方式和社会组织方式密切相关,从某种意义上说,这两种因素是风俗形成

---

① [日]岸本美绪:《"风俗"与历史观》,《新史学》第13卷第3期,2002年9月。
② 彭卫、杨振红:《中国风俗通史·秦汉卷》,上海文艺出版社2002年版,第2页。

与变化的基本原因。如果不了解这些方面，对风俗的深入研究便无从谈起。从这个意义上说，所有日常生活的内容，都应纳入风俗史的视野之中。

二 时代

历史长河变动不居，而其间迸发出的任何一场大变局都会为历史的进程带来决定性影响。

由春秋到战国，中国古代的社会秩序和国家形态发生了根本性的转变。这个历史的大趋势以不可阻挡的势头滚滚向前，最终在秦汉时期完成了历史的定格。

秦汉帝国在中国历史上最重大的意义首先表现为皇权的确立，这是与以往既有历史联系又有着根本性不同的国家形态。皇权具有至高无上的政治地位，它通过中央政府、地方郡县乡机构对全国实行中央集权的控制。它通过赋税和徭役制度将民众束缚在国家体制之中。在生活秩序方面，与国家控制相背离的所有因素都受到限制，政治身份上的等级性在生活中得到确认。

作为大一统中央集权帝国早期的秦汉时代，风俗与政治的关系体现了国家意志。在商周时代的王制社会中，没有人否认不同地区的风俗存在的合理性。《诗经》十五"国风"显示了人们对各地风俗差异的认可。这种情状与当时的"封建"制度密切相关：受到商王和周王分封的方国和诸侯国保持着自己在政治上的独立性，从而也就使得它们所控制地区的经济和社会各方面都保有自己的合法性。随着秦汉大一统王朝的建立，这种情形发生了改变。

与三代不同，大一统的王朝需要统一的风俗。这一点在战国后期儒家代表性人物荀子的笔下即有明确表达。在荀子看来，"风俗以一"是"政令以定"的结果，如果"有离俗不顺其上"，就会导致"百姓莫不敦恶，莫不毒孽"的恶果。[①] 汉代主流政治观念继承了荀子的理念，对齐同风俗的诉求不断增强。从目前的史料看，这种观念的提出不晚于武帝前期，最

---

① 《荀子·议兵》，王先谦：《荀子集解》卷十，中华书局1988年版，第286页。

具代表性的著作是《淮南子》之《齐俗》篇。① 它强调统治者应致力于风俗的一致性，认为取消风俗的区域差异有助于保证国家稳定，而风俗的多样化则必然瓦解统治基础。终军指出："夫天命初定，万事草创，及臻六合同风，九州共贯，必待明圣润色，祖业传于无穷。"② 王吉写道："《春秋》所以大一同者，六合同风，九州共贯也"，而"百里不同风，千里不同俗，户异政，人殊服"就会造成"诈伪萌生，刑罚亡极，质朴日销，恩爱寖薄"的局面。③ 平帝时，王莽为粉饰太平，遣风俗使者八人分行郡国览观风俗，以证"天下风俗齐同"，④ 则是这种观念的一次政治实践。

然而，国家意志的诉求与现实存在着巨大的沟壑。在秦汉帝国广袤的疆域内，不同地区延续并保持着前代形成的风俗习尚。司马迁和班固先后在《史记·货殖列传》和《汉书·地理志》中对汉代各地民风做了细致的记录，将汉帝国划分了13个较大的文化风俗区域。⑤

（1）秦风俗区。班固所说的秦地指的是战国末年秦完成对六国征服前秦的故土，"自弘农故关以西，京兆、扶风、冯翊、北地、上郡、西河、安定、天水、陇西，南有巴、蜀、广汉、犍为、武都，西有金城、武威、张掖、酒泉、敦煌，又西南有牂柯、越巂、益州，皆宜属焉"。即以今陕西关中为核心，包括陕西、甘肃、四川绝大部分地区。其面积约占汉朝疆域的三分之一，人口约占总数的十分之三。⑥ 司马迁笔下的秦地虽有

---

① 关于《淮南子》"齐俗"的含义，学术界有不同意见。《淮南子》许慎注云："齐，一也。四字之风，世之众礼，皆混其俗，令为一道也。"近人杨树达云："本篇云：'行齐于俗可随也，矜伪以惑世，伉行以违众，圣人不以为民俗。'然则齐谓齐同（许）注云混一风俗，似非其义。"（张双棣：《淮南子校释》卷十一，北京大学出版社1997年版，第1110页）混一风俗与齐同风俗实则并无本质的区别，所异者只是路径的不同。这种主张的目的就是要取消差异，以适应大一统皇权帝制国家所要求的政治和文化的绝对一致性。

② 《汉书·终军传》，《汉书》卷六十四下，第2816页。

③ 《汉书·王吉传》，《汉书》卷七十二，第3063页。

④ 《汉书·平帝纪》，《汉书》卷十二，第359页；《汉书·王莽传上》，《汉书》卷九十九上，第4071页。

⑤ 司马迁在《史记》中没有说明其地域分类的依据，从《史记》的撰述过程看，这种分类应当是他对官方档案记录和其游历的概括。班固的分类系据西汉成帝时人朱赣的报告为依据。见《汉书·地理志下》。因篇幅缘故，此节征引文献凡不出注者均见该书。

⑥ 《史记·货殖列传》，《史记》卷一二九，第3262页。

些模糊，但玩其文义，主要是指关中地区。在自然地理和文化地理上，这个狭义的秦地自然更为确切。按照马、班的描述，民风淳朴是关中地区的传统风尚，但随着西汉建国后不断把原居于其他地区的高官、富人和豪强迁往诸帝之陵，导致这里的民风发生了重大变化，所谓"五方杂厝，风俗不纯"。其中三种力量成为关中地区具有代表性的群体："其世家则好礼文，富人则商贾为利，豪杰则游侠通奸。"根据司马迁的观察，西汉中期的关中，逐利求富是关中居民的重要价值观念，所谓"其民益玩巧而事末"①——这与商鞅变法以及秦统一全国后的关中民风着实发生了不小的变化。

（2）西北风俗区。班固划分的广义秦文化区还有关中地区向西和北延伸的北地、上郡、安定、西河、天水、陇西、武威（今陕西北部及甘肃），以及向南延伸的巴蜀地区。司马迁说北地等地"与关中同俗"，②班固则更多地描写了两个地区之间的差异：北地等地因地接边塞，民风强悍质朴，崇尚武力，"以射猎为先"，"不耻寇盗"，"以材力为官，名将多出焉"。

（3）巴蜀风俗区。巴蜀有江水沃野、山林竹木，盛产各种瓜果蔬菜，"民食稻鱼，无凶年忧，俗不愁苦"。生活的富足，也造成这里喜好享乐、柔弱怯懦、轻佻狭隘的民风。

（4）魏风俗区。包括河东（今山西西南部）与河内（今河南北部）。其中，河东土地平坦，且有盐铁之利，普通百姓却生活节俭。河内是商代旧都，这里民风刚强，人们蔑视礼义，喜好分家，豪族大姓纵横乡里。

（5）周风俗区。周是东周王室故地所在。这里具有浓厚的商业气息，人们贵财贱义，高富下贫，喜好经商赚钱，却不愿仕宦为官。

（6）韩风俗区。这个区域包括今河南新郑、淮阳、南阳、颍川等地区。其中，新郑是先秦郑国故土，承袭了前代"溱与洧方涣涣兮，士与女方秉蕳兮"③的男女交往松弛的民风。淮阳是先秦陈国的故地，淮阳人也承袭了祖先重视祭祀鬼神的习俗。南阳、颍川是夏禹故土，民风原本朴

---

① 《史记·货殖列传》，《史记》卷一二九，第3261页。
② 同上书，第3262页。
③ 《诗经·郑风·溱洧》，高亨：《诗经今注》，中华书局1980年版，第126页。

实。但自秦把"不轨之民"迁到这里之后,人们开始崇尚奢侈生活方式,崇尚勇力,被称为"藏匿难制御",是汉代不易管理的地区。

(7) 赵、燕风俗区。这个区域包括今河北、辽宁、朝鲜北部及除河东以外的山西地区。其中赵和中山国故地,"地薄人众",成年男子"相聚游戏,悲歌慷慨,起则椎剽掘冢,作奸巧,多弄物,为倡优";而女性则"弹弦跕躧,游媚富贵,遍诸侯之后宫"。邯郸是著名都会,风俗杂驳,民风"大率精急,高气势,轻为奸"。太原、上党地区居住春秋战国的晋公族子孙,他们"以诈力相倾,务矜夸功名,报仇过直,嫁取送死奢靡","号为难治";而因人众地狭,普通人家"纤俭习事"。长城沿边一带民风剽悍,他们或"任侠","不事农商";①或"好气为奸,不事农商"。燕地居民"雕悍少虑",②"敢于急人"。朝鲜半岛北部民风淳朴,"民终不相盗,无门户之闭,妇人贞信不淫辟"。

(8) 齐鲁风俗区。齐在今山东东北部,从周王朝开始,这里就是华夏著名的文化地区。至汉代,此处仍是当时的学术主流——经学的重镇,人们"好经学,矜功名"。齐人性情舒缓,司马迁说齐人聪慧,好议论,有大国之风。③ 班固则批评齐人"夸奢朋党,言与行缪,虚诈不情"。由于有鱼、盐的地利和手工业的发达,齐人生活颇为奢靡,在穿着上常领潮流,"号为冠带衣履天下"。鲁位于今山东西南,人们好学一如齐人,"俗好儒,备于礼,故其民龊龊"。④ 所异者是节俭吝啬,善于做生意,司马迁在《史记·货殖列传》中感慨鲁人"好贾趋利"甚于周人。鲁地薛县民风较为特殊。与这个地区民风迥异。司马迁在游历薛县后评论说:"其俗,闾里率多暴桀子弟,与邹鲁殊。问其故,曰:'孟尝君招致天下任侠,奸人入薛中盖六万余家矣。'世之传孟尝君好客自喜,名不虚矣。"⑤ 由于孟尝君任侠招客,薛县居民成分发生了改变,因此也带来了风尚的变化。

(9) 宋风俗区。这个区域跨今山东、河南、江苏交界,这里民风质

---

① 《史记·货殖列传》,《史记》卷一二九,第3263页。
② 《史记·货殖列传》,《索隐》云:"言如雕性之捷捍也。"(《史记》卷一二九,第3265页)《汉书·地理志下》作"愚悍少虑"(《汉书》卷二十八下,第1657页),微有不同。
③ 《史记·货殖列传》,《史记》卷一二九,第3265页。
④ 同上书,第3266页。
⑤ 《史记·孟尝君传》"太史公曰",《史记》卷七十五,第2364页。

朴,"重厚多君子,好稼穑;虽无山川之饶,能恶衣食,致其蓄藏"①。与宋相邻的沛地是汉室龙兴之处,这里"地薄民贫",人情褊狭自负。

(10)卫风俗区。这个区域在今河北、河南之间,这里民风强悍,崇勇尚侠,司马迁较早地注意到这个现象,班固将之归因于先秦时勇士子路、夏育在这里活动的影响。当地居民生活奢靡,"嫁取送死过度"。

(11)楚风俗区。司马迁把长江流域大部分地区和长江以南的所有地区都称为楚,将楚划分为西楚、东楚和南楚,这大约反映了西汉中前期人的看法。班固所说的楚文化区相当于《史记》中的西楚和南楚,包括今湖北、湖南、汉中及河南东南的汝南。这里"有江汉川泽山林之饶",火耕水耨是其耕作方式,鱼稻是居民的常食。因取食便利,人们"不忧冻饿",但也没有巨富之家。信巫鬼是秦汉时期各地共有的习俗,而这一俗信在楚地表现得尤为明显。楚人情性急躁,外方人对他们有"沐猴而冠"的评说。②

(12)吴越风俗区。这里属于司马迁所说的东楚,包括今江苏和安徽南部,以及浙江、江西,其地连接楚地,物产、生活习惯和民风也与楚人大体相同。由于受到先秦时吴越君主崇尚武力的影响,百姓"好用剑,轻死易发",民风颇为强悍。

(13)粤风俗区。这个区域包括今两广和越南北部。《史记·货殖列传》和《汉书·地理志》只描述了这个地区的自然风貌、特有物产和着装特点,没有对这里的民风进行说明。这可能与当时史家对这个地区民俗了解有限有关。

周振鹤将这些叙述概括为塞上塞外、黄河中下游、淮汉以南三大风俗区域,塞上等16个准风俗区域,以及西北等15个亚风俗区域。③ 这是今

---

① 《史记·货殖列传》,《史记》卷一二九,第3266页。
② 《史记·项羽本纪》:有人劝项羽定都长安,项羽"思欲东归,曰:'富贵不归故乡,如衣绣夜行,谁知之者!'说者曰:'人言楚人沐猴而冠耳,果然'"(《史记》卷七,第402页)。又,《汉书·荆燕吴传》:"孝文时,吴太子入见,得侍皇太子饮博。吴太子师傅皆楚人,轻悍,又素骄。博争道,不恭,皇太子引博局提吴太子,杀之。"(《汉书》卷三十五,第1904页)《汉书·萧望之传》云:"后(郑)朋行倾邪,(萧)望之绝不与通。朋与大司农史李宫俱待诏,堪独白宫为黄门郎。朋,楚士,怨恨。"颜师古注引苏林曰:"楚人脆急也。"(《汉书》卷七十八,第3286页)这类故事可为《货殖列传》相关概括的注脚。
③ 周振鹤:《秦汉风俗地理区划浅议》,《历史地理》第13辑,上海人民出版社1996年6月。

人对汉代风俗区域观的系统归纳。我们应当看到的一个重要迹象是,《史记》和《汉书》是以战国故地作为风俗区域的地理界限,这与后代正史如《隋书·地理志》以雍、梁、豫、冀、青、徐、扬、荆作为文化风俗空间分野有很大不同。马、班的模式注重的是历史的延续,即春秋战国以来在王制背景下所形成的风俗圈,这也是汉代人的普遍认知,例如在扬雄《方言》中我们就看到了相同的情形。而《隋书》以《禹贡》九州说为蓝本,其书写方式立足于大一统帝国实行的郡县体制,与今天人们以省市为地理单位,描述民风的不同地域特征相类。

马、班在对风俗的描述语言上是高度概括并具有某种决断论的倾向,即将一个地区的民风作为整体性的定断。不过,我们还应当注意到他们在叙述中所呈现出了一定程度的模糊性和在结论方面的克制。司马迁在述及邯郸民俗时指出:"邯郸亦漳、河之间一都会也。北通燕、涿,南有郑、卫。郑、卫俗与赵相类,然近梁、鲁,微重而矜节。"[1] 文中的"微"字显示的是司马迁的观察能力和实录的品格。

马、班生活在帝制时代,他们何以仍以此前的空间分域作为风俗的分布经纬?我们认为,这并不是马、班的政治态度偏离了大一统中央集权政体,而是作为历史学家,他们注重的是对实况的叙述,他们更看重的是早先时代的政治因素和社会因素对他们所处时代民风的影响。在《史》《汉》中,这种"历史性理解"的情怀屡屡可见。司马迁在谈到各地风俗时,多将民风形成与前代联系在一起,如述关中云:"关中自汧、雍以东至河、华,膏壤沃野千里。自虞夏之贡以为上田,而公刘适邠,大王、王季在岐,文王作丰,武王治镐,故其民犹有先王之遗风,好稼穑,殖五谷,地重,重为邪。"[2] 述中山云:"中山地薄人众,犹有沙丘纣淫地余民,民俗慓急,仰机利而食"[3];述野王云:"野王好气任侠,卫之风也"[4];述宋云:"舜渔于雷泽,汤止于亳。其俗犹有先王遗风,重厚多君子"[5];述颍川、南阳云:"颍川、南阳,夏人之居也。夏人政尚忠朴,犹

---

[1] 《史记·货殖列传》,《史记》卷一二九,第3264页。
[2] 同上书,第3261页。
[3] 同上书,第3263页。
[4] 同上书,第3264页。
[5] 同上书,第3266页。

有先王之遗风，颍川敦愿"①。《汉书·地理志》也沿用了这种叙述风格。如前面所论及的，春秋战国以来所形成的诸国风俗在汉代依然稳固地存在着，从而显示了一个时代风俗与国体和国家政治主张并不完全重合的复杂关系，显示了民间秩序与国家秩序的差别，显示了一个时代的风俗习尚在"变"与"不变"中纠葛和合流。事实上，《汉书·地理志》关于各"国"民风的资料，就是国家行为的结果，因而也在一定程度上表明了国家意志中的某些值得咀嚼的倾向。从这个意义上说，《史记》《汉书》对汉代各地民风的陈述是比较可靠的资料，它们从整体上显示了那个时代以黄河中下流域为政治、经济和文化中心的中国境内不同地区社会风尚的差异，是一部浓缩的汉帝国民俗指南。

三 方法

据我们的观察，目前国内介入风俗史的研究群体主要是民俗学界和史学界。民俗学家对风俗的观察和探讨起步更早，他们对风俗史的梳理做出了具有创新性的重要学术贡献。由于学术背景的不同，这两个群体在研究旨趣相似的同时，似乎也表现出了某些差异。在此，我们愿陈述关于风俗史研究方法的几点思考。

第一，历史是一个整体，我们对历史所作的政治、经济、思想文化、风俗民情等的区分，只代表着我们将历史作出逻辑划分的主观意向，并不就是人类历史本身。历史的进程错综复杂，各种因素通常纠缠在一起，并以其合力共同影响着历史的演进。因此，对风俗史的研究只是观照历史的一个视角，它并不意味着我们只将自己的注意力压缩在这个范围之中。中国现代民俗学的奠基者之一钟敬文提出民俗学的基础应是"社会学与社会学史，以及文化学与文化学史"②，这是一个很好的意见。在这个方法论的基础上，我们认为风俗或民俗史的观察背景似乎可以更加广泛，影响历史进程的各种因素我们都应有所瞻顾。这就是说，我们思考的对象固然

---

① 《史记·货殖列传》，《史记》卷一二九，第3269页。
② 钟敬文主编：《中国民俗史》（6卷本）总序《中国民俗史与民俗学史》，人民出版社2008年版，各卷卷首第5页。

是历史上风俗的各种表现，但我们认识的背景却是人类历史的整个过程。这种研究框架可能会向我们提供对风俗形成和发展以及所产生的历史影响的更为深入的认识。

第二，历史不是静止的，此前的"历史"是"当下"存在的源头，而"当下"的存在又成为将来走向的因素。每一个研究者都有自己特定的研究断代，由于精力和才具所限，对于绝大多数人来说，通贯古今只能是一种奢望。但这并不妨碍我们将思考的目光投向与所研究的时代相关联的那些岁月。也就是说，我们应避免将历史上的风俗作为一种静态的对象，而应努力地以长时段的研究观察风俗的形成和变化。

第三，历史上和今天的风俗都是以各种具体的和细致而微的现象而呈现，由于这个特殊因素，使得以往风俗史研究出现了一些值得思考的薄弱环节，这就是研究工作在一定程度上流入了碎片化和空洞化，缺少问题意识。就前者来说，有的风俗史研究只是着力于历史上风俗细节的描述和勾勒，对这些细节在一个时代风俗体系以及人的历史活动中所产生的影响关注有限。就后者而言，有的风俗史研究只是将某些历史具象冠以"风俗"或"民俗"之名，诸如出行风俗、服饰风俗、饮食风俗等，其述则欠缺分析，其论则流于表层。这两种形不同实相类的表现，都妨碍了风俗史的研究的深化。因此，风俗史的研究应当是以重建往昔风俗具象为基础，以解释风俗形成和走向为皈依，以风俗史与其他专门史相结合为旨趣，使风俗史具有更大的学术活力。

第四，历史研究的一个重要目的是将真实的历史知识传达给公众，并且能够引发公众在阅读中获得愉悦和智慧。风俗史是历史学分支中让公众最感兴趣的领域之一，风俗史的研究者应当将公众的需要作为重要的参照背景。洗练和平实的语言，丰富多彩的历史图像，风俗历史的整体显示，都会使风俗史更加贴近大众。

原载《长安学研究》第 1 辑，中华书局 2016 年版

关于秦汉妇女史研究的意见

一

借助于传世文献的描述和地下资料直接或间接的显示，勾画出秦汉社会基本面貌和内部结构似乎应是顺理成章之事。事实上，以往研究在此方面做了大量卓有成效的工作，我们可以借此窥见秦汉中国某个或某几个历史层面。然而，由于我们所依据的资料还不足以构成全面展现秦汉社会的基础，由于历史资料本身的不确定性和研究者理解的非一致性，也由于研究者个人关注点和研究旨趣的差异，对这个时代的重建，在目前只能是局部和片面的。尽管如此，在讲述大约占秦汉时代人口总数一半的女性的大故事之前，说明这个时代的背景仍然是必要的。

20世纪以前的中国历史岁月浩茫，其中有三个时代构成了历史变迁的"根结"，即文明的起源、王制向帝制的转变和近代化过程。秦汉社会正是王制向帝制转变的完成时期，这个时代的政治体制的确立、思想和文化的走向、经济结构和经济活动以及日常生活秩序，都对随后的历史进程产生了深远影响。

秦汉社会与三个时代明显不同的一个方面是中央集权在全国范围的确立，其基本元素是皇权、中央政府和地方的郡县乡政府。尽管这个过程并非一蹴而就，但总的趋向是这种国家政治模式不断完善，人们对这种模式的认同感也越来越强烈。从技术层面说，这个模式造就了与之相适应的成熟的文官制度。从政治动员角度说，中央政府可以通过郡县乡环节，将触角延伸到每个家庭，实施全民性控制。在政治文化上，对皇帝至高无上的权力和尊严的确认，与男性家长在家庭中最高地位的确认，具有明显的同一性。

　　经济领域的变化有些复杂。中国自文明之始即以农立国,将土地的占有方式作为经济形态的基本点正是基于这样的考虑。国内学术界以往的主流判断是春秋战国以来井田制崩溃,私有化的土地制度以及建立在土地私有制基础上的生产关系构成了秦汉社会的经济基础。新近刊布的简牍资料显示,秦汉时期土地制度与以往的认识可能有很大不同。张家山汉简《二年律令》以法律形式规定了以爵位名田宅制度。这套制度确立于商鞅变法时期,并作为基本的土地制度为其后的秦帝国和西汉王朝所继承。它的基本内容是,以爵位划分占有田宅的标准,以户为单位名有田宅,田宅可以有条件地继承、转让和买卖。国家通过爵位减级继承制控制田宅,使之不至于长期积聚在少数人手中。汉文帝以后由于国家不再为土地占有立限,名田制只是作为土地登记的手段而存在。当然,其他一些情况目前看来还是比较清晰的,例如"重农抑商"之所以被作为不变的国策,是因为国家出于对当时生产力水平下国力的总体考虑,以及对于潜在离心力的控制。

　　秦统一前的思想文化遗产来自春秋时代开始出现的"百家争鸣"和战国以来逐渐发展的不同思想的融合。用"对立"和"融合"概括这两个时期自然并不完全准确,例如战国时期儒家内部也发生新的分流,但不同思想流派吸收其他学派的思想内容成为一种趋势则是显而易见的。对于一个长期统一的时代来说,"融会"的思想趋势比"单一"的思想趋势要有意义得多,国家机器的运转、社会秩序的确立都可从中吸纳或经过改造之后获得更有价值也更有实际效用的资源。我们在秦王朝国策和主流意识形态中不仅看到了法家精神,也看到了儒家和阴阳家的学说痕迹。确切地说,在思想文化方面,尽管侧重有异,但凭借的是多种思想,走的是"融会"之路,在这一点上汉帝国与战国后期以来的政治局势并无本质区别。在家庭伦理方面,经过融会后的儒家思想占据主导地位,所谓"列君臣父子之礼,序夫妇长幼之别,虽百家弗能易也"[①]。儒家学说提倡并努力实践的男尊女卑、夫尊妻卑和母尊子卑观念对汉代妇女的社会生活和社会活动产生了具有决定意义的作用。在日常生活领域中,阴阳家学说则

[①] (汉)司马谈:《论六家要旨》,《汉书·司马迁传》,《汉书》卷六十二,第2712页。

发挥了重要影响，以至于当时人感慨其"大详而众忌讳，使人拘而多畏"①。墨家的尚俭、道家的养生和房中术同样对日常生活产生了影响。

秦汉帝国人口变化幅度很大。从秦到西汉中期，若忽略其间战乱造成的人口损耗，总的趋向是人口大幅度增长。西汉末人口统计全国近6000万人，东汉时期则低于这一数字。我们很难确认这是一个绝对准确的人口数字，尤其是在东汉时期长江流域和珠江流域地区得到更大开发背景下，当地种植的单位面积产量更高的稻米从理论上说可以养活更多的人口，因此至少东汉时期的人口统计显得有些可疑。尽管如此，将6000万作为承平时期汉帝国人口数量的上限似乎是可行的。

秦汉时期疆域同样是变化的。秦帝国不足500万平方公里，汉帝国最盛时面积大约接近了700万平方公里，西至今新疆地区，东北到达朝鲜半岛中部，南抵越南中部。人口密度有着明显的地域差异。黄河中下游地区和关中地区人口密度最高，其他地区人口密度较低，但东汉时期长江流域人口密度有所增长。

黄河流域新石器时代一些墓葬区显示人口性别比例严重失调，一般的情形是男性大大超过女性，研究者对此有不同解释，其中一个意见是当时可能存在着严重的杀女婴现象。我们没有具体的秦汉社会人口性别比例数字，根据那个时代某些政论家或社会批评家的描述，杀女婴在秦汉社会不是稀罕的事情。不过这类事情似乎没有严重到使男女两性人口比例高度失调。秦汉社会男女两性比例大致相当应当是比较稳妥的估计。②

一般认为，汉代社会在性以及与之发生联系的一些方面是一个比较通达的社会。男子和女子可以一同宴饮、结伴同路甚至同车而行，女子也能单独会见男宾。《风俗通义·怪神》说青州等地祭祀城阳景王（朱虚侯刘章）祠时，常有"男女杂错"③ 宴饮的场面。当时虽已存在"贞"的观念，但人们更为强调的是"孝"。文献记录的秦汉妇女不改嫁的最早例子是《列女传》卷四《贞顺传》"陈寡孝妇"条所载陈地寡妇事，时当汉高祖至文帝时。但陈氏守寡并非出于贞节而是为尽孝于婆婆，故文帝赐号

---

① （汉）司马谈：《论六家要旨》，《汉书·司马迁传》，《汉书》卷六十二，第2712页。
② 关于秦汉社会人口性别比问题笔者将另文讨论。
③ 吴树平：《风俗通义校释》，天津人民出版社1980年版，第334页。

"孝妇"。到了东汉时期，虽然情况有了变化，但在社会舆论对女性"贞"与"孝"的要求上，"孝"依然占据上风。妇女改嫁蔚然成风，且不受道德谴责。如张负孙女六嫁、汉景帝以离异并与前夫生有一女的王氏为皇后，以及曹操著文令其妻妾"顾我万年之后，汝曹皆当出嫁"这样的故事，不过是汉代社会中众多类似事情中的典型例子。[1] 与此相关的社会现象是婚姻关系中的自主选择。汉代社会一个核心家庭的婚姻决定权有四个依次递减的层次，即父亲、母亲、兄姊和本人。一般来说，当父母都不在世时，本人对其婚姻有很大的权力。平阳公主离异后选择大将军卫青为夫，孟光向父母提出欲嫁梁鸿，表明即使父母诸亲在世，子女对自己的婚姻也有建议权。

应当注意的是，汉代社会的"通达"是相对于帝制时代后期而言的，在汉代之前的"《诗经》时代"，我们看到了比汉代更为"通达"的各种表现，汉代社会有的那时候都有，汉代中原地区消失的某些现象如男女之间对歌那时候也有。而在汉代之后的唐代，同样可以看到与汉代类似的情形。更确切地说，汉代社会表现出的这个"特殊性"是一个具有延伸性的长时段历史过程，我们需要更多考虑的似乎是，是哪些因素造成了历史的连续以及后来的变化。

还应当注意的是秦汉社会女性的地位。秦汉女性在家庭财产继承上拥有一定权利，法律对女性也有一些保护性措施。不过，我们不宜因此夸大当时妇女的地位。在与夫妻地位有关的法律规定中，女性明显不及男性；在家庭财产继承方面，男性成员的权利也超过了女性。更重要的是，除去太后干政这一特殊情形外，汉代女性没有参与公共事务的权利。一个群体如果与公共事务绝缘，是不可能拥有较高的社会地位，现代社会如此，古代社会亦然。

二

研究秦汉妇女的资料大致可分为三类，即传世文献、出土文字和其他出土物。后现代历史学抨击说，欧洲古典时代的历史学对女性的存在极为

---

[1] 《三国志·魏书·武帝纪》注引《魏武故事》，《三国志》卷一，第33页。

漠视。但这一点在秦汉时期传世文献中却并不完全如此。《史记·外戚世家》、刘向的《列女传》《汉书·外戚传》《后汉书·列女传》和《皇后纪》，以及散见于其他文献中关于女性的描述和女性的陈述表明，女性的存在得到了一定程度的重视。问题在于文献描述的女性形象在多大程度上符合汉代女性的真实和完整面貌。由于这些声音大多不是来自女性，因此，将传世文献中对女性记载理解为经过处理的汉代女性形象是恰当的。

有些声音的确来自女性。在严可均所辑《全汉文》和《全后汉文》中收录了16位女性的作品。如果将口头语言收录在内，人数还要增加。其中，较为系统完整且具有代表性的是班昭的《女诫》。不过这类文本表现出的基本倾向与男性观念几乎完全一致，即都是将女性作为男性的从属者，都是将女性的合理品性定位于"柔""顺"方面，我们自然可以说这是一个时代主流价值观念的反映，也可以说这种主流价值观是由男性和至少一些女性"共谋"完成的。但我们仍不能自信地说这类来自女性的声音就是所有女性的声音。毕竟，班昭的家世背景是特殊的，而且几乎所有留下文字的汉代女性，都有着与班昭相同或相近的家庭环境，因此，到目前为止，大多数汉代女性对于自我和生活的真实想法我们仍然知之不多。

出土文字——主要是秦汉简帛资料，另有一些器物铭文和碑刻文字——最有价值的是关于秦汉妇女家庭地位的法律规定。睡虎地秦简和张家山汉简中的法律文书所展示的许多律文的基本精神，与传世文献没有差异，但在细节上却要丰富得多，不仅让我们了解到许多传世文献中不曾看到的相关知识，而且使我们有可能将历史的碎片拼接起来，当然，这个过程并不容易。

与性别历史相关的文物的基本特点在不随意和随意之间：之所以不随意，是因为一些安排如墓葬是在当时两性观念的支配下完成的；之所以随意，是因为人为和自然因素所造成的损耗和发现的随机性。毫无疑问，一件新发现的文物可以改变我们对过去的认识。但由于我们对当时历史还缺乏足够的知识，因此误判的可能性是存在的。举例来说，汉画像石上常有情形类似的妇女活动场面，这是一种刻板化的被工匠沿袭的模式，如同现代社会某个时期一些街头宣传画？还是对不同地区日常生活的写实？又如，某些铺张排场的画面，是对死者现世生活的回忆？还是对冥界生活的想象或期待？或是我们还不清楚的特殊的安排——这些都不是能轻易下结论的。女性墓葬随葬的物品种类和数量，也可能因埋葬者的个人因素或丧葬风俗而与实际生活有所不同。有些考古学界的朋友认为文物资料比文献来得更"真实"，是确凿不移的"铁证"，似乎过于乐观了。材料——无论是文字抑或对象都有人的介入，因而也多多少少包含了不确定因素，我们所做的有效工作是寻找上述这些资料背后隐藏的内容，在理解中进行相对合理的发现和解释。

三

后现代主义对历史学的重大影响之一是把女性历史研究上升到前所未有的高度。在研究方法、研究视角、材料选择和写作方式上，后现代历史学的女性史研究的确表现出与传统妇女史研究的不同。在我们看来，无论是传统的还是后现代的还是以后的研究，如下问题都是不能忽略的：女性的家庭和社会地位、女性的经济活动和社会活动、社会知识体系中的女性认知以及女性的生命历程。遇到的困难也是相似的：两性差别主要是生理的还是文化的？女性在怎样的程度上被支配？通过何种手段被支配？又以怎样的方式抵抗支配？工作和性的意义如何？等等，本书预想的目标是，试图以上述问题为基本线索重建秦汉社会妇女的生存和生活场景。这里之所以使用的是"重建"历史而不是"恢复"历史概念，是基于对历史（无论是宏大的还是微观的）完全复原的不可能性。同时，无论是传统的还是各种新史学，都不能摆脱实证这一历史研究的根本基础，我们所有的陈述、想象和假说都不是随心所欲或天马行空，如某些极端的后现代史学家所做的那样。然而，我们所理解的实证不是简单的有一分材料说一分话。史料自己是不会说话的，在不同研究者的视野中，一分材料有时未必能说一分话，有时却能说更多的话。从某种意义上说，正是看似不相关的材料之间的联系性决定了材料的价值和实证的效果。

前辈学者筚路蓝缕，为女性历史的研究进行了开创性研究，陈东原、陈顾远、王书奴、杨树达等学者的辛勤劳作是值得我们铭记的。近几十年来海峡两岸学者的许多相关成果也足资借鉴。然而从整体上说，对秦汉时期妇女历史的认识仍处于起步阶段，某些关键性的问题——如女性在国家赋役体系中的位置以及变化走向、女性的自我认知以及与社会认知的关系等依然模糊不清,澄清这类问题并非朝夕可得。因此本书预设的基本目标是尽可能全面地描述这个时代女性的生活和生存状况,为以后的进一步研究做一些基础性工作。

原载彭卫、杨振红《中国妇女通史·秦汉卷·概论》,杭州出版社2011年版

中国古代咏史诗歌初论

一

笔者曾主张,从文化结构形态上看,中国古代史学知识的存在由三个板块构成:正规史学、通俗史学和咏史诗歌。它们各自的文化—文本形态相应是:作为历史学家的历史学——对历史理性化的记述、考订和分析;作为大众的历史学——历史文学故事;作为文学艺术家的历史——对历史的诗化吟咏。几千年中,它们长期并存;其间,既有显著的分野,又有或明或暗时彰时隐的联系。[1] 无论对立还是互渗,自足或是统一,这三个板块都是中国传统史学本义的呈现,都蕴含着中国传统史学的一些深层次内容。

同世界其他许多地区一样,在中国,诗歌与史学同属最早产生的那类精神文化产物。诗抒情,史忆昔,二者走向固然不同,然而,在人类的早期岁月中,它们却是同一个音键上弹奏出的同一种音符,这就是在富有艺术化和想象力的回忆中聚合起本民族的精神世界。通过"由第一代传给第二代的诗歌和故事中,子孙可以认识他们祖先的声音;当他们听到他们祖宗的忧患并分享他们的感情时,他们就感觉到他们自己是给予他们的个人生活以维护和意义的那个集团中的分子"[2]。诗歌抒发的情怀是往昔之情。因此,与其说早期的咏史诗歌是史与诗混血的产物,倒不如说它就是"花非花,雾非雾",花即雾,雾是花的原本形态。此

---

[1] 彭卫:《中国传统史学的步履》,《西北大学学报》1991年第3期。
[2] [德]格罗塞(Ernst Grosse):《艺术的起源》,蔡慕晖译,商务印书馆1984年版,第210页。

后，诗歌与历史学，正规史学、通俗史学与咏史诗歌，才逐渐分流而前。

咏史诗歌的童年状态质朴直观。中国现存的第一部诗歌总集《诗经》中，具有咏史风格的诗歌有15篇，包括《大雅》中的《文王》《大明》《绵》《思齐》《皇矣》《下武》《文王有声》《生民》《公刘》《荡》《瞻卬》，《颂》中的《那》《玄鸟》《长发》《殷武》。它们在流传至今的《诗经》305首诗中，约占5%。这些咏史诗篇有三种类型：第一，通过叙述本部族历史歌颂祖先。这里有商人对先祖稷、成汤和武丁的赞誉，有周人对先祖公刘、古公亶父、太王、太姜、王季、大任、文王、大姒（太姒）和武王业绩的颂扬。第二，通过对历史事件的反思针砭时政。《瞻卬》的作者在西周灭亡后，把怆然的思考倾注于咏史之中："人有土田，女反有之。人有民人，女复夺之。此宜无罪，女反收之。彼宜有罪，女复说之。哲夫成城，哲妇倾城。"第三，通过追忆往昔的辉煌祭慰先祖英灵。《那》《玄鸟》《烈祖》《长发》等篇章，就是商人后裔宋国国君在祀祖时为祈求祖先降佑福祉所唱的乐歌。这些咏史诗篇与《诗经》其他绝大多数诗篇具有相同的语词文化结构，即审美情感与期望情感的二元组合，这也是中国早期咏史诗歌最为突出的特征。

春秋战国是中国古代正规史学开始走向独立的时代。这一时期成为主流思想的"寓褒贬，别善恶"的人文主义历史评判标准和"以史为鉴"的研究价值取向，规定了中国传统史学的基本风貌。通俗史学接受了这一影响，咏史诗歌同样也接受了这一影响。于是，早期咏史诗歌中祭祖求福的神学色彩和追忆本族历史的史诗化倾向逐渐淡化，对历史本身的思考渐居主导地位。像荀子那篇为人们所熟知的《成相杂辞》的主旨，就是通过点出一个又一个具体的历史人物和事件，缩炼成一系列作为时鉴的历史哲理："主之孽，谗人达。贤能遁逃，国乃蹶。愚以重愚，暗以重暗，成为桀。世之灾，妒贤能。飞廉知政任恶来"[①]。咏史诗歌独特的生命力呈现着，发展着。由此可见，以往一些论者以东汉班固《咏史诗》为中国咏史诗出现之始，未免过于胶泥于其名而忽视此前千余载的历史实

[①] 《荀子·成相》，（清）王先谦撰，沈啸寰、王星贤点校：《荀子集解》卷十八，中华书局1988年版，第458页。

况了。

汉代是咏史诗歌的消歇期。今人所能见到的咏史诗只有东汉班固、应季先、侯瑾所写的寥寥四首,① 这在现存的约170余首汉代诗歌中只占1%强;而且,西汉二百年竟无一首咏史诗流传下来。这一状况与同一时期史学名著和史评名篇如《史记》《汉书》《过秦论》等的出现,与汉代人在日常生活中喜好歌吟以及诗歌中不乏对人生短暂的悲叹——这种情怀在后世恰是咏史诗歌创作的一个重要心理驱力,与通俗史学获得的持续进展,形成鲜明对照。是什么原因造成这种反差?是因为一些咏史诗的散亡使今人不能睹其全貌吗?是由于当时社会的长期稳定使时人没有必要借艺术幽古察世吗?也许都有。但笔者以为主要原因并不在此。从文本客体看,肇始于春秋战国时期、定型于汉代的正规史学的独立趋势和规范化趋势已经成为历史学的核心内容,谈史论史是文论体裁的分内之事,诗歌则成为局外人或旁观者。学科的这种变化导致原有文化结构中各因子的位置和功能的变动,诗与史的新一轮次的融合尚需假以时日。从主体表达看,汉代文人的学术气质是重理超过重情,尚意超过尚言,务实超过务虚,这既是经学文化的一个标志,也是一个结果。于是,一脚踏在艺术一端的咏史诗歌,便难以引起士人们的普遍兴趣。班固的《咏史诗》也因不能超越这一时代精神,而被南朝文艺理论家钟嵘在《诗评》(《诗品》)中评为"质木无文"。②

虽然有大量的史著出现,但从正规史学的建树看,魏晋南北朝不能颉颃汉代。然而,在咏史诗歌的创作上,这个时代却是一个继往开来的重要时期。"世积乱离,风衰俗怨"的社会现实,使文人们"志深而笔长,故

---

① 班诗见《史记·仓公列传》张守节《正义》,《史记》卷一百五,第3381页。应诗见《华阳国志·巴志》,任乃强:《华阳国志校补图注》,上海古籍出版社1987年版,第17页。侯诗见《北堂书钞》卷五十一。

② (南朝·梁)钟嵘:《诗评》序,《梁书·文学列传·钟嵘》,《梁书》,中华书局点校本,第695页。按,《史记·仓公列传》张守节《正义》引班固咏缇萦云:"三王德弥薄,惟后用肉刑。太仓令有罪,就递长安城。自恨身无子,困急独茕茕。小女痛父言,死者不可生。上书诣阙下,思古歌《鸡鸣》。忧心摧折裂,晨风扬激声。圣汉孝文帝,恻然感至情。百男何愦愦,不如一缇萦!"(《史记》卷一百五,第2795—2796页)此诗并非全无文采,然较之南朝风格,则颇有不同。

梗概而多气"①；"缘情"②"吟咏情性"③的文风气质，又使"文学的自觉"④成为可能。对于不能不关注国家盛衰、社会治平和个人命运的文人来说，山水花鸟的外在物象无法完全满足他们多忧的心灵，规范化的历史陈述和评论也不能淋漓酣畅地凸显自我，于是，对历史的诗化的吟咏十分自然地走入了他们的笔端。"魏晋气象"在很大程度上是以对历史的吟咏为支撑点的。这一时期，咏史成为文人们普遍采用的创作题目和创作样式。在众簇如流的人群中，有三国时期的王粲、阮瑀、左延年、曹植，有晋代的阮籍、傅玄、潘岳、石崇、陆机、左思、庾阐、卢湛、孙放、袁宏、陶潜，有南朝的谢瞻、谢灵运、鲍照、吴迈远、江淹、吴均、萧纲、何逊、庾肩吾、鲍幾、萧铎、阴铿、张正见、祖孙登、何楫，有北朝的颜之推、庾信。这意味着当时大多数一流和二三流文人积极参与了咏史诗的写作。他们当中有名噪一时的史学家如袁宏、吴均，有出色的文赋家如陆机、鲍照、江淹、庾信，有杰出的诗人如曹植、阮籍、陶潜、谢灵运，还有书法家如庾肩吾。"咏史"成为梁萧统所编《文选》中的一个独立部分，标志着文化界对这个体裁的最终认可。一些经过文人加工润色的通俗咏史诗篇开始在民间流传，后世称为"古歌"。⑤ 一个值得注意的情形是这个时期出现了咏史系列组诗，具代表性的有左思的《咏史诗》八首，谢灵运的《拟魏太子邺中集诗》八首和江淹的《杂体诗》三十首，从而为后世提供了一种新的表达手段。

魏晋南北朝时期文人咏史所选择的历史人物和历史事件都带有浓重的悲剧性：或是仕途失意（如庾阐咏贾谊），或是忠烈末路（如王粲、陶潜咏秦国"三良"和战国末的荆轲），或是人生坎坷（如萧纲、鲍幾咏伍子

---

① （南朝·梁）刘勰：《文心雕龙·时序》，《文心雕龙辑注》卷九，文渊阁《四库全书》本。

② （晋）陆机：《文赋》，严可均：《全晋文》卷九十七。

③ （南朝·梁）钟嵘：《诗品中》，严可均：《全梁文》卷五十五。

④ 鲁迅：《魏晋风度及文章与药及酒的关系》，《鲁迅全集》第3卷，人民文学出版社1981年版，第504页。

⑤ 这些"古歌"或是下层文人的作品，然其才情并不逊于许多知名文人的创作。如《项王歌》："无复拔山力，谁论盖世才？欲知汉骑满，但听楚歌哀。悲看骓马去，泣望蚁舟来。"[（明）冯惟讷：《古诗纪》卷一百四十，文渊阁《四库全书》本］"古歌"在民间的流传，也说明了这一时期咏史诗歌的兴盛局面。

胥），或是后宫怨愁（如石崇、何逊、庾信、张正见咏王昭君，陆机、萧绎、阴铿、何楫等人咏班婕妤），或是普通人的苦难（如吴迈元的《祀梁妻》）。总之，悲怆凄凉是这一时代咏史诗的基本色调，这与同时大量出现的宴饮欢娱诗歌的暖色基调恰成情感的两极。这是痛苦与欣快放松、解脱与沉溺麻醉的对立——人们可以从及时行乐的现实生活中感受到欢欣与安慰，又从历史苍茫中体悟到从古漫延至今又弥散在自己周围的痛苦的分量乃至终极的迷惘和悲凉。动荡的世风，重情的文风，驱使这个时代的文人，在对历史的艺术想象和理性思考中，寻找到吟咏历史这一条疏导自我情绪、表达自我情感的通道，同时也为后代咏史诗歌创作提供了一个新的视角。

唐、宋时期是中国古典史学长足进展的时代，它也是中国古代诗歌艺术的一座难以企及的高峰。诗，是展示人们内心情感也是灵魂皈依的一片国土。对此，白居易有两句很好的说明："诗者，根情，苗言，华声，实义。"①"大凡人之感于事，则必动于情，然后兴于嗟叹，发于吟咏，而形于歌诗矣。"② 对咏史诗歌的创作影响极大的美学观念"意境论"提出并形成于这一时期。③ 这个与释家有渊源关系的美学范畴，强调主体对客体的艺术创造。相传为唐人王昌龄所写的《诗格》，④ 以富于想象力的比喻，把"境"亦即表达的艺术气质分作三类："物境"："张泉石云峰之境，极丽绝秀者，神之于心处身于境，视匠于心，莹然掌中，然后用思，了然境象，故得形似"；"情境"："娱乐愁怨，皆张于意而处于身，然后驰思，深得其情"；"意境"："张之于意而思之于心，则得其身"。元人方回进一步强调："心即境也，治其境而不于其心，则迹与人远，而心未尝不近；治其心而不于其境，则迹与人近，而心未尝不远。"⑤ 另一个值得注意的

---

① 《旧唐书·白居易传》，白居易《与元稹书》。《旧唐书》卷一六六，中华书局1975年版，第4345页。
② 《文苑英华》卷四七四白居易《试进士策问》第三道。
③ 关于中国古代文学理论中"意境论"的形成，参见曾祖荫《中国古代美学范畴》，华中工学院出版社1986年版，第256页。
④ （宋）陈应行《吟窗杂录》卷五："《诗格》，王昌龄撰。"明嘉靖二十七年崇文书堂刻本。按，正文征引文字见（宋）陈应行《吟窗杂录》卷四（明嘉靖二十七年崇文书堂刻本）。物、情、意三境说似为宋人首倡，后世托于唐人。
⑤ （元）方回：《桐江集》卷二《心境记》，文渊阁《四库全书》本。

文化动向是绘画和书法的"虚实"理论,也对咏史诗歌的创作提供了美学支持。这一系列因素最终促成了咏诗歌艺术表现力和感染力的空前提高。在表达类型上,唐代咏史诗歌有五、七言绝句,五、七言律诗,五、七言古诗,乐府诗等,其中尤以七绝为多,也以七绝写得最好。这里除去七言绝句的数量在唐诗中位次较高外,① 还与其短小精悍的艺术样式有关。几乎所有的唐代著名文人都把对往昔的情思注入自己的诗作中。② 王昌龄的七绝,李白的五、七言古诗,杜甫的七律以及刘禹锡、李益、韩愈、杜牧、李商隐、郑政、罗隐、皮日休、韦庄、章碣等人的七绝或七律,都给读者留下十分深刻的印象。

与前代相比,唐代咏史诗歌的内容更为丰富,视野也更为开阔。从"前不见古人,后不见来者,念天地之悠悠,独怆然而涕下"(陈子昂《登幽州台歌》)到"汉家青史上,计拙是和亲"(戎昱《咏史》);从"蜀相祠堂何处寻,锦官城外柏森森"(杜甫《蜀相》)到"群山万壑赴荆门,生长明妃应有村"(杜甫《咏怀古迹五首》之三);从"玉帛朝回望帝乡"(常建《塞下曲四首》之一)到"隋家宫阙已成尘"(李益《汴河曲》);从"一种青山秋草里,路人唯拜汉文陵"(许浑《途经秦始皇墓》)到"坑灰未冷山东乱,刘、项原来不读书"(章碣《焚书坑》);从"苏武魂销汉使前"(温庭筠《苏武庙》)到"宣室求贤访逐臣,贾生才调更无伦"(李商隐《贾生》)……历史的过程和意义在诗人的笔下,清新鲜活地流淌着,它们吐出了诗人心中的种种积愫,也打动了万千往来人的心灵。唐末诗人胡曾以古迹为题,写下系列咏史诗150首,上起传说中的共工头触不周山,下讫隋炀帝开汴河。略晚于胡曾的周昙则以历史人物

---

① 清人王士祯云:"唐之三百年以绝句始,即唐三百年之乐府也。"(《唐人万首绝句选·序》,上海古籍出版社1993年版)据对《全唐诗》所存唐人诗体的统计,七言绝句为7070首,仅次于9571首的五言律诗,高于七言律诗等其他诗体位居第二(施子愉:《唐代科举制度与五言诗的关系》,《东方杂志》第40卷第8号。转引自沈祖棻《唐人七绝诗浅释》引言,上海古籍出版社1981年版,第21—22页)。

② 是时诗作或标"咏史",或题"怀古",刘学锴认为:"咏史多因事兴感,重在离历史借鉴之意;怀古则多触景生情,重在抒昔盛衰之感。前者较实,后者较虚;前者较具体,后者较空灵。"(见萧涤非等主编《唐诗鉴赏辞典》,上海辞书出版社1983年版,第708页)从包括唐代在内的中国历史上大量出现的"咏史""怀古"诗看,这种区分并不明显。借鉴和慨叹,实与虚,具体与空灵,往往是触合在一起的。怀古就是咏史,咏史亦即怀古。

为题，写下系列咏史诗203首，上起尧、舜时期，下讫隋代。虽然胡、周的创作多是凑数作品，如宋人费衮所批评的"只是史语上转耳，初无见处"①，却不失宏大的气度，反映了那个时代"物有恒姿，思无定检"的咏史风貌。② 尽管在艺术成就上，宋代的咏史诗如同其他诗体一样，难以望唐代项背，但词的流行却为咏史诗歌注入了新的活力——与诗相比，词的类型（牌令）远为众多，乐感也更强。这种新气象虽在唐末五代就已见端倪，但却由"新天下耳目，弄笔始知自振"③的苏词奠立其规模。苏轼《念奴娇·赤壁怀古》是有宋一代的咏史绝唱，王安石、晁补之、陆游、辛弃疾、陈亮、文及翁、刘克庄、刘过、文天祥等人也都留下了咏史佳作。

对生活在13世纪中叶到14世纪中叶的中国人来讲，元代是一个悲怆的时代。相形于诗与词的萎缩，散曲兴起流行；相应于时代的社会主题，咏史散曲的基本风格是由于对现实的极度失望和痛苦而产生的浓烈的虚无情绪，以及对前途的茫然无措。缅怀古人，则抒发仕途坎坷、居官得祸的感慨；回首往事，则倾诉人世沧桑、富贵无常的叹喟。从表面上看，这似乎是魏晋南北朝咏史风貌的重现；但时代的不同，给类似的情愫带来些微差异。弥漫于元人心中的怀古情绪更为曲致，从往昔陈迹中所得到的结论是幻灭后的无奈："三国鼎分牛继马，兴，也任他；亡，也任他。"（陈草庵《山坡羊·叹世》）"从前的试观，那一个不遇灾难？楚大夫月吟泽畔，伍将军血污衣冠，乌江岸消磨了好汉，咸阳市干休了丞相。这几个百般，要安，不安。怎如俺五柳庄逍遥散。"（张养浩《沽美酒兼太平令》）

明、清时代是中国古典美学的成熟时期。其间，李贽的"童心说"公安派和袁枚的"性灵说"、王士祯的"神韵说"迭出于世。在诗歌的艺

---

① （宋）费衮：《梁溪漫志》卷七"诗人咏史"条，文渊阁《四库全书》本。
② 张政烺《讲史与咏史诗》（载《中央研究院历史语言所集刊》第十本，1941年）指出，胡曾的咏史诗系承唐人题壁诗风气而作，它在后世传播达数百年之久，且刻本极多，乃是与用其作训蒙课本及讲史话本有关。又说："讲史一艺盖出于晚唐之咏史诗，初由童蒙讽诵，既而宫廷进讲，以至于走上十字街头。"
③ （宋）王灼：《碧鸡漫志》卷二，文渊阁《四库全书》本。

术样式上，这个时代并无创新，但其数量之巨却引人注目。① 咏史诗在这个时期许多文人的诗作中占有很大比例。《亭林诗集》（包括《集外诗补》）共收入顾炎武诗作397首，以咏史为主题的诗有86首，约占总数的22%，超过了其他主题。同时，咏史歌谣也继续渗入民间。清代民歌集《白雪遗音》录入了流行于其时的多首咏史民歌，涉及"张角作乱""火烧赤壁"等历史事件和西施、司马相如、卓文君、吕布、石崇、绿珠等历史人物。② 对咏史诗歌理论的探讨成为文人们关注的热点。纳兰性德提出咏史以"不落议论为上，若落议论，史评也，非诗矣"的见解；③ 梁绍壬认为："咏史以组织工稳、比拟熨帖为上。"④ 对咏史诗歌研究的走向深入，体现在见解的这些差异中。明、清时期难以计数的大量的咏史诗歌，尽管无论在气质风格上，还是艺术样式上，都可以看作前代的模板；但在表达上，却显得更为定型化。中国古代咏史诗歌既合乎时间逻辑也合乎艺术逻辑地在这个时期画上了句号。

二

中国古代咏史诗歌演进的历程，是其艺术样式和蕴含的情感，不断向往昔和今世弥漫渗透的过程。在这个过程中，形成了一系列值得注意的迹象。

第一，"中国的咏史诗恐怕在西方找不到相对应的体裁"⑤。咏史诗歌在古代中国大量出现并成为卓然一体的文与史的融会产物，与历史学在中国古代知识结构中的重要地位有关，也与诗歌绵延不断的文化传统有关。这是历史意识与诗情对中国人心灵的双重渗入的直接结果。一方面，"几

---

① 以清词为例，据叶恭绰《全清词钞》统计，初选于该书的词人有4000余家，定编后仍有3169家。这个数量是宋代词家的3倍（见夏承焘、张璋编选《金元明清词选》前言，人民文学出版社1983年版，第9页）。
② （清）华广生编：《白雪遗音》卷一、卷二，《明清民歌时调集》，上海古籍出版社1987年版，第485—495、503、594页。
③ （清）纳兰性德：《渌水亭杂识》卷四，《通志堂集》，上海古籍出版社1978年版。
④ （清）梁绍壬：《两般秋雨庵随笔》卷二，上海古籍出版社1982年版。
⑤ 周一良：《周昙咏史诗中的北朝》，《北朝研究》1989年第1期。

乎任何一个传统的中国文人,都有可能成为专业历史学家"[①];另一方面,"也许至今还没有一个民族,在它的生活中诗起那么重要的作用,像中国人在过去和现在那样"[②]。因此,从历史古迹的人文景观,到山间飞鸟的自然景观;从读史品画,到下棋观弈……总之,世间的一切存在物和活动,都有可能在这种人文传统的背景下,引发出或淡或浓或隐或显的思古咏史之情。骆宾王送友易水河畔,想到了千载之前悲歌慷慨的荆轲"壮士发冲冠"(《于易水送人一绝》);戴石屏漫步赤壁矶头,"一番过一番怀古",慨叹这一处"形胜地,兴亡处,览遗踪,胜读史书言语"(《赤壁怀古》);"一片隋宫遗址,几声燕语呢喃",让李益陡增历史悲凉,"燕语如伤旧国春,宫花旋落已成尘。自从一闭风光后,几度飞来不见人"(《隋宫燕》);朱彝尊途经张良祠,对两千年前的"博浪金椎,惜乎不中秦始皇"的往事惋恨不已(《火龙吟·谒张子房祠》);辛弃疾夜读史书,古情走进今感,写下"汉开边,功名万里,甚当时健者也曾闲"(《八声甘州·夜读〈李广传〉》);而钱谦益在一次金陵古城"灯影凉宵里"的观弈中,竟能"一局残棋见六朝"(《金陵后观棋》)。历史时间,不仅在空间流淌着,也被凝固定格了。过去,在咏史者心灵诉诸笔端的挥洒下,时而飘离远去,时而又走到人们身边;历史对话在"古"与"今"的叠合与间离中呈现;千古兴亡,百年悲欢,也在一个瞬间酿出了它的意义。

包括专业历史学家在内的中国古代文人对咏史诗歌创作的广泛投入,促成咏史诗歌与正规史学之间的直接与广泛的交往,这迥异于中国古代正规史学与通俗史学之间相离甚至相斥的基本态势。[③] 一些历史评论借鉴了咏史诗歌的见解,一些咏史诗歌则参考了史评观点。宋人胡明仲对汉初"三杰"之一的张良的历史评论("汉业存亡在俯仰间,而留侯于此每从容焉。诸侯失固陵之期,始分信、越之地;复道见沙中之聚,始言雍齿之侯")几乎可以被看作王安石咏史诗句"汉业存亡俯仰中,留侯于此每从容。固陵始分韩、彭地,复道方圆雍齿封"的复印件。而钱舜选的咏史

---

① 彭卫:《中国传统史学的步履》,《西北大学学报》1991年第3期。
② [美]A.洛厄尔:《松花笺·序》,转自丰华瞻《中西诗歌比较》,生活·读书·新知三联书店1987年版,第19页。
③ 彭卫:《中国古代通俗史学初探》,《史学理论丛书》编辑部编"史学理论丛书":《当代西方史学思想的困惑》,中国社会科学出版社1991年版。

诗句"项羽天资自不仁，那堪亚父作谋臣。鸿门若遂搏前计，又一商君又一秦"，则全从宋人陈傅良对项羽的评论"羽之戮子婴，弑义帝，斩彭生，坑秦二十万卒，亚父独不当试晓之邪？使楚果亡汉，则羽又一秦，增又一商鞅也"中化出。① 另一方面，由于一脚坚实地踏在艺术的一端，咏史诗歌所吟咏的题目和征引的材料，既有正史的内容，也有民间传说和历史神话。如果把人类历史同时也看作精神活动的辐辏和延续，咏史诗歌所感怀的是"大"历史，即更完整意义上的过去。同时在诗、词、散曲中，作者更看重的是历史艺术的真实，对历史本事的真实时有忽略，从而在评论界多次掀起批评与反批评的波澜。王维"卫青不败由天幸，李广无功缘数奇"的名句（《老将行》），受到《清诗话》的诟责，批评者认为，《史》《汉》所说"不败由天幸"是指霍去病而非李广，王维误用了史料。这种批评与正规史学对通俗史学的拒斥一样，根源于历史学与历史艺术认识方式的差异。咏史诗歌更偏重于艺术的一端，因此，在中国古代诗界中占上风的观点是咏史诗歌具有"活用典""不必凿凿指事实"的特权；② 史学界也没有对此更多的苛责，而是给予理解——这是由于专业史学家在进行正规史学与咏史诗歌创作时，采取的是不同的认知与表达方式。咏史诗歌正是借此划开了与正规史学的界限。

第二，咏史诗歌的变化是社会状况和创作主体遭际的曲折显现。一方面，动荡时代如魏晋、中晚唐、两宋之际、宋末元季、明末清初，咏史诗歌的数量比承平时代更多，大多数咏史佳作也产生于"世乱浇离"的不幸岁月。另一方面，即使在社会较为安定的年代，咏史诗歌也是文人感知和解释社会状况、政治情势以及表达自己情愫的工具。历史在这里不仅可用作借鉴，也可用作讽吟。唐代陈子昂吟咏先秦乐羊"食子""骨肉且相薄"（《感遇》其四），把历史拉到今天，昔日的残酷冷冷地看着今日的残酷，武则天对李唐宗室的杀戮便显得更为森惨。杜甫"伤时无诸葛之才，以致王朝鼎沸，寇盗频仍"，把历史的眼光和杰出的诗才投聚到诸葛亮身上，写下了《蜀相》《武侯庙》和《八阵图》等咏史名篇。③ 清代陈恭尹

---

① （宋）周密：《齐东野语》卷一"诗用史论"条，中华书局1983年版，第10页。
② （清）李重华：《贞一斋诗话》，清昭代丛书本。
③ （清）杨伦：《杜诗镜铨》卷十一，上海古籍出版社1982年版，第520页。

的咏史诗句"谤声易饵怨难除，秦法甚严亦甚疏。夜半桥边呼孺子，人间犹有未烧书"（《读秦纪》），在充满不平和讥讽的诗句中，荡漾着对清代文字狱的严厉抨击。"俱借古人以遣自己之兴，非尚论古人也"，王嗣奭《杜臆》中的这句话，[①] 道出了咏史者借古喻今和借古资今的心理底蕴。

从而，咏史诗歌饱含着中国古代士人的社会责任感和忧患意识："伤心秦汉，生民涂炭，读书人一声长叹！"（张可久《怀古》）"国家不幸诗家幸，赋到沧桑句便工。"（赵翼《题元遗山集》）今人读到此处，心中也不禁怦然一动，为之长叹。

从而，咏史诗歌更多关注的是悲剧性的历史人物和历史事件：秦国的"三良"、息夫人、伍子胥、勾践、西施、屈原、荆轲、项羽、贾谊、王嫱、杨贵妃、岳飞……焚书坑儒、修筑长城、和亲异邦、后宫怨恨、六朝兴废、隋末酷政、安史之乱……都是经久不衰的诗题。"千秋放逐同时命，一样牢愁有盛衰。天遣蛮荒发文藻，人间何处不相思。"（黄景仁《屈贾祠》）历史苦郁的分量，沉甸甸地落在了现实的土地上。更重要的是，在正规史学中被忽视的女性的悲剧性命运，受到了诗人极大观照。这里，有对虞姬品格和命运的赞叹与惋惜（吴永和《虞姬》："大王真英雄，姬亦奇女子。惜哉太史公，不记美人死！"康书臣《止马河》："楚王有烈妃，汉王无贤后。"）；有对王嫱出嫁异域的深切的同情（刘献廷《咏昭君》："汉主曾闻杀画师，画师何足定妍媸。宫中多少如花女，不嫁单于君不知。"）；还有对刘备孙夫人的怜悯（王士禛《灵泽夫人庙》："霸气江东久寂寥，永安宫殿莽萧萧。都将家国无穷恨，分付浔江上下潮。"）。因此，咏史诗歌成为中国古代史学探讨历史悲剧的重要篇章。

对人生意义的探索，滋生在个体悲剧情感的土壤中，成为中国古代咏史诗歌的一个恒久主题。这是艺术感受和历史感受相融会的结果。正因为如此，咏史诗歌对今与古、人与物、功业与毁灭、生命与死亡的意义的思考与审视，比正规史学更为广泛和深沉。"功业"成了历史意义的象征，历史的废墟却傲视着功业的短暂；功业曾拥有的辉煌，被咏史笔调涂抹得一片虚渺："百岁光阴如梦蝶"，"想秦宫汉阙，都作了衰草牛羊野"，"投

[①] （明）王嗣奭：《杜臆》卷三《遣兴五首》，中华书局上海编辑所1962年影印稿本。

至狐踪与兔穴,多少豪杰。鼎足三分半腰折,魏耶?晋耶?"(马致远《双调夜行船·秋思》)"一国兴来一国亡,六朝兴废太匆忙。南人爱说长江水,此水从来不得长!"(郑燮《六朝》)"沧桑六代凭谁证?空唱大江东,只今惟有秋江影,曾照吴宫。"(黄维坤《人月圆·金陵怀古》)历史的荒诞感还蕴含在生命被时间"消磨"上。元代词人萨都剌的感慨深切而真挚:"一江南北,消磨多少豪杰"(《百字令·登石头城》);"古徐州形胜,消磨尽,几英雄"(《木兰花慢·彭城怀古》)。在对历史功业的傲视乃至蔑视的背后,却凝聚着否定后的肯定。这是"人生有代谢,往来成古今"(孟浩然《与诸子登岘首》)的对历史过程性的认定。元代文人白朴想让千世兴亡和世事沧桑在酒的浸泡中化为乌有:"长醉后方何碍,醒时有甚意思!糟腌两个功名字,醅醉千古兴亡事,曲埋万丈虹霓志。不达时皆笑屈原非,但知音尽说陶潜是。"(《仙吕·寄生草》)但对历史的刻意忘却,反倒引起了更深的关注——希望越大,失望也就越大,反过来希望也就更深:"长江不管兴亡,漫流尽英雄泪万行"(《沁园春·保宁佛殿即凤凰台》);"新亭何若流涕,兴废今古同"(《夺锦标》)。对儒家"修齐治平"的嘲讽,在经过偏离的圆圈后,似乎又回到了原来的起点。但是,咏史诗歌毕竟别具一格地为中国古代历史意识提供了一份浓浓的历史惆怅。

第三,史识是刘知幾对史学家能力的一项高级要求,同样,它也成为许多咏史作者展示才华的规范。在中国古代,不少人都强调咏史"须扫尽陈言,别出新意"[1],强调"须要在作史者不到处别生眼目","使后人看之,便是一篇史赞"[2]。因此,许多咏史诗歌力图从新的角度或以新的感受评价认识历史。这些被时人称为"翻案诗"的作品,集中在久已定评的历史人物或历史事件上,把"假设"引入了思考中,并把笔触伸向历史人物的心理层面。一些在正规史学中已成定评或占据上风的正统观点,遭到了怀疑和否定。罗隐的《西施》是一首批评"女祸"说的咏史诗,作者通过历史假设和对比,指出吴国的兴亡全在自身,与西施"祸国"毫无关系:"家国兴亡自有时,吴人何苦怨西施。西施若解倾吴国,

---

[1] (清)邹弢:《三借庐赘谭》卷三"秦始皇"条,清光绪申报馆丛书余集本。
[2] (宋)费衮:《梁溪漫志》卷七"诗人咏史"条,知不足斋丛书本。

越国亡来又是谁!"他的见解得到八百年后清代袁枚的呼应。这位才华横溢的文人不仅认为国家衰亡不能归咎于女性,而且认为褒姒、妲己、张丽华等素有"恶名"的后宫嫔妃,也是荒淫君主的牺牲品:"可怜褒、妲逢君子,都是《周南》传里人。"(《张丽华》)皮日休超越了以传统道德观念评价隋炀帝的窠臼,笔端向客观历史效果倾斜,对这位著名的"暴君"作出了新的评判:"尽道隋亡为此河,至今千里赖通波。若无水殿龙舟事,共禹论功还较多。"(《汴河怀古》)对历史人物心理的窥视是咏史诗歌提供的极其有价值的内容。宋代张安道对刘邦忌才和用才的矛盾心态作了别具一格的分析:"落魄刘郎作帝归,樽前一曲《大风》词。才如信、越犹菹醢,安用思他猛士为!"① 明代文徵明《满江红》一词涉及了岳飞冤狱的祸首,他一反传统说法,认为不是秦桧而是宋高宗才是这场历史悲剧的真正制造者。词的下半阕一针见血地写道:"岂不惜,中原蹙;且不念,徽、钦辱。但徽、钦既返,此身何属!千载休谈南渡错,当时自怕中原复。笑区区一桧亦何能,逢其欲。"皇帝的私心被毫不留情地一股脑儿端了出来。"织锦虽云用旧机,抽梭起样更新奇。"历史还是那样的历史,往昔还是那些往昔,却在咏史诗歌中表现得如此不同寻常,推陈出新为咏史诗歌注入了活泼泼的生机。②

第四,咏史诗歌所具独特魅力的另一个重要源泉来自诗性的智慧。

历史的想象是咏史诗歌的灵魂。"江山九秋后,风月六朝余"(杜牧《企望》);"辇路江枫暗,宫潮野草春"(司空曙《金陵怀古》)……想象的引力一次又一次把往昔拉到了"今天",今与古融合了,植物、山川、建筑等自然和人文景观也参与了人的感受,从而使得咏史诗歌更具有感染力。想象所提供的许多场面,其实并不见诸史籍,从而使咏史诗歌所展示的历史场景中,虚与实参差交错、互为表里。在咏史大师李商隐的笔下,

---

① 此诗载阮阅《诗话总龟》卷十五。类似的说法亦见清人黄任《彭城道中》:"天子依然归故乡,大风歌罢转苍茫。当时何不怜功狗,留取韩、彭守四方!"[(清)沈德潜:《清诗别裁集》卷十九,清乾隆二十五年教忠堂刻本。]

② 清人金埴《不下带编》卷三中把"翻案诗"分为"出罪"与"入罪"两类。但刻意追求"出罪"法或"入罪"法,也会弄巧成拙(中华书局1982年版,第51页)。(清)黄协埙《锄经书舍冬墨》卷一记录时人一首《明妃诗》云:"马上琵琶塞上风,玉颜憔悴怨无穷。画师有意防倾国,不遣佳人宠后宫。"既无依据,格调又低,是败笔之作。这或许是王国维在《人间词话》中主张不作"咏史之篇"的缘由。

想象的"虚"栩栩如生,使历史本态的"实"更能撄动人心:"一笑相倾国便亡,何劳荆棘始堪伤。小怜玉体横陈夜,已报周师入晋阳。"(《北齐》其二)"春风举国裁宫锦,半作障泥半作帆。"(《隋宫》)想象的意义并不在于"重现"或"复原"历史,而在于托扬起历史探询之帆。咏史诗歌没有在考证的精确性上与正规史学展开竞争,却通过对往昔所进行的历史陈述—艺术想象的双重复位,为丰富并富有生机地解说思考历史,提供了新的可能。其意义正如卡西尔所说:诗歌艺术"绝不是对我们原先已有的某种东西的简单复制,它是真正名副其实的发现"①。

凝练和象征是咏史诗歌闪烁诗性的言语表达。尺幅千里,数言百载,一直是人们认可、追求并从中得到美感的境界。明人胡震亨甚至把"不增语而情感自深"列为"诗人咏史最难妙"的所在,以为此犹在"作史者不到处别生眼目"的意义之上。② 这种总结确有一定道理。凝练是历史的浓缩,也是诗人智慧的浓缩,在一个字数极少的文字单位面积中,蕴含了极其丰富的内容。同样,越是富于暗示性、象征性的作品,越是具有朦胧感、含蓄感的艺术意境,越具有生命力。从接受角度看,它为受者的不断再创造洞开了门庭。时间的延续不再意味着消亡,而是提供了一层又一层的解释的油彩。从体察的深度说,它消融了表面的生活内容,在蒸发了大量的历史活动的水分后,呈现出人类心灵中的深邃之晶。这里,你看到的即使是一个小的场景、小的迷茫、小的痛苦,实则却传达了大的场景、大的迷茫和大的痛苦。唐代诗人李益咏史诗《汴河曲》写道:"汴水东流无限春,隋家宫阙已成尘。行人莫上长堤望,风起杨花愁杀人。"在这首慨叹隋亡的七绝中,句句浓缩了隋王朝的衰落。其中,首句中的"汴水"指隋炀帝用工百余万方修成的通济渠东段,"东流"和"无限"四字把一个王朝短暂的繁华,不可遏止的败落和历史的苍茫,书写得动人心扉。第

---

① [德]卡西尔(Ernst Cassirer):《人论》,甘阳译,上海译文出版社1985年版,第183页。历史想象的展开,既要有历史的眼光,也要有艺术的眼光。明人杨慎《升庵诗话》卷八批评杜牧《江南春》中的诗句"千里莺啼绿映红"说:"千里莺啼,谁人听得?千里绿映红,谁人见得?如作'十里',则莺啼绿红之景,村郭、楼台、僧寺、酒旗,皆在其中矣。"清人何文焕在《历代诗话考索》中不同意杨说:"此诗之意,意既广不得专指一处,故总而命曰'江南春',诗家之善主题者也。"何说显然比杨说更得想象真昧。

② (明)胡震亨:《唐音癸签》卷三引"诗法咏史"条,文渊阁《四库全书》本。

三句中的"长堤"即隋堤，是历史脉络和隋王朝的双重象征，而一个"莫"字把昨与今既相叠又相合。末句，飘散的杨花既是自然界中让人惆怅伤感的景象，又是杨隋王朝的符号。短短廿八字，几个象征物，似乎什么都没有说，又似乎说尽了一切。这种朦胧而真切的意境是正规史学或通俗史学难以制造的。

唐代诗学理论家司空图在《与李生论诗书》中说："文之难而诗尤难！古今之喻多矣，愚以为辨于味，而后可以言诗也。"[1] 千载后清代诗论家吴乔把为文比作"炊而为饭"，把为诗比作"酿而为酒"："饭不变米形，酒形质尽变；啖饭则饱，可以养生，可以尽年，为人事正道；饮酒则醉，忧者以乐，喜者以悲，有不知其所以然者。"[2] 无论是"味"还是"酒"，均旨在强调诗体的语言、灵性和激情。如果我们承认，从最抽象的层面讲，历史学探索的是人的本性或本质，那么，正是从这个层面发端，史与诗产生了沟通：史学可以受到诗性的启迪，史学中有容纳诗性的空间，史学中也有诗性的成分。如果我们承认，咏史诗歌体现了中国传统文化的一个重要特色，那么，对历史的绵延迢远的吟咏，是中国古代历史认识的右脑按摩师，是中国古代史学活力的滋养剂。如果我们不拒斥历史研究活动中的想象力和激情，不拒斥让自己的笔端伸向人的内部精神世界，那么，中国古代的咏史诗歌仍然具有现代意义。这些正是中国古代咏史诗歌的发展历程最有价值的启示。

原载《史学理论研究》1994 年第 3 期

---

[1] （清）董诰：《全唐文》卷八〇七。
[2] （清）吴乔：《答万季野侍诗问》，（清）王士禛等著，周维德笺注：《诗问四种》，齐鲁书社 1985 年版，第 185 页。

中国古代通俗史学初探

通俗史学是流行于民间的对于历史活动和历史现象的叙述和表达，它有别于史学家笔下的经过考核推定，并以规范严谨的文字加以表述的正规化史学著述。它广泛流行传布于民间，深刻影响于民间，与其他形式的历史著述长期并行，成为中国古代史学的一种重要类型。

一

通俗史学与正规史学的最初缘起，都是远古时代先民对氏族、家族生活经历的回忆、吟咏和讲述。在中国古代主要表现为治水和耕稼的故事。文字的出现和完善，提供了两者分离的一个前提。而这种分野的完成，则是专业历史学家的出现。中国古代二者分流的源头至晚可以追溯到晚商早周，其时，民间不仅流传着关于殷人、周人历史活动的种种口头回忆，而且，甲骨文的某些骨片及金文中的《宗周钟》《散氏盘》《毛公鼎》等都已具备了正规化历史著述的初级形态。层出不穷的历史著述如《春秋经》《国语》《左传》等与同样层出不穷的民间口头历史传说即汉代所说的"小说家流，盖出于稗官，街谈巷语，道听途说者之所造也"[①] 的相行不悖，规定了春秋战国时代的基本风貌；正规史学与通俗史学以同样的势头和生命力在发展壮大，这又规定了中国古代史学内部这两种重要因子的依存关联的基本态势。在这个意义上，春秋战国时代是通俗史学的独立和奠

[①] 《汉书·艺文志》，《汉书》卷三十，第1745页。"说"字本来就含有故事的意思，见胡士莹《话本小说概论》，中华书局1980年版，第3页。

基时期。

　　与正规史学相比,通俗史学的表达样式要广泛得多。这里既有视觉感极强的画像砖石、壁画、画册,也有声情并茂的俗讲、变文、词文、说话、鼓词和戏曲,还有富有影响力的口头传闻、话本、小说。这些样式在通俗史学的演变中,也有一个变迁的过程。

　　先秦、秦汉和南北朝时期,通俗史学的样式主要包括传闻、画像砖石和壁画。如两汉时民间曾流传战国末燕太子丹的故事(当时人称为"俗说"):"燕太子丹为质于秦,始皇执欲杀之,言能致此瑞者(即所谓'天为雨粟,乌白头,马生角,厨中木象生肉足,井上株木跳度渎'——引者注),可得生活,丹有神灵,天为感应,于是遣使归国。"① 山东武氏墓群的东汉石刻画像中,出现的历史人物50多个,包括政治事件、孝义故事和列女故事在内的历史故事32种。② 人们从中看到了周公辅佐成王、孔子见老子和惊心动魄的曹沫刺杀齐桓公、二桃杀三士、完璧归赵等场景;看到了上古传说中的伏羲、女娲、祝融、黄帝、神农,"明王"和"圣贤"周文王、周公旦、老子、孔子,贤佐辅臣蔺相如、范雎、信陵君,侠士刺客专诸、要离、豫让、聂政、荆轲,"暴君"桀、秦始皇,以及异族人匈奴休屠王等众多的历史人物形象。而在今河南出土的汉画像砖石中,同样可以看到大量的题材广泛的历史故事和历史人物的图像,③ 从而显示出汉代图像是历史故事亦即通俗史学的重要载体。两晋南北朝时期,画师对历史题材有着很高的热情,称为画坛"三杰"之一的顾恺之绘出了夏禹治水图和洛神赋图,另一"杰"张僧繇的作品也包括了很多历史故事画。一些历史传闻被整理成专集,如《集异记》《语林》《异苑》《汉武故事》《汉武洞冥记》和《西京杂记》等,它们在社会上广为流布。

　　降至隋唐,由传闻演变的传奇故事以及俗讲、变文、词文和杂戏等开

---

① (汉)应劭:《风俗通义·正失》,吴树平:《风俗通义校释》,天津人民出版社1980年版,第69页。

② 骆承烈、朱锡禄:《武氏墓群石刻》,曲阜师范学院历史系铅印本1979年版,第62—91页。

③ 周到、王晓:《汉画——河南汉代画像研究》,中州古籍出版社1997年版,第71—87页。

始居于通俗史学样式的主导地位。《舜子变》《伍子胥变文》《孟姜女变文》《汉将王陵变》《捉季布传文》《李陵变文》《王昭君变文》等变文样式和《季布》《苏武李陵执别词》等词文样式，在民间产生了颇大影响。

宋代是通俗史学长足进展的重要时期。与商品经济的发展和城市里坊制被打破后的社会变化相关，通俗史学所流行和覆盖的地理空间更加广阔，所表达的内容也更加丰富和细腻。此时，传奇故事演变定型为话本，并取代了前世壁画、画像砖石以及民间历史传闻在普及历史知识方面的位置，成为通俗史学最主要的表达形式。在都市、城镇和乡村中，都有被称为"说话"的专门讲述历史故事的人。北宋的"说话"人分为"四家数"。其中，"讲史书者，谓讲说通鉴、汉唐历代书史文传、兴废战争之事"。① 汴京中的有名"讲史"者有李慥、杨中立、张十一、徐明、赵世亨和贾九。此外还有说"三分"的尹常卖和说五代史的文八娘。② 在南宋都城临安中也可看到这些人的身影。乔万卷、许贡士、张解元、戴书生、周进士、丘机山、徐宣教、张小娘子、宋小娘子等是其中的代表性人物。③ 值得注意的是，在民间说书艺人中，讲述历史故事者占有较高比例。《东京梦华录》记载北宋汴京瓦子勾栏的名艺人有14人，讲史、说三分和说五代史的有7人，占总人数的一半。又据《西湖老人繁盛录》《梦粱录》《武林旧事》等，南宋临安瓦子勾栏及宫廷说书者有92人，讲史书者有26人，占总人数的28%以上。"说话"者所依据的是话本。宋代的著名话本有《孙庞斗智》《刘项争雄》《黄巢》《三国志》《晋宋齐梁》《收西夏》《吕相青云得路》《中兴名将传》《洛阳古今记事》等。成文书册的出现，极其有助于讲史者的讲述和技艺的传授。有宋一代，讲述历史故事的场所也十分众多。城市中的瓦子勾栏、酒楼和街道边以及皇宫禁内都活跃着讲史者。在乡村中的树旁柳下，也聚集着众多的听众。南宋诗人陆游写道："斜阳古柳赵家庄，负鼓盲翁正作场。死后是非谁管得，满村听说蔡中郎。"④

---

① （宋）吴自牧：《梦粱录》卷二十"小说讲经史"条，学津讨原本。
② （宋）孟元老：《东京梦华录》卷五"京瓦伎艺"条，文渊阁《四库全书》本。
③ （宋）周密：《武林旧事》卷二"演史"条，民国景明宝颜堂秘笈本。
④ （宋）陆游：《剑南诗稿》卷三十三《小舟游近村舍舟步归》，文渊阁《四库全书》本。

元代的通俗史学并未因战乱和北方草原民族入主中原而全面萎缩。之所以这样估计，首先是因为以"讲话"为标志的宋代通俗史学样式的余绪延及元代。此时杭州瓦子勾栏中有"演说野史"的胡仲彬兄妹。[①] 专门编写各种文化书籍的行业组织"书会"也进一步发展。"书会"成员称为"书会先生"，元代著名的"书会"有武林书会。[②]。"书会"所编写的书籍中包括许多历史题材故事，对于通俗史学的文字整理、编纂和刊行，起了积极作用。其次是因为这一时期出现了一个新的因素，即杂剧的兴起。元杂剧中大量的题材涉及历史内容。据元人钟嗣成《录鬼簿》著录，杂剧中的三国戏有40多种。在现存关汉卿的18部杂剧中，历史题材有8部，接近总数的一半。具有较高文学水平的杂剧拥有大量观众，从而为通俗史学的载体提供了一种新颖的表现手段。

明清时期通俗史学的表现样式主要有三类：拟话本及小说类、戏剧类和曲艺类。

明代拟话本的来源主要有三端：一是改写宋元旧话本；二是取材于唐宋传奇，并加以丰富；三是对流行在当时并反映现实生活的传闻和故事的吸纳和再创作。在明代拟话本《京本通俗小说》《清平山堂话本》《熊龙峰刊小说四种》《古今小说》《警世通言》《醒世恒言》《初刻拍案惊奇》《二刻拍案惊奇》《清平山堂话本》《石头记》《西湖二集》《艳镜》（即《贪欢报》）《十二笑》《幻影》（即《三刻拍案惊奇》）《鸳鸯针》《金獬豸》《壶中天》《一片情》《九云梦》中，存有故事320个，其中与历史有关者有110余种，占总数的34.7%，明显高于言情、神怪类型故事。各种历史通俗演义也不断涌现。这些都吸引了大量的观众和读者。明人叶盛写道："今书坊相传，射利之徒伪为小说、杂书，南人喜谈如汉小王（光武帝刘秀——引者注）、蔡伯喈（东汉文学家蔡邕——引者注）、杨六使（即《杨家将演义》中的杨文广——引者注），北人喜谈如继母大贤等事甚多。"[③] 延至清代，此风依旧。在官僚、市民、文人墨客和四方商民

---

① （元）陶宗仪：《辍耕录》卷二十八，四部丛刊本。
② （元）钟嗣成：《录鬼簿》卷下，马廉：《录鬼簿新校注》，文学古籍刊行社1957年版，第138页。
③ （明）叶盛：《水东日记》卷二十一。

荟萃之地扬州城中,"称绝技者",有"吴天绪《三国志》,徐广如《东汉》,王德山《水浒记》",以及"顾进章《靖难故事》","皆独步一时"。①

再看戏剧。清代是近代以前戏剧的大繁荣时期。承明季余绪,此时地方戏进一步流行,如梆子腔、秦腔、襄阳调等,"统谓之乱弹",② 广泛流行于江苏、安徽、浙江、两广、两湖、福建、云南、四川、陕西、甘肃、山西、河北、山东、北京诸地。而与明代形成对照的则是,清代昆曲已渐成阳春白雪,"其曲虽极谐于律,而听者使未睹本文,无不茫然不知所谓";乱弹诸腔则因较为通俗化和大众化,吸引了大量观众:"其词直质,虽妇孺亦能解;其言慷慨,血气为之动摇","而农叟、渔夫据以为欢"。③"乱弹"演员籍贯南北均见,④ 也说明这种文化分布面之广。在某种意义上,"乱弹"的内容是拟话本和历史演义小说的文化衍生,其剧目多取材于列国、三国、隋唐、五代的历史传奇和《水浒》《杨家将演义》《说岳全传》等历史小说。

鼓词、弹词等构成了曲艺的主要内容。流行于明代民间的鼓词话本有《孙武子雷炮兴兵救孔圣》《大明隆兴传》《乱柴沟》等。明末清初鼓词作者贾凫西《木皮散人鼓词》上始三皇五帝,下讫明末崇祯皇帝自缢煤山,洋洋洒洒,气势宏大。其中的精彩段落有"阳货讥仲尼""臧仓毁孟子""荆轲报仇""田横死节""曹操杀董承""秦桧害岳飞"等,实际上这是一个长卷幅的中国通史画面。如同拟话本、小说和戏剧,曲艺的流传面很广。明人臧懋循指出:"若有弹词,多瞽者以小鼓、拍板,说唱于九

---

① (清)李斗:《扬州画舫录》卷十一《虹桥路下》,汪北平、涂雨公点校:《扬州画舫录》,中华书局1980年版,第258页。

② (清)李斗:《扬州画舫录》卷五《新城北录下》,汪北平、涂雨公点校:《扬州画舫录》,中华书局1980年版,第107页。

③ (清)焦循:《花部农谭》序,中国戏曲出版社1959年版,第225页。

④ (清)李斗《扬州画舫录》卷五《新城北录下》:"郡城花部,皆系土人谓之本地乱弹此土班也……而安庆色艺最优盖于本地乱弹,故本地乱弹间有聘之入班者。京腔用汤锣不用金锣,秦腔用月琴不用琵琶。京腔本以宜庆、萃庆、集庆为上,自四川魏长生以秦腔入京师,色艺盖于宜庆、萃庆、集庆之上。"又见(清)吴长元《燕兰小谱》(叶德辉宣统三年校刻本)卷二至卷四所记北京戏曲艺人,中华书局1980年版,第107页。

衢三市。"① 因此，曲艺的传播面和影响度，同样引人注目。

通俗史学载体类型的两千多年的演变过程，是旧的样式为新的样式所代替的历程，是样式由较为单一走向多元化的历程，是其容纳和表现的内容愈益丰富的历程，是其表演或表达的技巧和手段趋向细致、多样和精巧的历程，从而也是通俗史学一步步走向大众的历程。变化和流动标志着活力，预示着发展，这一点正是中国古代通俗史学具有旺盛生命力的重要标志。

二

与正规史学相比，通俗史学产生的影响和取得的成功主要是在民间，并在一定程度上延及社会上层，这迥异于正规史学产生的影响和取得的成功基本被规定在包括专业史学家在内的高层文化圈和包括帝王在内的高层政治圈中。

通俗史学的影响面既是异常宽广的，又是十分细致入微的。无论是口头传闻、画像砖石、壁画、人物画卷，还是俗讲、变文、词文、说话，或是话本（包括拟话本）、小说、戏剧、曲艺，都鲜明地呈现出这个特色。如历史小说和演义，"士大夫、农、工、商贾无不习闻之，以致儿童妇女不识字者亦皆闻而如见之。是其较儒、道、释而更广也"②。戏剧和小曲则"递相演唱，农叟、渔夫聚以为欢"。③ 至于说书更是大受欢迎，南宋词人刘克庄记下了听众对历史故事是如何如痴如醉："儿女相携看市优，纵谈楚汉割鸿沟。山河不暇为渠惜，听到虞姬直是愁。"④ 明代说书艺人莫后光讲说《水浒》和其他历史故事，时值三伏天，"听者尝数百人，虽炎蒸砾石，而人忘倦，绝无挥汗者"⑤。有的说书人成为当时的名

---

① （明）臧懋循：《负苞堂文集》卷三，《弹词小序》，古典文学出版社1958年版，第57页。
② （清）顾炎武：《日知录》卷十三"厚重"条，陈垣校注：《日知录校注》，安徽大学出版社2007年版，第746页。
③ （清）焦循：《花部农谭》序，中国戏曲出版社1959年版，第225页。
④ （宋）刘克庄：《田舍即日》，《后村集》卷十，四部丛刊景旧钞本。
⑤ （清）李辰山：《南吴旧话录》卷二十一，转引自胡士莹《话本小说概论》，中华书局1980年版，第375页。

人，"出门人呼柳麻子，往往拦街不得行"①，柳敬亭的故事即是其中的代表。

几乎所有群体都受到了通俗史学的影响，尽管在程度上有所差异。试看几例：

1. 皇族。南宋讲史书有王六大夫，"系御前供话"②。金主完颜亮之弟完颜充听说史人刘敏讲五代史，"讲至五代梁末帝，以诛友珪句。充拍案厉声曰：'有如是乎'"③。明宪宗"好听杂剧及散词，搜罗海内词本殆尽"④。明武宗也十分喜好话本和词本，"有进者即蒙厚赏"⑤，至用重金购历史小说《金统残唐记》。⑥

2. 官吏。明末宁南侯左良玉听柳敬亭演说历史遗事："千载沈埋国史传，院本弹词万人羡。盲翁负鼓赵家庄，宁南重为开生面。"⑦ 官宦人家的眷属也是热心的听众。明代杭州"大家妇女，骄奢之极，无以度日"，遂招请说书女艺人来邸演唱历史故事。⑧

3. 文人。明文人袁中郎喜听历史演义和小说，他在《听朱生说〈水浒传〉》中描述了自己的感受："一雨快西风，听君酣舌战。"⑨

4. 普通百姓。在农夫、渔夫、城市平民、手工业者等"百民"中，通俗史学拥有极多的听众、观众和读者。对历史故事，"农工商贩，抄写绘画，家畜而人有之。痴呆女妇，尤所酷好"⑩。儿童兴趣尤大，"闻刘玄德败，相蹙眉，有出涕者；闻曹操败，即唱快"⑪。童年的知识记忆对其一生的影响是可以想见的。有时，啼笑皆非的结果为通俗史学在平民百姓

---

① （明）魏耕：《雪翁诗集》卷五《柳麻子说书歌行》，民国四明丛书本。
② （宋）吴自牧：《梦粱录》卷二十"小说讲经史"条。
③ （宋）徐梦莘：《三朝北盟会编》卷二四三引茵耀《神麓记》。
④ （明）李开先：《李中麓闲居集》卷六《张小山小令后序》。
⑤ 同上。
⑥ 《金陵琐事剩录》卷一《金统残唐》，转自胡士莹《话本小说概论》，中华书局1980年版，第362页。
⑦ （清）钱谦益：《牧斋有学集》卷六《秋槐别集》之《左宁南画像歌为柳敬亭作》，四部丛刊本。
⑧ （明）田艺蘅：《留青日札》卷二十一《绣花娘插带婆瞎先生》。
⑨ （明）袁宏道：《袁中郎集》卷二十七《听朱生说〈水浒传〉》。
⑩ （明）叶盛：《水东日记》卷二十一《小说戏文》，台湾学生书局1965年影印本。
⑪ （宋）苏轼：《志林》，文渊阁《四库全书》本。

中的影响平添了几分喜剧色彩。清兖州阳谷县有"西门冢",据说是"西门庆之葬所也。其地有大族潘、吴二氏,自言是西门嫡室吴氏、妾潘氏之族。一日,社人登台演剧,吴之族使演《水浒传》,潘族谓辱其姑,聚族大哄,互控于县。县令大笑,各扑一二人"①。

通俗史学何以能收到如此强烈的效果?

通俗史学的流传实质上是信息的一种传播。效果是传播过程的终点,它要受传播者、传播内容、传播的技术手段、传播时间和受众五个因素的影响。通俗史学的传播过程,也完整包括着上述五个环节。

通俗史学的传播者由说书艺人、戏剧和曲艺演员以及一定数量的读书人组成(但几乎没有专业历史学家涉足其间)。虽然水平参差不齐,但多数人都具有一定程度的历史知识和一定程度的文学修养,其中的杰出者水准更高。另外,艺人和演员们又大都具备了精湛的表演技巧。下面以说书艺人为例略作分析。

说书艺人有专业和业余两大类。专业说书人以说书为谋生手段,其中有一部分是盲人。姜南《芙塘诗话》卷二《洗砚新录》云:"世之瞽者或男或女,有学弹琵琶,演古今小说,以觅衣食,北方最多,京师特盛。南京、杭州亦有之。"业余说书人的职业十分广泛,有文人学士,有富家仆人,有卖药者和市井之徒。明代著名说书艺人莫后光是一介儒生。名士王世祯家中"厮养"胡忠"善说平话","每说明皇、宋太祖、我朝武宗,辄自称'朕',称'寡人'。称人曰'卿等'"。②宋高宗绍兴年间(1131—1162),行都有三位市井人,"好谈今古,谓戚彦、樊屠、尹昌也。戚彦乃是城司快行,樊屠乃市肉,尹昌乃佣书"③。明人王行白日卖药谋生,"迨晚,为主妪演说稗官词话,背诵至数十本"④。甚至地位低下的丐户也侧身说书人行间。据明佚名《三风十愆记》,明末常熟丐户草头

---

① 徐珂:《清稗类钞》第 11 册《戏剧类》"演《水浒传》"条,中华书局 1985 年版,第 5055—5056 页。按,徐珂所本为(清)王士祯《香祖笔记》卷十二。其文云:"兖州阳谷县西北有冢,俗呼'西门冢'。有大族潘、吴二氏,自言是西门嫡室吴氏、妾潘氏之族。一日,社会登台演剧,吴之族使演《水浒记》,潘族谓辱其姑,聚众大哄,互控于县令。县令大笑,各扑一二人。"徐氏所转述文意更清,故引之。

② (明)徐复祚:《花当阁丛谈》卷五"书乙未事"条。

③ (明)查应光:《靳史》卷二十二引(宋)张仲文《白獭髓》。

④ (清)钱谦益:《列朝诗集》甲集卷十六《王教读行》。

娘"熟二十一史，精弹词"①。专业艺人可以对业余艺人产生指导性影响。《白獭髓》收录一首诗说：戚彦等三人之所以将史书演说得很好，是因为他们"昔时曾看王与之"②。王与之就是一位专业说史书者。

专业说书人从小便受到严格的训练，并掌握多种知识和技能。明人田艺蘅《留青日札》卷二十一"绣花娘插带婆瞎先生"条云："曰瞎先生，乃双目瞽女，即宋陌头盲女之流。自幼学习小说、词曲，弹琵琶为生。多有美色，精伎艺，善笑谑，可动人者。"正是在反复的磨炼下，说书艺人具备了较高的素养。宋讲史人，"尤务多闻，非庸常浅识之流，有博览该通之理"。他们"幼习《太平广记》，长攻历代书史。烟粉传奇，素蕴胸次之间；风月须知，只在唇吻之上。《夷坚志》无有不览，《琇莹集》所载皆通。动哨中哨，莫非《东山笑林》；引倬底倬，须还《绿窗新话》。论才词有欧（阳修）、苏（轼）、黄（庭坚）、陈（亮）佳句；说古诗是李（白）、杜（甫）、韩（愈）、柳（宗元）篇章"。③如此宽博的历史知识和文学知识成为通俗史学传播者的深厚的知识基础。

说书人在讲述历史故事时声调起伏，感情饱满，时而口若悬河，时而慷慨激荡，时而娓娓诉说，自有一番魅力。一些资料显示了说书者强烈的感染力：宋代说史书艺人的口才"如丸走坂，如水健（建）瓴"④，他们"说国贼怀奸从佞，遣愚夫等辈生嗔"，"说忠臣负屈衔冤，铁心肠也须下泪"；"说人斗厮挺，令羽士快心"；"言两阵对圆，使雄夫壮志"；"谈吕相青云得路，遣才人着意群书"；"演霜林白日升天，教隐士如初学道"；"瞳发迹话，使寒士发愤"；"讲负心底，令奸汉包羞"。⑤因此，"观听者如在目前，谛听忘倦，惟恐不将闻"⑥。明清时讲史艺人的技艺更趋精湛，其中，柳敬亭、贾凫西等人已臻炉火纯青。柳敬亭讲历史故事极为投入，意气风发，摄人心魄："突兀一声震云霄，明珠万斛错落摇。似断忽续势

---

① 转自胡士莹《话本小说概论》，中华书局1980年版，第372页。
② （明）查应光：《靳史》卷二十二引（宋）张仲文《白獭髓》。
③ （宋）罗烨：《醉翁谈录》卷一甲集"小说开辟"条。
④ 同上。
⑤ 同上。
⑥ （元）胡祗遹：《紫山大全集》卷八"黄氏诗卷序"条。

缥缈，才歌转泣气萧条。檐下猝听风雨入，眼前又睹鬼神立。荡荡波涛瀚海回，林林兵甲昆阳集。座客惊闻色无主，欲为赞叹词莫吐。"①"音节顿挫，或咤叱作战斗声，或喁喁效儿女歌泣态。"② 语言通俗易懂和反应敏捷是说史书人的一项性格特征。柳敬亭的语言特色之一是"其言绝俚"③。南宋讲史者丘机山与一群秀才游福州，"讥其秀才不识字，众怒，无以难之。一日，构思一对，欲令其辞屈心服。对曰：'五行金木水火土。'丘随口答道：'四位公侯伯子男。'其博学敏捷如此"④。大众化的语言和机敏的个性特征无疑有助于"说话"人的临场发挥，获得更好的说书效果。

说书人还具有某种群体意识，即在相互切磋和比试中培养技能。南宋临安城中"唱赚"的有遏云社，"说话"的有雄辩社。其成员在各自的组织中打磨口舌，比较技艺。据《西湖老人繁胜录》，"专说史书"者与"唱赚"者分列，这个组织自然不包括说史者，但《武林旧事》卷三《社会》明确说"雄辩社"是"小说"群体的组织，则讲史人亦在其列。这个民间团体的活动，对于讲史者整体水平的提高无疑也有着积极意义。

丰富的社会阅历也是说史艺人得以精彩表达的一个因素。如柳敬亭对"豪滑大侠。杀人亡命，流离遇合，破家国失之事，无不身亲见之。且五方土音，乡俗好尚，习见习闻"，因而，他的表达饱含了生活感受，"每发一声，使人闻之，或如刀剑铁骑，飘然浮空；或风号雨驰，鸟歌兽骇。亡国之恨顿生"。⑤ 清代讲史艺人吴天绪以其丰富的生活阅历，摸索出一种"静以求动"的独特表达方式。据《扬州画舫录》卷十一《虹桥录》下，他讲《三国》"效张翼德据水断桥，先作欲叱咤之状，众倾耳听之，则惟张口努目以手作势，不出一声，而满室中如雷霆喧于耳矣。谓其人曰：'桓侯（张飞——引者注）之声，讵吾辈所能效？使声不出吾口，而出于各人之心，斯可肖也'"。

值得注意的是，一些具有较高文化素养的文人，给予通俗史学的传布

---

① （清）朱一是：《梅星诗辑》卷四《听柳敬亭词话》。
② （清）俞樾：《茶香室丛钞三钞》卷四"柳敬亭晚为蔡襄敏客"条，清光绪二十五年刻春在堂全书本。
③ 同上。
④ （元）陶宗仪：《辍耕录》卷二十八"丘机山"条，文渊阁《四库全书》本。
⑤ （清）黄宗羲：《南雷文定前后三四集》，《南雷文定》卷十《柳敬亭传》。

以深深的关注。一方面,他们是热心的读者、观众和听众,明代一名士在听人演讲《水浒》故事后,作歌赞叹讲述者"奄有(左)丘明、太史(司马迁)之长"[①]。另一方面,他们又是通俗史学创作工作和传播工作的关心者和参与者。两晋南北朝时期的裴启、刘义庆、刘敬叔,唐代的郑处海,宋代的洪迈,明代的黄宗羲、施耐庵、罗贯中、洪楩、周游、熊大木、甄伟、许仲琳、谢诏、冯梦龙,清代的陈忱、蒲松龄、钱彩、褚人获、俞万春等人,均对通俗史学书籍的写作、编纂和流行产生过推动作用。一个具体且引人注目的个案是儒生莫后光(他本人也是讲史者)对柳敬亭的帮助。莫后光主张说史书的要点在于把握听众心理并与之心神相交的沟通。他告诫柳敬亭,讲史虽小道,但在"辨性情,考方俗,形容万类"的意义上,"不与儒者异道"。因此,讲史之人要养身修性,了解听众心理,"取之欲其肆,中之欲其微,促而赴之欲其迅,舒而绎之欲其安,进而上之欲其留,整而归之欲其法"。这就是说,不要仅仅让历史故事引人"欢恬",而且能使之打动观众之心。在莫后光的指导下,柳敬亭技艺精进,成为"听者恍然若有所见焉,其竟也,恤然若有亡","虽以行天下莫能难也"[②]的一代大师。士人的涉足,有助于通俗史学故事情节的完整和内容的精致,有助于在理论层面上总结演说技艺,从而使通俗史学有了雅化的可能。通俗史学也因此而不至于由于一味地"通俗",沦入质量低窳之中。

在内容环节上,通俗史学所负载的历史故事大都具有情节性强、传奇色彩浓重并富于娱乐性的特征,这也与正规史学所表达的内容大相径庭。在通俗史学的王国里,故事内容的惊心动魄、离奇曲折,人物形象的生动鲜明,是第一要义。这是对于观众、听众和读者心理的主动迎合。在《论衡·艺增》中,王充很恰切地分析了包括通俗史学在内的通俗文化早期阶段所遭遇的特定的文化心态场景:"患言事增其实,著文垂辞,辞出溢其真,称美过其善,进恶没其罪。何则?俗人好奇,不奇,言不用也。故誉人不增其美,则闻者不快其意;毁人不益其恶,则听者不惬于心。闻一增以为十,见百益以为千,使夫纯朴之事,十剖百判;审然之语,千反

---

① (明)胡应麟:《少室山房笔丛》辛部《庄岳委谭下》。
② (清)吴伟业:《梅村家藏稿》卷五十二《柳敬亭传》。

万畔。"这种情形其实也是中国古代的一种普遍现象。广大接受者因此而对通俗史学付出了热情，倾注着关心，并为故事中的人物和情节所深深地吸引、打动和倾倒。在受众心目中，诸葛亮、曹操、刘备、关羽和周瑜，不再是《三国志》《华阳国志》或《魏略》中的历史人物，而是《三国演义》或其他说"三国"、演"三国"中的智者、奸雄、明主和英雄。宋江也不再是《宋史·侯蒙传》中的以"三十六人横行河北、山东"的枭雄，而是《水浒》中"专济人难"的及时雨，一心报国的义士。通俗史学对正规史学中的故事情节、人物形象的改写和重塑，对接受端趣味诉求的细心体察，对艺术表现的大幅度增高，决定了它在艺术魅力上超过了正规史学。因而，在争夺以普通民众为主体的受众的角逐中，通俗史学明显居于上风。

通俗史学的传播场所呈现出千姿百态的格局。说书、曲艺、戏剧等演出场所，都可看到通俗史学的影迹。通俗史学的书籍同样散布在民间，影响在民间。所不同的只是，说书、曲艺和戏剧传播场地，往往能容纳大量的观众，且不受是否识字的影响；而书籍阅读则与文化程度相关，从而受众人数有限。应当提到的是，演出场所的变化，与通俗史学的发展是同步的。观演场所的建筑化始于汉代，在隋唐时期有了发展。据《隋书》，"每岁正月，万国来朝，留至十五日，于端门外，建国门内，绵亘八里，列为戏场。百官起棚夹路，从昏达旦，以纵观之"①。表演区的建筑化始于唐代，而在民间比较正规和完整的亦即严格意义上的建筑化观演场所，在宋代取得了重大进展——这与唐宋以来城市结构的变化直接相关。宋代城市中的勾栏是看台和演台的综合，表演台由原先露台的四面围观，变为三面围观省去的一面是后台，供演员出入。故苏轼说："搬演古人事，出入鬼门道。"② 乡村没有勾栏，主要是在高出地面的固定场地演出。明清时期出现了临时性和固定性两种观演场所。前者是唐宋时代乐棚的延续，后者分庙台、私人宅第戏台、宫廷剧场和营业性戏院四种类型。无论是临时性还是固定性场地，都能吸引也能容纳大量观众。这一点又是单靠文字传播的正规史学无法比拟的。

---

① 《隋书·音乐志下》，《隋书》卷十五，中华书局1973年版，第381页。
② （明）臧懋循：《论曲》"丹丘先生论曲"条，万历刻本。

通俗史学的传播时间有两种类型。一类是集中时间，包括节日、庙会、社会、赶集和农闲。二月、八月间是农闲时节，农村各地常在此时"递相演唱"历史剧目。夏日酷热，农夫渔叟于"田事余间（闲）"之际，群聚"柳荫豆棚"之下，听讲历史故事。①王士禛记述了其亲族目睹兖州阳谷县在举办社会时，大演历史剧的热闹场面。②另一类是分散时间，包括读者的阅读以及流动讲史艺人的说唱。流动艺人在宋代称"野呵"，其演艺称"打野呵"。他们四方飘零，或在街巷，或在巷陌。③总之，讲史并无固定地点，所吸引的受众人数自然也比不上固定场所中的固定时间的说讲。

然而，无论在固定抑或分散的时间背景下，通俗史学都比正规史学拥有更多的群众。由于正规史学不具备如上所述的通俗史学的内容特征，因此，它也就无法形成通俗史学传播过程中的固定时间场景和一些分散的时间场景——阅读文本主要是个体的体验，而即使是分散的时间场景也是多个个体的同时感受，其间可能还包括彼此的交流。在传播时间这个环节上通俗史学又一次居于劣势。

在受众的接受心理上，通俗史学也迥异于正规史学，正规史学是一种较为纯粹的知识输出和输入，因而难免与枯燥为伍。接受者不仅要有较高的文化水准，而且也不能长时间的以一种轻松的心情去阅读。通俗史学掺入了大量的艺术成分，接受者主要是为了消闲和阅读才与其发生交流。这一点在不同群体中都表现得十分突出。据清人王沄漫《漫游纪略》所记，清漕运总督北上督运粮草，"舟中休暇，命柳生（柳敬亭）谈隋唐闲裨官家言……公尝辣听之，僮仆以下咸助其悲喜，坐客莫不鼓掌称善。率至夜分乃罢"④。焦循在《花部农谭》、董含在《莼乡笔记》、昭梿在《啸亭杂录》中都明确指出，市人、农夫和渔叟都是为了"欢娱"才去听各种各

---

① （清）焦循：《花部农谭》序。
② （清）王士禛：《香祖笔记》卷十二。
③ 《西湖老人繁胜录》："廊介酒李一郎、野呵小说。"《武林旧事》卷六《诸市》："或有路歧，不入勾栏，只要耍闹宽阔之处做场者，谓之'打野呵'，此又艺之次者。"（明）田汝成《西湖游览志余》卷十二引瞿宗吉《过汴梁诗》云："废苑草荒堪收马，长沟柳老不藏鸦。陌头盲女无愁恨，能拨琵琶说赵家。"
④ （清）俞樾：《茶香室丛钞三钞》卷四"柳敬亭晚为蔡襄敏客"条引。

样的历史故事、观看各种各样的历史戏剧。生活在社会下层的人们人口的绝大部分,他们中的大多数又是文盲或半文盲,他们从"说话"和戏剧中娱情娱志是不足为奇的。有意思的是,宋代一些百姓,为了阻止子女淘气,也让其去听历史故事:"涂巷中小儿薄劣,其家所厌苦,辄与钱,令聚坐听说古话。"① 这实质上是受众对通俗史学娱乐功能的发挥和延伸,并在客观上在未成年人中普及了艺术化的历史知识。

通俗史学的传播者深深明了和理解受众的这种心态,他们强调历史故事"娱目"和"醒心"的方面,认为这是通俗史学比正规史学高出一筹之处。明末袁于令《隋唐遗文》序是最具代表性的文字:"'史'以'遗'名者何?所以补正史也。正史以纪事,纪事者何?传信也。遗文以搜逸,搜逸者何?传奇也。传奇者贵幻,互焉怒发,互焉嘻笑,英雄本色。"他认为这种区别使得历史故事的传播更得"人心"②。另有人自信地宣称:传播通俗历史故事是"怪是史书收不得,故将彩笔补奇文"③。在"娱人心志"的接受层面上,通俗史学的传播者与通俗史学的受众,就这样自然而贴切地契合于一了。

从传播者,到传播内容,到传播的技术手段(方式、场所),到传播的时间,再到受众的接受心态,通俗史学都具有比正规史学更为强烈的宣传效果,都带有比正规史学更为"摄人心魄"的魅力,都拥有比正规史学更为广大的受众。尽管它对于历史事实的渲染铺陈与正规史学的价值观念格格不入,但在让历史走入民间、让历史大众化的历程上(显而易见的是农民、市民中的绝大部分人,是通过通俗史学获得历史知识的),深深地印下了通俗史学的步履。

三

"闲向书斋阅古今,偶逢奇事感人心。"④ 通俗史学在娱乐消闲中传播

---

① (宋)苏轼:《志林》卷六,文渊阁《四库全书》本。
② (明)袁于令:《隋唐遗文》序,北京大学出版社1988年版。
③ (清)钱彩:《说岳全传》第一回"天遣赤须龙下界 佛谪金翅鸟降凡"起头诗。
④ 《喻世明言》四十卷《沈小霞相会出师表》题头诗。

了历史故事，也传播了这些历史故事所负载的历史观念。首先，由于这些历史观念不是抽象的而是糅合在历史人物和事件的故事化叙述中，因此，通俗史学较之正规史学历史观念的表达，更易于为一般群众所接受，这是通俗史学观念有别于正规史学观念的一个特点。

其次，通俗史学观念受现实生活的启迪，由此引起的表达更为直接明了。许多历史故事，缘于作者抒达的对现实生活的感受。成书于明代收入《清平山堂话本》的《张子房慕道记》，叙写张良在目睹韩信、彭越和英布在建汉大业后，被汉高祖杀戮，遂黯然神伤，慕道修仙而去。临行前，他挥笔留诗："不是微臣归山早，怕死韩信剑下灾。"这个故事主题和其出现显然与明初朱元璋诛杀功臣的社会背景有关。《喻世明言》二十二卷《木绵庵郑虎臣报仇》讲的是南宋末年权臣贾似道奸佞跋扈的故事。这篇历史小说揭露了他对外屈膝于敌，对内排斥异己，奢侈荒淫无度，害死耿直忠正的太学生郑隆。在结尾，作者以浓墨重彩的笔调歌颂了郑隆之子郑虎臣处死贾似道，为父报仇。字里行间折射出了明代后期阉党专权的昏暗的社会现实，以及作者对此由衷的痛恨之情。

再次，与理性化的正规史学相比，通俗史学更多也更直截了当地表达了对人生的种种叹喟，对世情的种种感受，从而也更多地融入了对生活的种种体味。元杂剧《冻苏秦衣锦还乡》和清高腔剧种的代表剧目《黄金印》，讲的都是战国时"纵横之士"苏秦的故事。两剧突出的主题都是世事沧桑和人情冷暖。其中前剧紧紧抓住《史记·苏秦列传》中苏秦所说的"此一人之身，富贵则亲戚畏惧之，贫贱则轻易之，况众人乎"，大加渲染铺陈。戏中的苏秦在春风得意之际，回首早年的贫寒，感慨万千："想当初风尘落落谁怜悯，到如今衣冠楚楚争亲近。畅道威震诸侯，腰悬六印，也索把世态炎凉心中暗衬。假使一朝马死黄金尽，可不得依据苏秦，做阳路看被人哂。"①《清平山堂话本》所收录的《老冯唐直谏汉文帝》和《汉李广世号飞将军》则表达了怀才不遇的凄凉。还有的故事抒发了对世事易变、光阴易逝的感叹，表达了"谁言今古事难穷，大抵荣枯总是空"②的虚无情绪。而这些方面在正规史学中，并不明显和突出。

---

① （明）臧懋循：《元曲选》之《冻苏秦衣锦还乡》。
② 《警世通言》第十六卷《小夫人金钱赠年少》。

通俗史学观念在形成和发展中，产生了四条主要脉络。

第一条脉络是命定论和因果报应观。

通俗史学往往把历史的结果理解为先验的预定，认为万事均有前定，是非都是命缘。元明清时期，民间文学读本中关于北宋鼎移的历史故事流传颇多，最具代表性的是《大宋宣和遗事》和《说岳全传》，二者故事情节虽大不相同，但在强调命定这一点上，却是相当一致的。《遗事》说：宋徽宗梦与方士林灵素共上月宫，"见二人于清光之下对坐弈若棋，一人穿红，一人穿皂，分南北相向而坐。二人道：'今奉天帝敕，交咱两个弈棋，若胜者得其天下'"。不多时弈毕，"见一人喜悦，一人烦恼。喜者穿皂之人，笑吟吟投北而去；烦恼之人穿红，闷恹恹往南行"。却原来"那着红者，乃南方火德真君霹雳大仙赵太祖也；穿皂者，乃北方水德真君大金太祖武元皇帝也"，① 金人入主中原也就由此而定了。由于宋徽宗"已备知天机事"，即"兴废今已定，盖不由人"，遂朝欢暮乐，无日虚度。《全传》第八十回《表精忠墓顶加封　证因果大鹏归位》则告诉读者，宋徽宗系九华长眉大仙下凡，因他"忘却本来，信任奸佞，不敬天地，戏写表文，故令赤须龙（即金兀术——引者注。）下凡扰攘。令其历尽苦楚，窜死沙漠"。赤须龙下凡后，西天佛祖恐其难治，"亦命大鹏（即岳飞——引者注。）下降。随后众星官纷纷下凡者不一"。于是，宋金战争，成为上天星宿预先安排好的一场人间角斗。《五代史平话》之《梁史平话》《三国志平话》《喻世明言》三十一卷《闹阴司司马貌断狱》和清代戏曲《愤司马梦里骂阎罗》②《大转轮》③，则向人们讲述了魏、蜀、吴三家分汉，是因刘邦、吕后、戚姬、蒯通、韩信、彭越和英布等人的恩怨纠葛所命定。显而易见，在命定论的框架下，对历史活动的这种处理，降低乃至取消了历史当事人的责任，历史上本应明确的是与非成为无是无非的一笔糊涂账。

与命定论密切关联的是因果报应观念，前者是后者的依据，后者又丰

---

① （宋）佚名：《大宋宣和遗事》前集，士礼居丛书景宋刊本。
② （清）嵇永仁：《愤司马梦里骂阎罗》，郑振铎：《清人杂剧初集》之《续离骚》之四，1931年影印本。
③ （清）徐又陵编：《大转轮》，（清）徐石麟《坦庵词曲六种》之二，南湖享书堂顺治刻本。

富了前者。神秘的"前定"之力，因此附加上了人生"善"和"恶"的道德因素。《喻世明言》四十卷《沈小霞相会出师表》所本的是明代发生过的一件真实的事情，即沈鍊因弹劾权臣严嵩，受到严氏父子的陷害，被杀身亡。但小说却从这段历史中伸展出伦理说教。这篇作品通篇都宣扬"从来日月岂常阴？到头祸福终须应，天道还分贞与淫"的"果报"意识。沈鍊虽死，其子孙却历经劫难活了下来。"当初只道灭门绝户，如今依然有子有孙；昔日冤家皆恶死见报，天理昭然。"沈鍊的长子沈襄到京师授职，"子孙世世书香不绝"。而救护沈襄的冯主事也得善报，"累官至吏部尚书"。至于惨死的沈鍊，上天也未曾忘却他的"善行"，被授北京城隍之职——生时在京师不能有所为，死去也能抒志遂愿。正是："生前忠义骨犹香，精魄为神万古扬。料得奸雄沉地狱，皇天果报自昭彰。"作者对此的概括是"做恶人的到底吃亏，做好人的到底便宜"。类似的观念在《喻世明言》三十二卷《游酆都胡毋迪吟诗》，《醒世恒言》二十四卷《隋炀帝逸游召谴》和《西湖二集》卷一《吴越王再世索江山》等拟话本中，都有明确的表述。

  第二条脉络是英雄史观。

  在通俗史学所讲述的历史故事中，帝王、圣贤、名相、名将几乎构成了全部的主要人物。更重要的是，在这些"圣杰"身上，总有一圈灿烂而神秘的光环。是这些"圣杰"决定芸芸众生的命运，也是这些"圣杰"决定了历史的活动趋向及其结果。因此，"圣杰"便是历史的一切。在各种各样的通俗史学故事中，他们或生而奇异（如《东周列国志》第七十八回《会夹谷孔子却齐　堕三都闻人伏法》写孔子降生前后有种种异征：其母怀孕有麒麟出现，分娩时有藏龙守护，和神女以香露沐浴）；或未卜先知，神通广大（如《三国志平话》和《三国演义》写诸葛亮未出隆中已知天下三分，且会奇门遁甲，善呼风唤雨，能遣神役鬼、禳祈星辰）；或是命定的"真命主"（如明甄伟《西汉通俗演义》第十九回《望夷宫二世被害》写刘邦是"治国安邦真命主"，是以其后能化险为夷，打败项羽，建立汉王朝）；或生时威武无比，死后为神显灵（如《三国演义》第七十七回《玉泉山关公显圣　洛阳城曹操感神》和第九十四回《诸葛亮乘雪破羌兵　司马懿克日擒孟达》写关羽死后在玉泉山显圣，并在云端助其子击退羌兵）。对于"圣人""帝王""英雄"的这种颂扬，通俗史学的传播者们关心备至,往往不惜笔墨,恣意渲染,从而使英雄史观以形象化加传奇化的表达,贯穿于中国古代通俗史学的始终。

第三条脉络是封建伦理纲常观念,包括封建正统思想、忠孝观念和友悌意识的说教正统观是通俗史学大力提倡的主旨。

在具有政治性的历史小说和戏曲中,这一点表现得尤为突出。《三国志平话》和《三国演义》都是把曹操作为一个"托名汉相,实为汉贼"的"乱臣贼子"加以刻画的。作品通过曹操许田打围,加九锡、封魏王,杀董承、伏完、董妃、伏后等情节,十分鲜明地表达了对他"窃权弄国""欺君罔上"的谴责。成书于明末的《隋史遗文》,尽管也肯定了杨坚对全国的统一,但对他以周臣篡周的行径,却是十分鄙夷的。作者袁于令郑重告诫读者:"莽因后父移刘祚,操纳娇儿覆汉家。自古奸雄同一辙,莫将邦国易如花。"① 而成书于清乾隆年间的《说唐》第一回《战济南秦彝托孤　破陈国李渊杀美》除个别字句改动外,基本抄录此诗。其流之广于是可见。

与正统观念有密切关系的是忠君思想,它也是通俗史学着意渲染的内容。《说岳全传》是其中较为突出的一部作品。书中描写岳飞拒绝部将张保入狱搭救,张保撞墙身亡,岳飞竟高兴地赞道:"我们'忠'、'孝'、'节'已经有了,独少了一个'义'字。他今日一死,岂不是'忠、孝、节、义'四字俱全了!"② 其实张保的自尽是为了岳飞的忠君而做的牺牲,岂是一个"义"字所能概括。岳飞还在长江上"显圣","连翻三四只兵船",阻止部属报仇。③ 作者钱彩大篇幅引录前人吊岳诗文,对岳飞的忠君行为褒扬备至:"忠臣为国死衔冤,天道昭昭自可怜。留得青青公道史,是非千载在人间";"奸邪误国忠良死,千古令人恨不甘";"一生忠义昭千古,满腔豪气吐虹霓"。④

对于封建纲常伦理的维护无疑是全面的。《喻世明言》十六卷《范晨

---

① (明)袁于令:《隋史遗文》第一回《图夺嫡晋王树功　塞乱源李渊惹恨》。一般认为《隋史遗文》是根据明代后期说唱文学编写的文本。按照说书至成书的一般情形,这首诗或许本已有之。倘如此则更见此类观念的影响程度。
② (清)钱彩:《说岳全传》第六十回《勘冤狱周三畏挂冠　探图圄张总兵死义》。
③ (清)钱彩:《说岳全传》第六十三回《兴风浪忠魂显圣　投古井烈女殉身》。
④ (清)钱彩:《说岳全传》第六十一回《东窗下夫妻设计　风波亭父子归神》。

卿鸡黍生死交》歌颂的是交友的信义；《喻世明言》三十四卷《李公子救蛇获称心》宣扬的是行善果报；《警世通言》二卷《庄子休鼓盆成大道》在参透世事之余，没有忘记对妇女改嫁的惩罚；《警世通言》二十一卷《赵太祖千里送京娘》歌颂的是男女有别、授受不亲的观念；《醒世恒言》三十卷《李汧公穷邸遇侠客》谴责了忘恩负义的行径；《石点头》三卷《王立本天涯求父》和《西湖二集》三十一卷《忠孝萃一门》颂扬了子女对父亲的孝道；《醒世恒言》二卷《三孝廉让产高名》给予汉代许武兄弟三人让产保家以高度评价，并以此为例告诫本朝人道："今人兄弟多分产，古人兄弟亦分产。古人分产成弟名，今人分产但嚣争。古人自污为孝义，今人自污争微利。孝义名高身并荣，微利相争家共倾。"

　　文化人士的涉足，对通俗史学中封建伦理观念的渗入起了推波助澜的作用。他们往往有意识有目的地在历史图册、小说和戏曲中加入大量劝诫世人的内容，以期拯救人心。北宋历史故事画的旨归，是"善足以观时，恶足以戒后"，而绝非简单的"呈五色之章，以取玩于世"。① 明可一居士张献翼②在《醒世恒言》序中解释编纂"三言"（《醒世恒言》《喻世明言》《警世通言》）之义时说："'明'者，取其可以导愚也；'通'者，取其可以适俗也；'恒'则习之而不厌，传之而可久。三刻殊名，其义一耳。……忠孝为醒，而悖逆为醉；节俭为醒，而淫荡为醉；耳和目章、口顺心贞为醒，而即聋从昧、与顽用嚚为醉。……言恒而人恒，人恒而天亦得其恒，万世太平之福，其可量乎！则兹刻者，虽与《康衢》、《击壤》之歌并传不朽可矣。"冯梦龙在戏曲《酒家佣》序文中写道："世人勿但以故事阅传奇，直把作一具青铜（镜），朝夕照自家面目可矣。"③ 明末凌蒙初和清人余治则分别从历史小说和历史戏剧的角度，进一步点明了通俗史学的"道学心肠"："从来说的书不过谈些风月，述些异闻，图个好听；最有益的，论些世情，说些因果，等听了的触着心里，把平日邪路念头化将转来。这个就是说书的一片道学心肠，却从不曾讲着道学。"④ "余不揣

---

　　① （清）孙岳颁：《佩文斋书画谱》卷十二《论画》二宋《宣和画谱序》。
　　② 关于可一居士姓名和生平事迹参见官桂铨《〈三言〉的序、评者可一居士是谁》，《学术研究》1990年第6期。
　　③ （明）冯梦龙：《酒家佣》叙，《墨憨斋定本传奇》，中国戏剧出版社1960年影印本。
　　④ 《二刻拍案惊奇》卷十二《硬勘案大儒争闲气　甘受刑侠女著芳名》。

浅陋，拟善恶果报新戏数十种。一以王法天理为主，而迴之以俗情。意欲取减……以之化导乡愚，颇觉亲切有味。……余以佐圣天子维新之化，贤有司教育之穷，当亦不无小补也。"① 不刻意讲道学的大"道理"，却在日常娱乐中融入了道学的基本观念，这就是他们的出发点和归宿。事实证明，文人们的这些努力是有成效的。②

第四条脉络是阴阳五行观念。

《大宋宣和遗事》开篇即言："茫茫往古，继继来今，上下三千余年，兴废百千万事。大概光风霁月之时少，阴雨晦冥之时多；衣冠文物之时少，干戈征战之时多。看破治乱两途，不出阴阳一理。"它进而把抽象朦胧的阴阳具体推衍开来让善与恶、天理与人欲、进步与退步、安宁与混乱、祥和与凶险、中原与夷狄都归入这个模式之中："中国也，君子也，天理也，皆是阳类；夷狄也，小人也，人欲也，皆是阴类。阳明用事的时节，中国奠安，君子在位，在天便有甘露庆云之瑞，在地便有醴泉芝草之祥，天下百姓，享太平之治。"相反，如果阴浊用事，便是内忧外患，小人得志。"在天便有彗孛日蚀之灾，在地便有蝗虫饥馑之变，天下百姓，有流离之厄。"不仅如此，阴阳之理还"关系着皇帝一人心术之邪正"。因而既有尧舜禹汤等明君，也有桀纣等暴君，还有周幽王、陈后主和宋徽宗等昏君。这些说法当然并不新鲜。然而，阴阳五行学说的进一步衍发，便产生了正规史学观念中没有的内容，这就是神怪诞异的出现。在许多历史题材话本、历史小说和历史戏剧中，可以看到呼风唤雨、飞刀砍人，甚至驱鬼赶神的描写，这些荒诞的场面常能使读者和观众目眩心悸，因而其传播效果是不容忽视的，至少它强化了中国古代民间的谶纬鬼神观念。

总有不和谐的音符。中国古代通俗史学观念在其发展中，曾产生过与上述观念格格不入的意识。在晚明社会批判思潮的大氛围中，贾凫西提出了反天命、反正统和反英雄史观的思想。他反复强调，历史上所发生过的

---

① （清）余治：《庶几堂今乐》，光绪六年得见斋刊本。
② 清人云："又尝以乡约劝善人，多厌听。因势利导，莫如演戏。而近日梨园，每习为诲淫诲盗，伤风败俗，不忍名言。即有忠孝节义各剧，又大都帝王将相名门大族，比拟太高，以之化导乡愚，药不对症，奚啻隔靴搔痒。遂仿劝善新戏数十回，词白浅近，一以王法天理为主，集成一班，教诸梨园子弟学习试演，一洗诲淫诲盗诸习。虽非阳春白雪，颇为乡里人所乐观。"[（清）齐学裘《见闻随笔》卷一"余晦斋杂论"条，清同治十年天空海阔之居刻本]

一切事情"茫茫不可伦",而非先验的"命定"。历代帝王既非上应天庭的星宿,也不是仁义道德的楷模。恃强凌弱是有人得天下也是有人失天下的同一原因。从尧舜禹汤文武王起,"算来纵就是积德累仁,还是强的得手,弱的吃亏。因想起夏桀不杀成汤于夏台,成汤一得脱身,却放夏桀于山东定陶,遂囚死于南巢。商纣不杀西伯于羑里,遂落了这场结果。后世如赵国不杀秦家质当的异人带犊子,吕政变灭了赵国。鸿门宴楚霸王不肯害沛公,乌江问渡,高皇帝定要逼死项羽。那韩信不听蒯彻之言,背畔高祖,高祖欲用吕后之谋害韩信"①。贾凫西这种弱肉强食的理念,在人性层面上抨击了道学的虚伪,尽管并不算深刻——至少与同时代的王夫之、黄宗羲和唐甄等人相比是如此的,但作为一种异端之说,在中国古代通俗史学观念史上是应有其一席之地的。

通俗史学观念与正规史学观念有诸多契合之处,这是在共同社会背景下的具有文化意义的沟通。虽然前者不如后者在理论上开掘得那么深入和富有逻辑性,但它在对一般群众特别是社会下层的影响上,却远远超过了后者。这又是由二者各自的特性决定的。

四

历史学家与通俗史学的关系是一个饶有趣味的问题。

作为一个整体,中国古代历史学家基本上没有参与通俗史学的创作和传播工作。

历史学家对于通俗史学是冷淡和超然的。史学家迥异于当时一般文人对历史传说和传奇的欣赏性评价。宋人赵彦卫认为传奇故事"可以见史才、诗笔、议论"②。而刘知幾则对民间历史传闻疑虑重重:

又讹言难信,传闻多失。至如曾参杀人,不疑盗嫂,翟义不死,诸葛犹存:此皆得之于行路,传之于众口,倘无明白,其谁曰(王本《注》:疑脱"不"字)然……况古今路阻,视听壤隔,而谈者或

---

① (明)贾凫西:《木皮散人鼓词》,光绪丁未叶德辉重刻本。
② (宋)赵彦卫:《云麓漫钞》卷八,文渊阁四库全书本。

以前为后，或以有为无，泾、渭一乱，莫之能辨，而后来穿凿，喜出异同，不凭国史，别讯流俗。及其记事也，则有师旷将轩辕并世，公明与方朔同时；承前后言。尧有八眉，夔唯一足；乌白马角，救燕丹而免祸；犬吠鸡鸣，逐刘安以高蹈。承有无言。此之乖滥，往往有旃。故作者恶道听途说之违理，街谈巷议之损实。①

分歧的焦点在于什么是历史和怎样传播历史知识上。一般文人强调"要知天下事，须读古人书"，而这"古人书"却是妙笔生花的历史传奇。② 清代史学家章学诚却认为，历史演义和历史小说夸张虚饰，只能让人雾里看花，而无法获得真正的历史知识。他举例说，《三国演义》中"最不可训者'桃园结义'，甚至忘其君臣而直称兄弟，且其书拟出《水浒传》后，叙昭烈（刘备——引者注）、关、张、诸葛，俱以《水浒传》中萑苻啸聚行径拟之，诸葛丞相生平以谨慎自命，却因有祭风及制造木牛流马等事，遂撰出无数神奇诡怪。而于昭烈未即位前，君臣僚采之间，直似《水浒传》中吴用军师，何其陋耶！张桓侯（张飞——引者注）史称其'爱君子'，是非不知礼者，《演义》直以拟《水浒》之李逵，则侮慢极矣。关公显圣，亦情理所不近。"③ 因而《三国演义》所传播的历史知识，是绝不可信的。

历史学家对于通俗史学是反感和拒斥的。在他们看来，通俗史学不过是野狐禅之类的妄说乱语。宋代史学家郑樵轻蔑地称"稗官者流"的本领"只在唇舌之间"和附会衍加。即使其事有历史记录所本，但在他们的笔下却"演成千万言"。更有甚者，是凭空捏造，如"东方朔三山之求，诸葛亮九曲之势，于史籍无其事，彼则肆为出入"。由于史事根基不牢，其以古鉴今的努力也要大打折扣："若惩古事以为言，则隋堤柳可以戒亡国；若指今事以为言，则井底引银瓶可以止淫奔。何必取异端邪说、街谈巷语以寓其意乎？"④ 明人胡应麟则批评通俗史学"古今传闻讹谬，

---

① （唐）刘知幾：《史通》内篇《采撰》，（清）浦起龙：《史通通释》，上海古籍出版社1978年版，第115页。
② 《醒世恒言》卷二"三孝廉谦让产立高名"。
③ （清）章学诚：《丙辰札记》，《乙卯札记 丙辰札记 知非日札》，中华书局1986年版。
④ （宋）郑樵：《通志》卷四十九《乐略》，文渊阁《四库全书》本。

率不足欺有识"，认为读之可为发一"大笑"。① 另一明人叶盛则对官府和士大夫容忍和支持通俗史学颇为愤然：以历史戏剧"为佐酒乐客之具。有官者不以为禁，士大夫不以为非；或者以为警世之为，而忍为推波助澜者，亦有之矣"②。

对于通俗史学所产生的巨大社会影响，史学家既平静又自信。他们认为，历史戏剧不过是"以往事动人兴感"，其所叙之事往往"苦不真"，因而不是"真历史"，它们所感染和影响的也只是些"农工商贩""痴呆女妇"。③ 历史学家发挥考据的职业优势，指出诸如关羽并未"明烛"读《春秋》，④ 甚至从未拿过大刀，⑤ 宋江也并未擒方腊，⑥ 以证明历史小说的不可信和不能流传。有时，通俗史学的传播效果还成为历史学家奚落嘲讽的靶子。清人姚之元写道："《三国演义》不知作于何人……尝闻有谈《三国志》典故者，其事皆出《演义》，不觉失笑。乃竟有引其事入奏者。《辍耕录》载院本名目有《赤壁鏖兵》、《骂吕布》之目。雍正间札少宗伯因保举人才引孔明不识马谡事，宪皇（雍正帝——引者注）怒其不当以小说入奏，奏四十仍枷示焉。乾隆初，某侍卫擢荆州将军，人贺之辄痛哭。怪问其故，将军曰：'此地以关（羽）玛法尚守不住，今遣老夫，是欲杀老夫也。'闻着掩口。此又熟读《演义》而更加愤愤者矣。'玛法'，国语呼祖之称。"⑦ 有的学者还分析了通俗史学作伪的原因，其中最恶劣的是炫耀家族。《英烈传》相传为明嘉靖年间武定侯郭勋所撰。该书第三十九回《陈友谅鄱阳大战》讲述明军征讨陈友谅，大将郭英箭毙陈氏，南方遂定。沈德符对小说的宣染很不以为然。他指出陈友谅虽系中箭身亡，但射者"当时本不知何人"。郭勋作伪，是他为"谋进爵上公，乃出奇计，自撰开国通俗纪传名《英烈传》者，内称其始祖郭英战功几埒开

---

① （明）胡应麟：《少室山房笔丛》卷二十五《庄岳委谈下》。
② （明）叶盛：《水东日记》卷二十一，文渊阁《四库全书》本。
③ 徐珂：《清稗类钞》第 11 册《戏剧类》之《今剧之始》，中华书局 1986 年版，第 5011—5012 页。
④ （明）胡应麟：《少室山房笔丛》卷二十五《庄岳委谈下》。
⑤ 俞樾：《小浮梅雨话》。
⑥ （清）梁章巨著，刘叶秋、苑育新校注：《浪迹丛谈》卷六"宋江"条，福建人民出版社 1983 年版，第 82 页。
⑦ （清）姚之元撰，李解民点校：《竹叶亭杂记》卷七，中华书局 1982 年版，第 158 页。

平、中山（即常遇春、徐达——引者注）"。① 这样，对通俗史学的批评已渗入了月旦道德品质的激昂情绪。尽管有的历史传奇作者声称自己的作品"本诸《左》、《史》，旁及诸书，考核甚详，搜罗极富。虽敷衍不无增添，形容不无润色，而大要不敢尽违其实"，堪与"'二十一史'并列邺架"②，但这种自我感觉的良好，并不能替代史学家法官的冷峻判决。

中国古代史学家对于通俗史学的冷淡、轻蔑、反感、拒斥乃至愤懑的情绪，源于其与通俗史学创作者和传播者在历史知识的认知结构上的巨大差异。在前者眼中，历史就是过去发生过的真实确凿的事情，历史学家的职责就是保证这些真实的事情流传到"现在"，并以之"鉴世"和"明治"。在后者看来，历史故事的情节生动和人物形象丰满至关重要，正规史学却忽略了这一点，因此有必要用"传奇"的"彩笔"去补充至少是点缀正规史学中那些干枯无味的史文，并把"因果报应之理""纲常伦理说教"和"天命有份之言"，隐寓于惊魂眩魄的接受层面，使观众和读者能在"随风潜入夜，润物细无声"的娱乐境界中，"渐入圣贤之域而不自知"，以期"于人心风俗不无补焉"。③ 一个强调考信和实录，一个强调传奇和铺陈；一个更强调资治鉴世，一个更强调正俗教化；一个是中国古代传统史学的思维本质，一个显然带有中国古代文学理论中写意传神和"文以载道"的色泽。可以说，两者的对立，在某种程度上是历史学与历史文学的对立。同时，也蕴含着历史学应否以及究竟应在多大程度上被卷入文学艺术中的问题，蕴含着历史学是否除了通俗史学之外，还有别的方式或途径影响和争取受众的问题。这也是一些颇具近代意味的问题。而在当时，即使人们朦胧意识到了，也并无深入探究考察的迹象。④ 因此，中

---

① （明）沈德符：《万历野获编》卷五"武定侯进公"条。
② （明）冯梦龙：《东周列国志》序。
③ （明）玉山草亭老人（杜纲）编《娱自醒心编》所收自怡轩主人评语。
④ 如明人谢肇淛论及正规史学与通俗史学"真""伪"之争的框架，指出这是两种不同的表现形式："凡为小说及杂剧戏文，须是虚实相半，方为游戏三昧之笔。亦要情景造极而止，不必问其有无也。……近来作小说，稍涉怪诞，人便笑其不经，而新出杂剧，若浣纱、青衫、义乳、孤儿等作，必事事考之正史，年月不合，姓字不同，不敢作也，如此则看史传足矣，何名为戏？"《三国演义》与《钱唐记》、《宣和遗事》、《杨六郎》等书，俚而无味矣。何者？事太实则近腐，可以悦里巷小儿，而不足为士君子道也。"（《五杂俎》卷十五）即是说不能脱离历史本事、没有艺术想象力的通俗史学作品是失败的作品。但谢氏的讨论也就此戛然而止。

国古代史学家不屑于承担传播通俗史学的工作，也不屑于与通俗史学的传播者为伍，反倒是文学家、文艺理论家、诗人、画家和某些政治家对通俗史学的关注和热情大大超过了他们。通俗史学的非史学家化倾向和史学家的非通俗史学化倾向，就这样奇特地并存并"合理"地紧紧结合在一起了。

因此，中国古代的历史学家和通俗史学的传播者之间，始终缺乏全面而认真的交流；正规史学与通俗史学之间，也始终缺乏积极而深入的合作。它们的影响面不同，影响的方式不同，影响的层次不同，追求的目标和恪守的价值观念不同，所负载的功能和产生的效果不同。在两千多年的历程中，二者基本是分流而前的。正是这一点，为中国古代历史学和历史意识所具有的广泛具体、丰富细腻和深入多样的特性，提供了一项有意义的注脚。这种情形至今仍能依稀看到。

原载《史学理论丛书》编辑部编"史学理论丛书"《当代西方史学思想的困惑》，中国社会科学出版社1991年版

从评说游侠看汉代史家的社会公正观

公正是伦理学的基本范畴，作为一种价值判断，公正侧重的是社会的基本价值取向，并且强调这种价值取向的正当性。史学的特点是"寓论断于叙事"，即通过对历史事实的安排和语言修辞，表达史家对于历史的思考和价值评价，其中也包括对于社会公正问题的认识与思考。那么，作为史家求善诉求的一部分，史学家在其史学实践中究竟怎样表达他们的社会公正观？表达的又是怎样的公平观，这种公平观又有哪些特点呢？分析汉代史家对于游侠的评说是一个很好的例子。

游侠是汉代社会的一个特殊而重要的群体，之所以特殊，是因为这个群体不是以职业也不是以财富数量多寡，而是以特有的行为方式被确认的；之所以重要，是因为这个群体是游离于国家秩序之外的强势力量，两汉的勃兴都与游侠活动有着直接关联。袁宏说："高祖之兴，草创大伦，解褚衣而为将相，舍介胄而居庙堂，皆风云豪杰，屈起壮夫，非有师友渊深，可得而观，徒以气勇武功彰于天下，而任侠之风盛矣。"[1] 增渊龙夫指出：秦末群雄的军事势力，与乡曲豪侠带剑立节召集徒党的状况是一致的，刘邦集团的形成过程和于此前后的豪侠势力的军事势力化的过程完全是同一的。[2] 新朝末年，南阳刘氏集团的领袖们也都以任侠知名，如刘秀喜游侠，臧亡匿死，斗鸡走马；刘秀长兄刘縯好侠养士，性刚毅，慷慨有

---

[1] 《后汉纪》卷二十二《孝桓皇帝纪下》袁宏曰，周天游校注：《后汉纪校注》，天津古籍出版社1987年版，第626页。

[2] [日]增渊龙夫：《汉代民间秩序的构成和任侠习俗》，《中国古代的社会和国家》，京都：弘文堂1960年版。中译文见《日本学者研究中国史论著选译》，孔繁敏译，中华书局1993年版。

大节；刘秀族兄刘玄结客报仇。① 然而这两个王朝建立后，都经历了对游侠从控制到打击的过程。这是君权与地方势力对立、国家秩序和民间秩序对立的必然结果。另外，游侠赖以生存的社会土壤却始终存在，君主和中央的权威没有也不可能完全占据社会基层，社会基层的正常运转需要依赖地方上有势力的人维持。在这种政治生态和社会生态中，汉代的游侠有了多种出路，他们的势力与君主和政府的权威在对立中达成了某种程度的平衡。进言之，在国家势力强大或游侠势力坐大时，国家对游侠打击的力度便会增强，从而使平衡的天平倾向国家一侧；当国家势力衰微或发生动荡时，游侠便会聚合起力量，以自己的秩序替代原有的国家秩序。正因为如此，汉代史家对游侠给予了特别的关注。社会公正的进退通常是在各种势力的博弈中展现的，而游侠群体是汉代社会的国家秩序和社会秩序互动的重要链环，笔者试图以游侠为切入点，观察汉代史家公正观念的表达。

一般认为，司马迁是有汉以来评论游侠的第一人，其实在《史记》完成之前已有儒生谴责侠者"专以奸犯公法，何谓贤"②。但司马迁的评说无疑更为系统。他在《史记·游侠列传·序》中以一个儒家文化和士林人格的双重批判者的姿态，把侠者的精神提到文化价值层面的高度进行讨论，字里行间洋溢着对侠者勇敢尚义精神的赞美：

> 韩子曰："儒以文乱法而侠以武犯禁。"二者皆讥而学士多称于世云。至如以术取宰相卿大夫，辅翼其世主，功名俱著于《春秋》，固无可言者。及若季次、原宪，闾巷人也，读书怀独行君子之德，义不苟合当世，当世亦笑之。故季次、原宪终身空室蓬户，褐衣疏食不厌。死而已。四百余年，而弟子志之不倦。今游侠，其行虽不轨于正义，然其言必信，其行必果，已诺必诚，不爱其躯，赴士之厄困，既已存亡死生矣，而不矜其能，羞伐其德，盖亦有足多者焉。且缓急，

---

① 刘秀及刘缤微时任侠事迹见参见《东观汉记》卷一《世祖光武皇帝》，吴树平校注：《东观汉记校注》，中州古籍出版社1987年版，第2页。《后汉书·光武帝纪上》，《后汉书》卷一，第1—2页；《后汉书·刘玄传》，《后汉书》卷十一，第467页；《后汉书·酷吏列传·董宣》，《后汉书》卷七十七，第2490页；《后汉书·宗室四王三侯传》，《后汉书》卷十四，第549页。

② 《史记·游侠列传·郭解》，《史记》卷一二四，第3873页。

人之所时有也。太史公曰:"昔者虞舜窘于井廪,伊尹负于鼎俎,傅说匿于傅险,吕尚困于棘津,夷吾桎梏,百里饭牛,仲尼畏匡,菜色陈、蔡。此皆学士所谓有道仁人也,犹然遭此灾,况以中材而涉乱世之末流乎?其遇害何可胜道哉。"鄙人有言曰:"何知仁义已向其利者为有德。"故伯夷丑周,饿死首阳山,而文武不以其故贬王;跖、跻暴戾,其徒诵义无穷。由此观之,"窃钩者诛,窃国者侯,侯之门仁义存",非虚言也。今拘学或抱咫尺之义,久孤于世,岂若卑论侪俗,与世沉浮而取荣名哉!而布衣之徒,设取予然诺,千里诵义,为死不顾世,此亦有所长,非苟而已也。故士穷窘而得委命,此岂非人之所谓贤豪间者邪?诚使乡曲之侠,予季次、原宪比权量力,效功于当世,不同日而论矣。要以功见言信,侠客之义又曷可少哉!

这篇近五百字的文章,全面反映了司马迁对侠者的看法。其要点是:第一,尽管韩非将儒生和侠者相提并论,共同予以谴责,但自春秋至汉兴,文士地位显赫,以儒术取高官者所在多有;那些不得志的文士也孜孜不倦,勤学求道以终。也就是说,儒生和侠者的遭际大不相同。第二,游侠的行为方式所不合正道,但他们却具有言信行果、急人所难、舍身救人、羞伐其德的高贵品质。这也是司马迁心目中侠者的基本精神。第三,在生活中,人难免会遇到困难和灾难,而侠者扶危济困的精神和行为正能挽救这一困境,这也正是侠者的价值。第四,道德标准其实是模糊的,所谓"何知仁义,已向其利者为有德",在侠者身上过分强调道德是不公平的。第五,文士中有一批"抱咫尺之义,久孤于世"之辈,侠者的行为正是他们所欠缺的,即使是特立独行如季次、原宪那样的儒生,同样不具备侠者的风范,侠者对社会的积极影响是他们不能"同日而论"的。

司马迁的看法,犹如投入池水中的石子,在以后比当时泛起的涟漪更大。西汉后期著名学者扬雄把战国四公子和要离、聂政、荆轲等人的"义"一笔勾销:

或问:"信陵、平原、孟尝、春申益乎?"曰:"上失其政,奸臣窃国命，何其益乎！"①

或问："要离非义者与？不以家辞国。"曰："离也，火妻灰子，以求反于庆忌，实蛛蝥之靡也，焉可谓之义也？""政？""为严氏犯韩，刺相侠累，曼面为姊，实壮士之靡也，焉可谓之义也？""轲？""为丹奉于期之首、燕督亢之图，入不测之秦，实刺客之靡也，焉可谓之义也？"②

"卿相之侠"战国四公子不过是奸臣，对国家无益。而那些刺客也毫无"义"可言。他还直斥游侠是"窃国灵"者。③其出发点是立足于皇权本位，这大概是批评侠者的文人对司马迁看法的最初反应。此后不久，生活在东汉前期的史学家班固开始了对司马迁的全面反驳，批评《史记》一书"序游侠则退处士而进奸雄"④，声明自己撰写《游侠传》的目的就是维护朝廷秩序："开国承家，有法有制，家不臧甲，国不专杀。矧乃齐民，作威作惠，如台不匡，礼法是谓！"⑤他与扬雄一样站在皇权法统立场上，对侠者对国家力量的剥离进行了尖锐的批评：

> 古者天子建国，诸侯立家，自卿大夫以至于庶人各有等差，是以民服事其上，而下无觊觎。……故上下相顺，而庶事理焉。周室既微，礼乐征伐自诸侯出。桓文之后，大夫世权，陪臣执命。陵夷至于战国，合从连衡，力政争强。繇是列国公子，魏有信陵，赵有平原，齐有孟尝，楚有春申，皆藉王公之势，竞为游侠……于是背公死党之议成，守职奉上之义废矣。……古之正法：五伯，三王之罪人也；而六国，五伯之罪人也。夫四豪者，又六国之罪人也。况于郭解之伦，以匹夫之细，窃杀生之权，其罪已不容于诛矣。⑥

---

① （汉）扬雄：《法言·渊骞》，汪荣宝撰，陈仲夫点校：《法言义疏》卷十一，中华书局1987年版，第423页。
② 同上书，第437页。
③ 同上书，第460页。
④ 《汉书·司马迁传》班固"赞"，《汉书》卷六十二，第2738页。
⑤ 《汉书·序传下》，《汉书》卷一百下，第4267页。
⑥ 《汉书·游侠传·序》，《汉书》卷九十二，第3697、3699页。

班固逐次推论道：春秋时期的五霸是周王室的罪人，战国时期的六国国君是五霸的罪人，孟尝君等四君子是六国国君的罪人，因此，像郭解之类"以匹夫之细，窃杀生之权"，自然罪不容诛。其实这样的推论并非班固的发明，在此之前大约三个世纪，孟子就已明确指抨说："五霸者，三王之罪人也；今之大夫，今之诸侯之罪人也。"① 班固所异于孟子者，乃是在大一统中央集权建立后对这一长时段的历史进程有了更细致的总结，并加入了基层社会参与社会变迁的新的内容。然而，细细品味，班固对游侠的看法却并不如此简单。他在谴责郭解等人的同时，笔锋一转写道："观其温良泛爱，振穷周急，谦退不伐，亦皆有绝异之姿。惜乎不入于道德，苟放纵于末流，杀身亡宗，非不幸也。"② 虽然是在说"非不幸"，但同情与惋惜之情依然溢于笔端。在谈到另一些人的侠行时，班固更是不吝惜赞美的语词：栾布哭罪臣彭越，田叔跟随犯下弥天大罪的赵王张敖，赴死如归，他们当然很清楚自己所担的风险，但却义无反顾。"虽古烈士，何以加哉！"③ 陈直批评说："班固指摘其（指司马迁——引者注）短，然他撰《汉书》时，对于游侠货殖两传，何以亦直书未改，岂非以子之矛，陷子之盾？"④ 实际上，在班固心中仍存有相当程度的游侠情结。在《汉书·叙传上》这篇为自己家族所写的传文中，班固用自豪的笔调写道，其先祖班孺在西汉初"为任侠，州郡歌之"。批判侠者对社会秩序的破坏，却承认侠者精神有高尚之处，并力图把侠者与侠者精神引入"正途"，这便是班固游侠观的本义。一个站在游侠文化立场上批判儒家文化，另一个站在儒家文化立场上批判侠者文化，司马迁与班固的出发点虽然不同，但在吸收侠义精神的层面上却是同路人。

现存文献中东汉后期尖锐抨击侠者的唯一一位文人是荀悦，他直斥游侠是"德之贼也"，其批评意见见诸《汉纪》卷十《孝武皇帝纪一》。其主要观点是游侠"作威福、结私交以立强于世者"，"伤道害德，败

---

① 《孟子·告子下》，杨伯峻：《孟子译注》，中华书局1960年版，第287页。
② 《汉书·游侠传·序》，《汉书》卷九十二，第3697、3699页。
③ 《汉书·季布栾布田叔传》班固"赞"，《汉书》卷三十七，第1984—1985页。
④ 陈直：《汉晋人对〈史记〉的传播及评价》，《四川大学学报》1957年第3期。

法惑世，失先王之所慎也"，"其失之甚者，至于为盗贼也"。① 荀悦出生于颍川颍阴的世家大族，这里是汉代侠者集中的地区之一，荀氏家族与豪族型游侠是有过往来的。荀悦生长在这样的环境中而对侠者进行严厉批评，似乎有些意外。但荀悦撰写《汉纪》的背景是担任汉献帝侍中时受命所撰，援引历史，伸张皇权，得出否定游侠的结论便不难理解了。而且，荀悦对侠者的否定并非全盘。他肯定"不挠久要，不忘平生之言，见危授命，以救时难，而济同类，以正行之者"，即仗义救难，不干扰皇权的侠者，誉之为"武毅"。②

公正观是涉及经济、政治、社会、法律、伦理等领域的综合性范畴，其核心问题是如何保证并在最大程度上实现社会公平。汉代史家对游侠的评说凸显了关于公正问题的思考。其要点如下：

第一，公正是否可以由国家自然负责并且能够负责？在肯定游侠的一方看来，国家并不具备这样的能力。"缓急，人之所时有也"，司马迁所说的"缓急"的外延十分宽泛，其中就包括了因社会不公正而造成的人生灾难。否定游侠极端派扬雄强调的是国家至上，在其行文逻辑中，可以推导出两种可能的观念：国家可以对公正负责，或国家即使不能负责也必须容忍。否定游侠缓和派班固和荀悦虽承认国家在保证公正上的有限性，却谴责游侠对国家权威的挑战。

第二，国家是否对公正的实现享有独占权？与第一点相似，在肯定游侠的一方看来，国家并不是社会公正的唯一保护人，当社会出现了不公平现象和国家缺位时，民间秩序可以出位保护公正，其行为具有合理性。否定游侠的极端派不承认民间秩序对实现公正有参与权，而缓和派在不与国家利益发生冲突的前提下，肯定民间秩序保护社会公正的积极意义。

第三，当国家秩序与民间秩序发生冲突时，如何达到公正？在这一点上，肯定派和否定派的意见较为接近。他们用"善"即是否符合社会正义来确定民间秩序的合理性。司马迁虽不遗余力地赞美游侠，也强烈谴责"朋党宗强比周，设财役贫，豪暴侵凌孤弱，恣欲自快"的伪游侠。班固

---

① （汉）荀悦：《前汉纪》，钦定《四库全书》荟要，吉林出版集团有限公司2005年影印本，第92页。

② 同上书，第93页。

肯定了朱家等人的侠行，有保留地肯定了郭解的行为，否定了为非作歹的侠客。荀悦则明确将游侠分为两类：一类是扶危济难"以正行之者"的侠者，另一类是"盗贼"。值得注意的是，这三位汉代具有代表性的历史学家都没有明确提到如果国家破坏了公正，"善"的标准是否依然有效。不过这并不代表班、马等人没有主张。"所臧活豪士以百数""脱季布之厄"的朱家行为与国家秩序明显冲突，汉代史家都站在了朱家一边，这实际上已经暗示了"善"同样也是衡量国家秩序合理性的一个标准。

由游侠这一个案所见汉代主流历史伦理观念的一个基本特征是，它没有将社会公正的实现完全托付于国家，它承认民间秩序对社会公正责任的正当性，同时也强调以"善"为准则确定国家和民间秩序对社会公正的保证。可以说，虽然没有理论上的系统和全面的表达，然而在中国古代历史学的早期历程中，社会公正的获得和保证已引起史家的关注，他们通过具体的历史个案，阐述了关于这一重要问题的历史观念。

在以往的研究中，我们更多地关注了中国传统史学中的求真、致用和诗性，而中国古代历史学家对于"善"的认识和表达似乎没有得到我们足够的重视。如果说求真、致用和诗性分别显示了历史学的科学性、实践性和艺术性，那么"善"则显示了历史学的伦理性，它是一个民族和一个时代历史意识的道德高地，它的存在构成了认识和理解人的生存、人的价值、人的尊严、人的发展的精神世界。笔者呼吁并期待着有更多的学人投入这一领域，写出一部系统研究中国传统史学中"善"的著作。

原载《史学史研究》2013 年第 3 期

关于传统史学遗产扬弃的思考

一

传统苍茫，横亘于所有人面前，每一代人都必须面对此前历代的积累，都无法回避它向后来者所展示的知识内容。一个简单而又深刻的事实是，学术事业的进步或发展，是从持续性的积累中进行抽取并注入新的因素，而非推倒重来式的凌空架设。中国和世界其他地区的历史学的演进轨迹，十分鲜明地展现出这种绵延的脉络。任何试图"踏倒传统"的人，事实上在自己的实践中，也总是从传统中获取某种启示、灵感乃至理论的支撑点。真正的困难似乎在于对传统抽取的内容、抽取的方式和抽取的归宿。这三者不仅影响着研究者的判断与认识水平，也在很大程度上左右着学术事业的进步程度。这意味着应当也必须对传统有一个完整的理解、完整的体味。

传统是复杂的，这种复杂性是由时间的巨大力量造成的。不同时代人们的生活与感受，以及对生活与感受的表达，都不尽相同，从而导致了传统的五彩斑驳。

同样，积累的影响也与时间息息相关。长时间的积累结果是反复筛选的沉积，它与近期积累结果一起，总是对后来投射出强烈的光束。这两者的差异在于，前者是厚重的和潜移默化的，后者的影响则往往是直接的。对于今天而言，有着几千年历程的中国古代历史学是一个长时段的学术积累，中国历史学自身厚重的历史感，正是从它那里得到淋漓尽致的体现。这一点决定了中国古代历史学在中国历史学中十分重要和特殊的位置。

人们几乎一致认为，应当以批判和理性的态度对待中国古代历史学。

笔者赞成看待文化遗产的这种科学精神，因为批判与继承的含义与目的都包括着创造，它们本源一致，归宿也一致。然而，这种表达似乎又有语义上的重叠之处。因为"批判"本身就具有扬与弃两个方面的选择，即包含了继承的意味。之所以复迭地加上"继承"，用意大概还是在强调对于传统的尊重。扬与弃是两个不同的方面，这是就其选择的结果而言的。但是从选择过程看，则凝聚为一个整体。不是么，人们正是从"弃"中得"扬"，从"扬"中来"弃"，尽管人们在对待扬弃内容看法上并不完全一致。因此，笔者倒是觉得在对传统史学认识上，扬弃不二的表述似乎比批判继承更为准确。

二

中国古代历史学为人所熟知的基本精神风貌是镜古鉴今的入世主题，这可以上溯到它奠形的春秋战国时期。宗周晚期和春秋时代，神的威信被剧烈地震撼了，历史意识原始形态中的神意被层层剥落。动荡的时代，动荡的社会，动荡的人生，使得"人"的问题日渐重要；治乱盛衰以及渗入其中的世态人情，规定了生活在那个时代的中国史学家的"寓褒贬，别善恶"的价值取向。有人把传统中国史学定义为以史为鉴的政治史学，这确乎有着强大的源头。从世界范围看，各国的古代史学，都有程度不同的探讨治乱盛衰的政治意味，不只中国如此。然而同样明显的是，这个主题在中国古代史学家的笔下，才得到极为丰富和广阔的开掘。更为重要的是，中国古代史学在思索这个课题时，把历史波澜融入以儒家思想为主体的政治哲学和道德哲学之池，并把从中舀起的一勺勺水洒向社会。

另一个值得重视的方面是中国古代历史学在传统文化中的地位和它的历程。历史学是中国传统文化的基础之一，任何一个传统的中国文人乃至无数的普通百姓，都经过了历史知识之雨的沐浴。史学，不仅以它体裁的多样性，而且也以它类型的多样性长期延续。笔者曾把这些类型划分为三种：专业化史家撰述的正规史学流传，深深影响于民间的通俗史学，饱含着人生叹喟的咏史诗歌。如果把中国古代史学比作一个圆圈，借用帕斯卡尔的话说："其中心无所不在，其边缘不知所在。"同时，中国古代史学的广阔性并没有取消史学自身，这不仅是因为中国古代史学在其发展过程中，完成了经、史之分和文、史之分，保持了学科的自身属性，更重要的在于历史的编纂与研究都达到了学科规范化程度。广泛性与独特性的结合，为中国古代史学走向深入，走向社会开辟了具有活力的场景。

中国古代历史学的轨迹并不是如某些人所认为的大致静止。它不是"潮平两岸阔，风正一帆悬"的平坦，也不是"鸡声茅店月，人迹板桥霜"的凄独。它在中国传统文化中，表现为"江流天地内，山色有无中"的发展。从今天的眼光看，这种发展是缓慢的，人们自然可以有理由指责它没有出现根本性的变化；但我们同样也应该承认，缓慢的发展是中国传统史学具有生命力的一个标志。正是在此基础上，带有传统中国认知特质和思维特色的历史学才树壮枝蔓；在这个过程中，一些益人心智的历史思维和研究方法才能不断出现——从司马迁、班固到司马光，从杜佑、郑樵到马端临，从刘昫、刘知幾到顾炎武、王夫之、章学诚，不同的研究个体，不同的研究选择，把中国古代历史学一步步推向前进。

中国古代历史学是丰富和复杂的，但又有轨迹可循。能不能这样说，它的形成、历程和精神风貌，是我们进行取舍扬弃的一个重要起点？笔者以为应该也必须如此。而另一个起点，则应是我们今天的生活背景，即生活向我们提出的一系列问题，以及我们对这些问题的感受。毋庸赘言，对传统遗产的不屑一顾与对现实的麻木不仁带来的缺陷是相同的。

三

笔者把对中国古代历史学的扬弃区分为二个层面：精神层面、取向层面和技术层面。其间既有抽象意义上的取舍，也有具体意义上的取舍。

精神层面着眼于史学的主题。关于"弃"，许多学者都作了论述，如封建的纲常名教便属于应断然舍弃的内容。在应该弘扬的内容方面，笔者以为一个值得认真发掘的内容是中国古代史学中的批判意识。从司马迁开始，传统史学中始终存在着批判的思潮。概括地说，批判有三个指向：对历史的活动，对前代史学遗产，对当下的历史研究。如前所述，中国古代史学是发展的不是静止的，而批判意识正是发展的一个动力。不妨看看清代史学家章学诚，作为中国古代史学最后一位具有浓厚批判意识的大师，他尖锐而深刻地批评当时史学研究中的两个倾向：第一，把史才、史识和史学降为"史例"的附庸。第二，离开经世致用的追求，拘泥于一字一义的考据学。他的批判性思考确乎是发聋振聩的：

> 至于辞章家舒其文辞，记诵家精其考核，其于史学，似乎小有所补；而循流忘源，不知大体，用功愈勤，而识解所至，亦去古愈远而愈无所当。①
>
> 学问经世，文章垂训，如医师之药石偏枯，亦视世之寡有者而已矣。以学问文章，徇世之所尚，是犹既饱而进粱肉，既暖而增狐貉也。②
>
> 史学所以经世，固非空言著述也。……后之言著述者，舍今而求古，舍人事而言性天，则吾不得而知之矣。学者不知斯义，不足言史学也。整辑排比，谓之史纂，参互搜讨，谓之史考；皆非史学。③

传统史学中的批判思想，有些至今仍有其不可磨灭的学术价值，因为它触及了超越时代的理性内容。它的存在本身就耐人寻味，给人启迪。

精神层面的扬弃并非简单如剔骨取肉一般，而是相当复杂的取舍。比如"直书实录"也贯穿于传统史学中，从一个方面看，它是史学家良知和严肃的科学精神的体现。但完全恢复历史的面貌是不可能的，因此，过分强调直书实录或把自己的学术实践囿限于其中，又在一定程度上限制了对历史和史学本身的深入探讨。况且，在中国古代，直书的实践是在"善善恶恶"的道德伦理的指点下完成的，这无疑又是时代性的局限。又如，在中国古代史家的忧患意识中，也注入了深厚的政治道德因素。北宋前期史家看到唐末五代藩镇割据，便以大量的精力研究正统与篡逆之争。欧阳修先后写了《原正统论》《明正统论》《秦论》《魏论》《东晋论》《后魏论》和《隋论》等许多史论，提出"夫居天下之正，合天下地一，其正统知"的观念。④ 传统本身复杂，意味着取舍的非单一性。要让内容

---

① （清）章学诚：《文史通义》卷五《内篇》五《申郑》。
② （清）章学诚：《文史通义》卷四《内篇》四《说林》。
③ （清）章学诚：《文史通义》卷五《内篇》五《申郑》"浙东学术"条。
④ （宋）欧阳修：《居士集》卷十六《原正统论》，《欧阳文忠公集》，四部丛刊景元本。

复杂的史学遗产成为今日史学事业的养分，也并不在于简单的剥取，而在于点化——在于点铁成金。

取向层面着眼于史学的意义和影响。

在中国传统文化中，史学是一个开放的学科，它注意吸收其他学科的成果，并把自己的成果提供给其他学科。刘知幾认为"文之将史，其流一焉"。他从《诗经》和楚辞中获得启发，主张"载文"应"不虚美，不掩恶"；他又从魏晋以下文章的"虚设、厚颜、假手、自戾、一概"的文弊中得到教益，提醒史学家不要"言必凭虚"。他比喻说："镂冰为璧，不可得用也；画地为饼，不可得食也。"因此以"虚文"行世，"则上下相蒙；传之后世，则示（'示'一作'世'）人不信"。① 史学提供给哲学、文学的内容，同样丰厚。在清代文论家刘熙载《艺概》中，史学影响处处可见。他把《左传》的叙事特点总结为"纷者整之，孤者辅之，板者活之，直者婉之，俗者雅之，枯者腴之"，认为这是"剪裁运化之方"的楷模。② 《汉书》让他看到了"尔雅深厚"③ 的风格，《三国志》让他领略了"高简有法"④ 的魅力，《史记》更给他的文艺批评理论带来了许多灵感：

> 太史公时有河汉之言，而义理却细入无间。评者谓"乱道却好"，其实本非乱道也。
>
> 叙事不合参入断语。太史公寓主意于客位，允称微妙。
>
> 《史记》叙事，文外无穷，虽一溪一壑，皆与长江、大河相若。
>
> 太史公文，如张长史于歌舞战斗，悉取其意与法疑为草书。其秘要则在于无我，而以万物为我也。
>
> 太史公文，精神气血，无所不具。学者不得其真迹而袭其形似。此庄子所谓"非生人之行而得死人之理，适得怪焉"者也。

---

① （唐）刘知幾：《史通》内篇《载文》。（清）浦起龙：《史通通释》，上海古籍出版社1978年版，第126页。

② （清）刘熙载著，王国安标点：《艺概》卷一《文概》，上海古籍出版社1978年版，第1—2页。

③ 同上书，第15页。

④ 同上书，第17页。

太史公文，韩（愈）得其雄，欧（阳修）得其逸。雄者善用直捷，故发端更见出厂；逸者善用行徐，故引绪乃入妙。①

也许历史学给他的启发实在太大了，他甚至断言："史家学识当出于文士之上。"② 另一个例子是史学对桐城学派的影响。方苞明确指出桐城派的文论核心——"史法"来源于《史记》："《春秋》三制义法，自太史公发之，而后深于文者亦具焉。义，即《易》之所谓言有物也；法，即《易》之所谓言有序也。义以为经，而以法纬之。然后为成体之文。"③他在研读《史记》和《汉书》后赞道："柳子厚称《太史公书》，曰：'洁非谓辞无芜累也，盖明于体要，而所载之事不杂，其气体为最洁耳。'以固之才识，犹未足与于此。故韩、柳列数文章家皆不及班氏。"④ 而"古之良史"留给他的最有益的一个启迪是："于千百事不书，而所书一二事，则必具其首尾，并所为旁见侧出者而悉着之，故千百世后，其事之表里可按，而如见其人。"⑤ 显然，这已非一般意义上的文史相互渗透。较高层次的援史入文和援文入史，使得彼此的眼界更为广阔，认识也更为深刻。这一传统无疑就是今天的历史学继承和弘扬的重要方面。

在传统史学方法上，同样有许多需要我们重新认识和深入发掘的内容，这就是技术层面上的扬弃。不仅对史料的辨伪即考据学中有着富有价值的遗产，如清代乾嘉学派的学术实践，而且在历史学的视野方面，中国古代史学也提供了启人心智的经验。比如宋代史学家李心传《建炎以来系年要录》把对往昔活动范围的认识从国史正史扩展至稗官野史、家乘、志状、案牍、奏议、百官题名，历史以更丰富的风貌展现在人们面前，这是刘知幾所倡言的"珍裘以众腋成温，广厦以群材合构"⑥的史学理念的又一次实践。一些现代流行的历史分析方法，在中国古代史学中可以寻找

---

① （清）刘熙载著，王国安标点：《艺概》卷一《文概》，第12—13页。
② 同上。
③ （清）方苞：《望溪集》文集卷二《读子史》"又书《货殖列传》后"条，清咸丰元年戴钧衡刻本。
④ （清）方苞：《望溪集》文集卷二《读子史》"书《萧相国世家》后"条。
⑤ （清）方苞：《望溪集》文集卷二《读子史》"书《汉书·霍光传后》后"条。
⑥ （唐）刘知幾：《史通》卷五《采撰》，（清）浦起龙：《史通通释》，第115页。

到其萌芽或古典形态，如历史比较方法、计量分析方法和心理分析方法，简单地认为它们是历史的陈迹因而将其弃如敝屣的做法是不妥当的。以历史心理分析而言，中国古代史学具有如下特征：

第一，注意汲取中国古代的心理学理论，以阴阳、性情、柔气等概念术语，对历史人物的心理活动进行分析和归纳。

第二，历史心理分析与中国传统的医学理论发生了直接沟通。例如中国传统医学理论强调居住区域的地理位置对人群性格的影响，这种观念为中国古代史家所接受。

第三，认为可以通过相貌判断历史人物的性格或心理，这与中国古代流行社会的相面术和骨相术有一定关系。

第四，没有忽略历史人物的变态人格或变态心理。正是通过中国古代史家的记录，今天的研究者才得以知道汉代的吕后、昌邑王刘贺，晋南北朝的前秦王苻坚，刘宋少帝刘义符、前废帝刘子业、明帝刘彧、后废帝刘昱，北齐文襄帝高澄、文宣帝高洋、废帝高殷、后主高纬、幼主高恒等许多历史人物的变态心理和异常行为。

第五，注重考察产生心理活动的原因，并且强调人的心理活动不是凭空而来，而是与个人际遇、交往、环境等社会因素直接相关。秦末李斯谓秦二世云："明主灭仁义之涂，绝谏争之辩，荦然行恣睢之心。"这番言论与他十余年前上秦始皇《谏逐客书》中的主张大相径庭。王夫之分析说，这并不是因为李斯昏聩了，恰是其精明所在，即"畏死患失之心，迫而有所避耳"。①

第六，注重历史人物（特别是曾在历史上产生过重要影响的历史人物）的个性对历史的影响。

第七，侧重研究个人的心理活动，而较少关注群体和阶层的心理与精神。在历史人物中，又侧重于记述和分析帝王、贵族、官吏等社会上层，忽略普通百姓。

第八，注重以忠孝节义的正统道德观念为最高尺度去评价历史人物的个性与心理活动。

这八个方面，涉及了历史心理分析的理论来源、指导思想和研究指

---

① （清）王夫之：《读通鉴论》卷一，中华书局1975年版，第5页。

向，有的方面如重视历史人物超过了历史群体也是现代历史心理研究一个时期以来普遍存在的现象，这恐怕不仅仅是一种巧合。其中的糟粕——如以忠孝节义的理念统摄历史心理分析，我们自然应予以舍弃。但中国古代史学关于历史心理分析的许多内容是有益和有启发性的。诸如它在知识结构上汲取心理学、医学的成果，重视政治人物的变态或异常行为在历史活动中产生的影响，强调一切心理活动都不是空穴来风，都有其现实的原因，等等。今天的史家有理由把它作为现代方兴未艾的历史心理分析的一种知识参考。

放眼望去，类似文化遗产还有很多，我们对中国古代史学不是知道得太多，而是知道得太少。

在中国传统的学术体系中，中国古代历史学有着特殊重要的位置。在若干年前的传统文化讨论中，中国古代史学却在有意无意间被忽略了。离开了历史学，怎么能谈得上对传统文化认识的全面与深刻呢？也许在世纪之交，中国的历史研究者们进一步思考史学遗产，将会使得这种思考超出史学自身。

扬弃是一种集体性的文化行为。不同的研究者从不同的角度对传统史学遗产进行吸收和转化，则是高层次扬弃的前提。笔者从传统史学整体性出发，提出了三个层面的扬弃以及扬弃活动可能遭遇到的种种困难，仅只是一些粗浅的设想，意在引起人们对史学遗产的重新关注。无疑，只有认真对待传统，才能真正地走向未来，才能摆脱浮躁情绪，才能变得深刻。

原载全国青年史学工作者学术会议编委会《成长中的新一代史学——1991年全国青年史学工作者学术会议论文集》，陕西人民教育出版社1992年版

侯外庐对中国历史发展道路的探索及其史学观念（1949年之前）

一

1928年侯外庐赴法国留学期间着手翻译《资本论》，由此确立起他对"马克思主义世界观和对历史发展必然规律的信念"①。这是侯外庐马克思主义史学研究的起点。对马克思理论经典著作的精读，使得他在着手中国古代史研究之前，便具备了扎实深厚的理论根底。他主张进行"实事求是的研究"，"把中国古代散沙般的资料，和马克思主义历史科学的古代发展规律，作一个统一的研究"，②将理论与中国历史实际融为一体。他把自己的治学风格概括为"独立自得"，③即不人云亦云不盲从权威，而是在主要关键问题上都做过严密的思考，对每一个基础论点的断案，都提出自己的见解，通过独立思考得出自己的判断。这几个特点使得他在中国马克思主义史学思想发展史上格外引人注目。

社会史论战如火如荼之际，侯外庐已经回国，没有参加论战。但他并不是一个旁观者，他认为："科学研究应取严肃谨慎态度，在未充分做好理论准备、掌握材料以及作严密思考之前，决不可放言高论。"④ 与一些人对社会史论战存在的"对于材料，毫不审查，见有一种材料，与其先

---

① 侯外庐：《韧的追求》，生活·读书·新知三联书店1985年版，第15页。
② 侯外庐：《中国古代社会史论》自序，河北教育出版社2003年版，第6页。
③ 侯外庐：《韧的追求》，生活·读书·新知三联书店1985年版，第269页。
④ 同上书，第224页。

人之见相合者,就无条件采用","急于求知识而怠于问材料"① 不同,他认为,这场论战的最大缺点"是对马克思主义的基本理论没有很好消化,融会贯通","以公式对公式,以教条对教条"。② 作为反对"公式化"和"教条化"的中国马克思主义史学理论先驱者,在对马克思主义基本原理的理解中,侯外庐表现出明确的独立思考精神。20世纪30年代以后,《联共(布)党史简明教程》关于社会发展和社会形态的看法,成为公认的马克思主义历史理论的经典表达。在生产方式上,它的表述是:生产方式是包括生产力和生产关系在内及其在物质资料生产过程中的统一。但侯外庐根据对《资本论》的研究,对"生产方式"提出了自己的判断,即(1)它是决定历史上特定社会形态的根本因素,不同社会形态的区别,就是由它的性质决定的;(2)它必须在一定社会形态中占有统治地位;(3)它的内容可表述为:特殊的(历史上一定的)生产资料和特殊的(历史上一定的)劳动者(力)二者的特殊结合方式。③ 他后来解释自己为何要以"特殊的(历史上一定的)"作为限定词,是因为无论生产资料和劳动者,都是作为社会历史范畴出现的。这是马克思在《资本论》中揭示出的一个真理。因此,马克思研究资本主义社会形态的方法论,"可以看成研究前资本主义各社会形态的指针"。④ 事实上,在对中国古代社会的研究中,侯外庐用以作为指导理论和方法论的正是《资本论》对资本主义社会的研究。

侯外庐对亚细亚生产方式有着自己独立的思考,他的基本看法如下:

(一)在社会发展史中,亚细亚的生产方式所支配的古代东方社会构成,比"古典的古代"早走了若干世纪。

(二)这种前行史不是说它的"构成"是一种特殊的,是在古典的、封建的、近代的三种构成以外,也不是东方专有的"构成"。

(三)它是在多种情况下形成的,包括热带、河流、黄土地带等自然因素,以及四周种族林立、宗教信仰等社会因素。

---

① 马乘风:《中国经济史》冯友兰《序》,商务印书馆1937年版。
② 侯外庐:《韧的追求》,生活·读书·新知三联书店1985年版,第224—225页。
③ 侯外庐:《社会史导论》,《中苏文化》第4卷第2期,1939年。
④ 侯外庐:《韧的追求》,生活·读书·新知三联书店1985年版,第228页。

（四）古代文明有多种路径，而亚细亚生产方式只是古代社会发展的一种路径，马克思说的"古典的古代"和"亚细亚的古代"标明的正是古代社会的多种路径。

（五）在马克思的论述中，"古典的"和"亚细亚的"位置序列可以随便前后安置，在研究封建社会的解体时除去注意西欧，还着眼于东欧各国和东方殖民地的路径，都说明要对人类社会不同的历史路径作具体分析。

（六）亚细亚生产方式也不是指特定形态的"过渡期"。过渡期是一切文明社会的共同阶段，不是东方社会所特有的东西。把过渡期当成东方社会的特别路径，或者把它当作全体历史的代表路径，都是没有根据的。

（七）古代东方国家的发生采取的是土地为国家所有的路径，一开始便是大土地所有制，在青铜时代便进入了文明社会，因而是"早熟"的社会。

（八）如果用家族、私有制和国家作为文明路径的三个指标，那么"古典的古代"是从家族到私产再到国家，国家代替了家族；"亚细亚的古代"是由家族到国家，国家混合在家族里，叫作"社稷"。因此，前者是新陈代谢，新的冲破了旧的，这是革命的路线；后者却是新陈纠葛，旧的拖住了新的，这是维新的路线。前者是人惟求新，器亦求新；后者却是"人惟求旧，器惟求新"。

他的结论是：灌溉和热带等自然环境，是亚细亚古代"早熟"的自然条件；氏族公社的保留及转化成为土地所有者氏族王族，是它的"维新"的路径；土地国有而没有私有地域化的所有制形态，是它因袭的传习；征服了周围部落的俘获，是它的家族奴隶劳动力的源泉。由于生产方式的本义是特殊的劳动力和特殊的生产资料的结合关系，所以亚细亚生产方式便是：氏族贵族所有的生产资料和家族奴隶的劳动力二者间的结合关系支配着东方古代的社会构成，它和"古典的古代"是一个历史阶段的两种不同路径。[①]

按照侯外庐的理解，亚细亚生产方式并不是古典的、封建的、近代的三种社会形态之外的一种特殊形态，与"古典的古代"属于同样的阶段。

[①] 侯外庐等：《中国思想通史》第 1 卷，人民出版社 1957 年版，第 4—9、11—12 页。

它的生产方式表现为土地氏族国有的生产资料和家族奴隶的劳动力二者间的结合关系。尽管亚细亚生产方式并非东方社会所独有，却在东方有了普遍发展，使得东方成为"早熟"的文明小孩。对亚细亚生产方式的独到理解，成为侯外庐解释中国古代社会历史道路的基本前提。

侯外庐的学术兴趣集中在中国古代社会史和思想史两个方面，这是两个互为表里的组成部分，中国古代思想史是中国古代社会的思想史，只有在中国古代社会的背景下，才能对思想的脉络给予合理和深刻的解释。同样，思想史的进程，也指示并高度浓缩着社会史的进程，只有对思想历程有准确的把握，才能深入地理解社会的过程。侯外庐选择这两个方面作为研究对象，具有明确的学术目标，这就是中国历史的发展道路。在对中国古代社会史和思想史的研究中，侯外庐提出了许多与众不同的看法。在中国文明起源和发展路径方面，侯外庐形成了四个基本看法：

第一，关于土地占有形态。侯外庐认为，中国进入文明社会的方式与西方不同。古代西方是先经过氏族公社的共耕制，然后转变为"把农地分作各个小块"，成为小土地所有者的制度。所以到文明社会时，旧的公社土地所有权已经破坏，以氏族为基础的组织也被打破。但在中国早期文明发生的殷末和周初，土地由氏族公有转为氏族贵族的土地国有："在周代是土地国有制，即氏族贵族的所有制。王侯是贵者同时是富者，富贵是不分的。土地所有制形式是以'最高的所有者或唯一的所有者之姿态'出现的，在法律上没有死缠，其所得形态时'贡纳的样式'"，财富计算不在于土地的大小，而在于其所得。①

第二，关于劳动力。侯外庐认为，文明发生时，胜利者通过战争消化战败的氏族，让其作为附庸，从事生产。卜辞记载战争杀戮的人数很多，而俘获的人数却极少，这使它不能通过将战败的氏族转化为劳动力。周金的记载大为不同，俘获的人数大幅度上升，这是历史文献的殷难以灭国而周大量灭国的原因所在。周在征服了其他氏族后，让战败者通过族人家室，成规模地参加生产，所以一开始就是"千耕其耘"。② 对周代奴隶以"家"和"室"计算的说明，被侯外庐认为是发现了中国古代奴隶社会特

---

① 侯外庐等：《中国思想通史》第1卷，人民出版社1957年版，第14页。
② 同上书，第13—14页。

征的"一个秘密"。① 在侯外庐看来，土地和劳动力的这种形态，劳动力与生产资料的这种结合方式，即是支配中国古代奴隶社会的生产方式。到了战国时代，虽然土地财富的所有形式下降，劳动力分散，却始终没有产生出彻底的私有制。

第三，关于城市的出现和城乡分裂。在中国古代，"城市国家"是被"蒙在一层厚厚的'封建'外衣里"的一个"秘密形态"。② 侯外庐后来回忆说，他分了三个步骤研究这个问题，第一个步骤是厘清"邦"和"封"、"城"和"国"的意义，为此他对殷末周初作邑和作邦进行了细致的分析；第二个步骤是着重考察中国城市国家成立和发展的具体过程，为此他从殷末开始研究并一直延伸到春秋时期；第三个步骤是考察城市和农村的关系。③ 侯外庐认为，封国（城）居住的是氏族贵族，将被征服的氏族转化为集团奴隶，并以疆界分割，使这些奴隶驯服，是古代社会作邦的首要意义。氏族酋长或盟主所以成为国家的统治阶级，也就在于有了城市王国。因此，古代的"城""国"二字同义，筑城就是营国，城市＝国家。

侯外庐指出，城市与农村的分裂是阶级社会分工的总表现，在中国历史上，这一分裂开始于殷末或周人东下之时。周公的分国，不是后世所谓的"封建"，而是如古代罗马式的殖民，占领被征服的旧部落的土地。他根据周金《宜侯》资料，指出，由于氏族制的存在，城市并未形成经济的堡垒，而是造成了"宗子维城""公侯干城"一类的政治堡垒。西周至春秋的城市，是"诸侯的营垒"，它是对外族的贸易的所在地，是宗教的政治所在地，所以在经济意义上没有"古典的"城市发达。战国时代的郡县制，是向地域性转化的城市制，商业城市才大量出现。与城市相对的是乡村，即文献所说的鄙野。城中居住统治者"君子"，鄙野居住被统治阶级"小人"。④

第四，关于政治法律。侯外庐认为，殷的神器表明，殷人对祖宗一元

---

① 侯外庐：《韧的追求》，生活·读书·新知三联书店1985年版，第228页。
② 同上书，第240页。
③ 同上书，第240—244页。
④ 侯外庐等：《中国思想通史》第1卷，人民出版社1957年版，第12—13页；侯外庐：《中国古代社会史论》自序，河北教育出版社2003年版，第4—5页。

神有祭享权，但这类神器并不代表政权观念。周代"器"的"求新"的意义在于，彝器表现一种政权的形式，显示出超社会成员的权力逐渐集中在个人身上，象征着神圣的政权。所谓周公作礼就是由宗庙的礼器固定化做氏族专政的宗礼。礼器就是所获物与支配权二者的合一体，由人格的物化而转变为物化了的人格。总之，礼器是周代氏族贵族专政的成文法，后来争夺礼器与争夺政权同等看待，理由正在于此。

中国古代文明的实质是"器惟求新"的专政。礼与法是不同统治阶级的工具。"礼"是旧贵族专政的法权形式，即区别贵贱尊卑上下的法度；"法"是国民阶级（贵族、自由民、手工业者）统治人民的政权形式。

"人惟求旧"不是指周人因袭殷人的全盘制度，而是说周因袭着殷人的氏族旧制。"旧人"就是被氏族血缘纽带所束缚的人，是氏族的联盟体。周的建立，在"器惟求新"的同时，保留了氏族的残余。这就是说，"中国历史一开始便走了一条曲折的道路，保存了旧人物，使'旧的拖住新的'，以致一系列的旧生产方式遗留到后世，形成束缚历史发展的力量"，"这就叫做古代的'维新'社会以及'亲亲'宗法政治"。①

在侯外庐看来，中国古代文明之所以在铁器还未使用的青铜时代便出现了"早熟"的城市＝国家，是因为黄河流域有黄土地区，西周政权四周有繁盛的人口部落，从而可获得必要的劳动力源泉，以及因灌溉而产生的公共职能，"所以文明可能在温室似的环境之下长成，而有异于自然生长的希腊文明"②。

亚细亚生产方式和中国古代社会道路是侯外庐社会史研究的一个大问题中的两个方面。通过对亚细亚生产方式的解读，侯外庐把中国古代社会放置在人类历史发展的范围中，用家族（氏族）、私有制、国家三个标志来说明形成古代文明的不同路径："古典的古代"（如希腊）是由家族而私有财产而国家，国家代替了家族；"亚细亚的古代"（如中国）则是由家族而国家，国家混合于家族而保留着家族。前者是扫除以血缘关系为纽带的氏族制度的革命的路径，后者是保存氏族制度的维新的路径。前者是马克思所说的"正常发育的"文明的"小孩"，后者是"早熟"的文明

---

① 侯外庐等：《中国思想通史》第1卷，人民出版社1957年版，第16—17页。
② 同上书，第17页。

的"小孩"。① 侯外庐的研究理念和实践表明：文明的起源和国家的形成是多元的，并非一种理论模式所能涵盖。正如有的研究者评论说：侯外庐对中国历史的论述显示出"历史的发展、至少是奴隶社会，没有什么'通例'，没有什么'一般'，更没有什么'标准'，文明的起源与发展是多线的，哪一条线都不是标准、一般、通例"②。

侯外庐的中国古代思想史的研究，是在对中国古代社会独到而深刻的认识基础上形成的。他指出研究思想史，不是要"陈列古董"，而在于说明思想的生成和发展的所以然。"思想史系以社会史为基础而递变其形态。因此，思想史上的疑难就不能由思想的本身运动里求得解决，而只有从社会的历史发展里来剔抉其秘密。"③ 他将中国古代思想划分为三个阶段，即：（1）由殷周之际古代思想的起源，经过西周"学在官府"之学，以至东迁前后的思想；（2）由东迁以后的思想以至缙绅的儒学；（3）由孔、墨显学对儒学的批判，经过百家并鸣之学，以至周秦之际的思想。④ 这三个阶段，与中国古代社会的变化密不可分。例如，西周"学在官府"之学的出现，是因为土地被氏族贵族公有制所支配，国民阶级⑤没有在历史上登场，"思想意识的生产，也当然不是国民式的，而是君子式的"；土地国有、宗法制度和学在官府是西周社会三位一体的系统，思想学术被其经济基础所决定；这也就是《庄子·天下篇》所讲的上古以天为宗、以德为本和明于仁义礼乐的"圣人"和"君子"是学术思想创立者的缘由。这些看法在海内外都产生了影响。⑥

---

① 侯外庐：《侯外庐史学论文选集》"自序"，人民出版社1987年版，第10页。
② 王学典：《从强调"一般"到注重特殊》，收入王学典《20世纪中国史学评论》，山东人民出版社2002年版。
③ 侯外庐等：《中国思想通史》第1卷，人民出版社1957年版，第28页。
④ 同上书，第17—18页。
⑤ 侯外庐"国民"一词的含义相当于马克思、恩格斯论述古典罗马社会时所说的"平民"。参见何兆武《释"国民"和"国民阶级"——兼忆侯外庐先生》，中国社会科学院历史研究所中国思想史研究室、西北大学中国思想文化研究所编《纪念侯外庐文集》，陕西人民教育出版社1991年版。
⑥ 陈鼓应写道：《中国思想通史》第1卷提出的国民阶级的出现对中国古代思想的意义"在学术界是一项新颖而又合乎实情的提法，这个观点也影响了台湾的学者徐复观"（陈鼓应：《读侯外庐先生〈中国思想通史〉的几点认识》，中国社会科学院历史研究所中国思想史研究室、西北大学中国思想文化研究所编：《纪念侯外庐文集》）。

关于"先王"观念产生和变迁的论述，更为鲜明地体现了侯外庐通过社会史的研究把握思想史脉络的努力。"先王"思想是中国古代史中的一个特殊问题，也是中国思想史的源头之一。侯外庐的发现是，殷、周两代的称王和尊王有着明显不同。殷代的帝王宗教观是一元的，即先王和帝都统一于对祖先神的崇拜，是殷代氏族成员基本一致，没有分裂，人与人之间一元性的反映。西周的帝王宗教观是二元的，即在先王以外另创出一个上帝，再由上帝授命于先王，这种分裂的根源在于西周的"作邦"；同时，由于周代施行维新制度，保存了氏族制的遗绪，又使先王和上帝结合在一起。这种在意识上既分裂又统一的神秘宗教观念，是中国古代思想史的最初发源地，从而又产生了中国古代诸子的先王思想。西周后期，尤其是春秋时代，由于有了中国古代奴隶制下的显族的土地私有要求，有了国民阶级反对贵族阶级，试图推翻"维新"政治，普遍支配人们意识的先王思想受到怀疑，出现宗教先王向理想先王的转化。孔子将先王作为道德理想来拟人托古，墨子则将先王看成平常人，开启了后世先王观的先河。战国诸子的先王观众说纷纭，直至荀子和韩非子反对儒家的先王学说，显示了中国思想史上的一个大变动。荀子拒绝将先王与天道联系在一起，把历史相对地归还于自然的过程；韩非子更进一步地否认周道，不遵循先王，都表现出对氏族政治的批判。对于先王观的认识可以见仁见智，但侯外庐的研究理论昭示着将社会史研究与思想史研究相结合的重要性，正如他晚年所说，他对先王观的研究说明，"研究中国古代思想史，倘不了解中国古代社会史，特别是维新路径的亚细亚的特点，是不可能真正懂得古代思想史的发展规律的"[①]。

二

侯外庐的史学主张和研究实践清晰地显示了他的史学思想的特征。

第一，理论的确立和如何运用理论。毫无疑问，侯外庐将马克思主义基本理论作为研究的基本准则。他在晚年多次提到这一点。在《侯外庐史学论文选集》自序中，他在总结自己的学术道路时写道："依据马克思

---

① 侯外庐：《韧的追求》，生活·读书·新知三联书店1985年版，第228页。

主义的理论和方法，特别是它的政治经济学理论和方法，说明历史上不同社会经济形态的发生、发展和衰落过程；物质生活的生产方式制约着整个社会生活、政治生活和精神生活的过程；以及经济基础与上层建筑、意识形态之间的辩证关系，是我五十年来研究中国社会史、思想史的基本原则和基本方法。"① 在回忆录《韧的追求》中他又强调："运用马克思主义特别是政治经济学理论"，是他本人研究历史时"紧紧掌握的原则"。② 运用马克思主义，解释中国古代社会和古代思想存在的种种"秘密"，探索中国古代社会的发展规律，是侯外庐史学思想中的基本要素。但他不是"公式主义者"和"教条主义者"。他主张对马克思主义理论要有全面的理解，而不是用经典著作中的只言片语作为认识历史的依据。他反对从字面上理解马克思的叙述，指出在马克思、恩格斯的经典文献上，"古典的古代"和"亚细亚的古代"的排列序列是不相同的，有时古典列在前面，有时两者平列，是作为不同种类看待的。③ 他批评社会史论战关于亚细亚生产方式的讨论出现的"公式化"倾向，认为"只要不是孤守《政治经济学批判导言》的一句话，而把它同马克思的《政治经济学批判大纲（草稿）》和恩格斯《家庭、私有制和国家的起源》等著作联系起来，结合中国古代社会的具体实际，加以细心研究，问题是不难理解、也不难解决的"。④ 在对马克思主义基本理论的全面和整体把握上，侯外庐身体力行，成为中国马克思主义史学发展史上的一个典范。

第二，理论和具体研究的关系。侯外庐主张，理论的价值是通过具体研究得到体现。他在20世纪40年代说过这样一段话："我们不但要遵循马克思主义的普遍原则，而且要在自己所从事的领域内加以发展；研究的成果应当被看成是对这种发展的一种贡献。"这段文字包括两层含义，首先，马克思主义的基本原理不能代替对具体问题的研究；其次，对具体的历史问题的研究，可以发展马克思主义。这是一个具有广泛启发意义乃至指导意义的真知灼见。关于发展马克思主义理论问题，新中国成立以后相

---

① 侯外庐：《侯外庐史学论文选集》"自序"，人民出版社1987年版，第9—10页。
② 侯外庐：《韧的追求》，生活·读书·新知三联书店1985年版，第327页。
③ 侯外庐：《中国古代社会史论》自序，河北教育出版社2003年版，第4页。
④ 侯外庐：《韧的追求》，生活·读书·新知三联书店1985年版，第228页。

当长的一个时期都是禁区,改革开放后,在如何坚持和发展马克思主义问题上也存在着一些争议。侯外庐的主张和他的研究实践,有助于我们更好地理解这个问题。

从本质上说,历史学是一门实证性的学科,判断来源于史料的支持。侯外庐对史料极为重视。在研究中国古代文明出现和中国历史发展中,他详致分析甲骨卜辞、金文和传世文献。这个学术风格也延续到他对汉代以后历史的分析以及后来的研究工作中。① 他不拘泥于对史料的字面释读,而是着眼于史料背后隐藏的历史内容,透过字面看其实质,② 对一些人们熟知的"历史事实"如"封""邦""国"等给予了新的解释,深化了对中国历史的认识。

对中国历史发展道路的探索,是侯外庐在马克思主义理论大框架下的一个创造性的研究实践。他强调了在遵循马克思提出的人类历史发展的普遍规律时,要考虑不同国家和地区的特殊性。他说:"研究古代,不可把'古典的'和'亚细亚的'看成一件东西,在一般的历史规律上,我们既要遵循着社会发展史的普遍性,但在特殊的历史规律上,我们又要判别具体的社会发展的具体路径。同时在中国古代有若干的自然条件,也不可抹杀。例如国家、财产、奴隶、法律等,马克思、恩格斯所指的传统或传习和自然环境,都要仔细区别,要说明他们和希腊城市国家有哪些不同之点。"③ 正是着眼于这些"不同点",他阐述了中国文明发生时土地占有形

---

① 如为了探明董仲舒的思想实质,侯外庐对《春秋繁露》进行了考证,他根据《逸周书·王会解》"天子南面立,绝无繁录"推定"繁录"有"通贯"之意,并进而指出,董仲舒试图以《春秋》大一统精神通贯古今,为汉代立法,制造适合于最高皇权的神秘原理(龚杰:《论侯外庐学派的代表作——〈中国思想通史〉》)。张岂之回忆说,在侯外庐的要求下,"我们几位年轻助手在(20世纪)50年代帮助外庐先生修订《中国思想通史》第1、2、3卷基本上把书中所引用的每条材料都查对过,对不同的古籍甚至作过较长时间的考订"(张岂之:《远见卓识的引路者——略论侯外庐先生对中国思想史、哲学史研究的卓越贡献》。以上两文收入中国社会科学院历史研究所中国思想史研究室、西北大学中国思想文化研究所编《纪念侯外庐文集》)。

② 何兆武回忆,20世纪60年代,侯外庐与助手讨论问题,有一次杨超提到 verschacheren(Verschacherung)在德文中只有"卖"的意思而无"买"的意思,侯外庐回答说:有买就有卖,有卖就有买,"于是问题就这样解决了"(何兆武:《释"国民"和"国民阶级"——兼忆侯外庐先生》,中国社会科学院历史研究所中国思想史研究室、西北大学中国思想文化研究所编:《纪念侯外庐文集》)。从这个故事中可以看出侯外庐对史料的"活"的理解。

③ 侯外庐:《中国古代社会史论》自序,河北教育出版社2003年版,第4页。

态、劳动力的获得和使用、城市的出现和城乡分裂以及政治和法律方面的种种特征，以及中国古代的"维新"社会和"亲亲"宗法政治的"早熟"形态。侯外庐晚年在《侯外庐史学论文选集》自序中总结说："（要）注意马克思主义历史科学的民族化。所谓'民族化'就是要把中国丰富的历史资料，和马克思历史科学关于人类社会发展的规律，做统一的研究，从中总结出中国社会发展的规律和历史特点。马克思主义历史科学的理论和方法，给我们研究中华民族的历史提供了金钥匙，应该拿它去打开古老中国的历史宝库。"[1] 可以说，侯外庐对中国古代社会史和思想史的研究，正是对马克思主义历史理论中国化的一次有意义的尝试和实践。一些学者认为，侯外庐史学思想中最有价值的部分之一是强调马克思主义历史科学的"民族化"问题。[2] 在20世纪40年代马克思主义史学理论中国化的过程中，在"把中国历史特点抓出来"方面，侯外庐最为突出，贡献也更大。

第三，思维特质。侯外庐具有独立思考的学术精神和强烈的问题意识。他说："在学术史研究上重视独立自得的精神，是我治学所一贯秉持的。"[3] 这并非虚言。从对亚细亚生产方式探讨，到对中国古代社会史和思想史的分析，侯外庐都一以贯之地秉持了"独立自得"的研究理念。将社会史研究与思想史和哲学史研究结合起来，强调思想史并不是政治思想、经济思想和哲学思想的简单总和，研究思想史要研究"整个社会意识形态的历史特点及其变化规律"[4]；同时也注重思想史本身有其独立性。注重思想的继承性是思想发展自身必不可少的一个链环；指明相互对立的学派在各自批判对方的过程中，往往又或多或少地吸收对方的思想来丰富自己。有的对立学派经过长时期的相互批判和互相吸收，最后趋于融合，是"思想史上带规律性的现象"[5]，将每种思想学说都放置在"横通"即它与社会历史时代的联系，和"纵通"即思想源流的演变的交汇点上进行研究，也是侯外庐独立思考在研究方法和研究实践上的反映。在此之

---

[1]　《侯外庐史学论文选集》上册，人民出版社1987年版，第18页。
[2]　瞿林东：《侯外庐史学理论遗产的科学价值》，《中国史研究》1994年第1期。
[3]　侯外庐：《韧的追求》，生活·读书·新知三联书店1985年版，第269页。
[4]　《侯外庐史学论文选集》"自序"，人民出版社1987年版，第14页。
[5]　侯外庐：《侯外庐史学论文选集》"自序"，人民出版社1987年版，第14页。

前,虽然也有马克思主义者运用唯物史观研究思想史,如李大钊、郭沫若、吕振羽、何干之分别以经济、阶级和政治因素说明中国古代和近代古代思想、思潮的出现和变化,①但明确和系统地将社会的变动与思想的变动联系在一起,说明思想的形成和走向,侯外庐可谓中国马克思主义学派中的第一人。

独立思考必然会引起对历史现象和以往判断的疑问,侯外庐是带着许多疑问进入历史研究领域的。在《中国古代思想学说史》序言中,他以排比递进的方式,一连提出了六个问题:

> 社会历史的演变与社会思想的发展,关系何在?人类的新旧范畴与思想的具体变革,结合何存?人类思想自身的过程与一时代学说的个别形式,环练何系?学派同化与学派批判相反相成,其间吸收排斥,脉络何分?学术理想与理想术语,表面恒常掩蔽着内容,其间主观客观,背向何定?方法论犹剪尺,世界观犹灯塔,现实的裁定与远景的仰慕恒常相为矛盾,其间何者从属而何者主导,何以为断?②

这组被有的学者比作屈原《天问》式的疑问,实际上包括了"社会历史阶段的演进,与思想史阶段的演进,存在着什么关系";"思想史、

---

① 如吕振羽《中国政治思想史》将先秦至鸦片战争的思想演变过程划分为九个内容,论述"种族国家的奴隶制时代""初期封建领主集团的政治意识的演化""初期封建制度发育成熟时代之政治思想各流派""初期封建矛盾发展时代之政治思想各流派""专制的封建初期政治思想的各流派及其演变""在矛盾斗争中扩大期中之各派政治思想""地主阶级经济复兴时代之各派政治思想""封建主义末期政治思想的各流派""专制的封建主义崩溃期各派政治思想"。强调了政治思想与阶级的关系。何干之是较早运用马克思主义系统研究中国近代思想史的学者之一。1936年出版的何干之的《近代中国启蒙运动史》一书主张,任何思想文化运动都与当时社会生产状态有着不可分的关系,中国近代思想启蒙运动是资本主义兴起后的产物。一个社会运动必有一个坚实的思想运动做它的先驱。例如文艺复兴是欧洲民主运动的先驱,法国18世纪启蒙运动是法国大革命的先驱,中国五四运动是1924—1927年中国民主运动的先驱。因此,五四运动是区分新旧启蒙运动的标志,五四运动前的启蒙思潮是自上而下的运动,不是真正的启蒙运动;五四运动是中国资本主义兴起的产物,是真正思想启蒙运动的开始。这个表述显示了思潮与社会政治的关联。

② 侯外庐:《中国古代思想学说史》自序,岳麓书社2010年版,第2页。

哲学史出现的范畴、概念，同它所代表的具体思想，在历史的发展过程中，有着怎样的先后不同"；"范畴往往掩盖着思想实质，如何分清主观思想与客观范畴之间的区别"；"人类思想的发展与某一时代个别思想学说的形成，其间有什么关系"；"各学派之间的相互批判与吸收，如何分析究明其条理"；"世界观与方法论相关联，但是有时也会出现矛盾，如何明确其间的主导与从属的关系"等问题，① 这既是人类认识也是思想史中不能回避的大问题。侯外庐对这些恢宏问题的思考，是其富有深度的思想史研究的重要保证。从其著述看，他更着力于对中观问题的思索。在"特别关心于解决历史的疑难"的《中国古代思想学说史》中，侯外庐对西周学官以及诸子出于王官、老子思想的时代性、孔子的人类认识与墨子的国民自觉性、诸子思想所反映的各自的阶级性等这些"需要解决而又不易解决的学术上的疑难问题"②，进行了认真研究。

三

中国现代史学进程受到了唯物史观的深刻影响。马克思和恩格斯对东方社会的一些判断既启迪了我们的心智，打破了固有的历史观念的枷锁，同时又在实践中出现了新的问题，产生了新的挑战。成就与教训并存，在相当大的程度上，中国现代史学思想史即是一部浓缩版的中国现代史。

思想史所体现出的进步，是在沉淀与反思中展开的。中国马克思主义历史学也是如此。在这个时期20世纪40年代中国古代历史分期的讨论中，我们看到的一个鲜明特征，就是对以往研究不足和欠缺的反省。经过反复斟酌，郭沫若调整了关于殷商社会性质的看法，认为殷商时代不是自己原先主张的氏族社会，而是"青铜时代"的奴隶社会。吕振羽原先曾认为亚细亚生产方式是马克思没有看到摩尔根《古代社会》前的假设，指的是"东方封建主义的特殊性"。到了1936年他改变了看法，将"亚细亚生产方式"定义为"初期国家之奴隶制度的形态"。

---

① 侯外庐：《韧的追求》，生活·读书·新知三联书店1985年版，第267页。
② 同上书，第269页。

又经过多年思索，吕振羽反省了自己的研究存在"教条主义的偏向"，认为"亚细亚生产方式"是奴隶制度的变种。对原有观点的改变是学术研究的必要过程，是研究工作应有之义。我们看到，郭沫若等人，对原有看法的修正，不是轻率的，更不是随波逐流，而是经过认真思索后的放弃和更改。吕振羽将研究中的"失误"上升到方法论的高度，更体现了这种自我批判的严肃性。与反省意识相呼应的是历史分期讨论的细致化——这些讨论主要是在马克思主义学者之间进行的，尖刻的语言被较为和缓的学理争辩所取代，较之社会史论战，学术性大为增强，显示了研究的深入。

思想史所体现的进步，是在思辨中延伸的。这个时期的中国马克思主义历史学接续了李大钊等中国马克思主义先驱者对唯物史观的学习和研究，在历史理论上进行了探讨。翦伯赞等人关于马克思主义成为科学的历史观的论述，关于历史认识的客观性和主观性、历史学的价值、历史规律、历史活动中各种因素的关联性、阶级和阶级分析、传统史学的价值、理论与史料的关系以及历史知识的普及问题的思考，深化了中国马克思主义历史理论。

思想史所体现出的进步，也是在具有原创意义的思考和实践中发展的。这个时期的中国马克思主义历史学同样体现出这个特征。侯外庐提出要完整地把握马克思主义理论，提出理论的价值必须通过具体研究得到体现。他在20世纪40年代说过这样一段话："我们不但要遵循马克思主义的普遍原则，而且要在自己所从事的领域内加以发展；研究的成果应当被看成是对这种发展的一种贡献。"这段文字包括两层含义，首先，马克思主义的基本原理不能代替对具体问题的研究；其次，对具体的历史问题的研究，可以发展马克思主义。对中国历史发展道路的探索，是侯外庐在马克思主义理论大框架下的一个创造性的研究实践。他强调了在遵循马克思提出的人类历史发展的普遍规律时，要考虑不同国家和地区的特殊性。侯外庐对中国历史发展道路的探索，是对社会史论战中呈现的人类历史发展统一性和多样性问题的具有理论和实践价值的积极回答，是马克思主义历史理论初步中国化的一次具有开创性并富有价值的重要实践，为中国的马克思主义历史学注入了鲜活的力量。

无论是仆倒还是跃进，中国马克思主义史学前辈学者的实践都应该成为我们的借鉴和经验。今天中国历史学如何前行，每个人都有各自的体会，但有一点或许会成为我们的共识，这就是从中国历史实际出发，以个人的理论自信，提出自己创新性的判断。

原载李振宏主编《朱绍侯九十华诞纪念文集》，河南大学出版社2015年版

论尼采的历史哲学

一 尼采蔑视历史研究吗?

尼采(Friedrich Nietzsche,1844—1900)曾毫不掩饰地流露出对历史研究的不满情绪,这种表述首先见诸《悲剧的诞生》一书(1871)。之后,在《历史的用途与滥用》一文(1874)中,他又进一步分析了充满活力的艺术想象与死气沉沉的历史想象之间的巨大差异,高度评价前者,极力贬低后者。断言:在"深居于历史闺房"的"无能之人"群居之处,研究者的创造力和主体精神必遭摧残。由此点出发,他认为正是史学激起人性中潜伏的衰竭无力的品格,使人感到自己只是这个世界微不足道的后来者,一切值得去做之事已被完成,无须也不值再费心力。于是,人性、勇气、意志……渐被磨灭。总之"历史是一项代价昂贵而且颇为奢侈的知识",假如人们不愿让自己的生命在此制约下枯萎死亡,那么,导致堕落和自我毁灭的历史研究就必须受到"憎恶"与抛弃。[①] 尼采的一系列表述相当坦率、异常激烈,这是继笛卡尔之后对历史研究工作的又一次轻蔑批判。但是,如果仅根据尼采以上论述就断定他根本否定历史研究的意义与价值,则未免流于表层了。当研究者转换了视角,把尼采的历史哲学观念放置到包括哲学思潮、艺术流向,当然更主要是史学思维架构等因素在内的19世纪文化背景下进行考察,就会清晰地看到,与其说尼采是在抨击历史研究的"无益",毋宁说他是在对到19世纪为止的西方历史研究

---

① [美]怀特(H. White):《历史的负担》(The Burden of History),《历史与理论》(History and Theory)1966年第2期。

状况进行反顾和内省；与其说尼采是在嘲笑历史研究是一种"错误的道德"，毋宁说他的思维方式和价值观念与当时绝大多数历史学家格格不入，从而试图去构筑起一个新的历史研究之网。

在尼采生活的时代，兰克学派在欧洲大陆，尤其是在德国史学界中渐居主导地位，其创始人兰克在历史本体论上强调上帝安排了人类历史的一切活动。"历史就是宗教"的观念几乎渗透了兰克的每一部著述。在研究方法上，兰克主张"如实叙史"，并极而言之地将此发展为"有一分史料说一分话"的史料学就是史学的理论。在具体研究中，兰克又有十分明显地歌颂并美化中世纪神圣罗马帝国及普鲁士王国的倾向。他的后继者西贝尔和特赖奇克则公开声称历史是现实政治活动的奴仆，并运用历史为普鲁士当局各项政策服务。这一切都引起尼采的极大反感。在尼采看来，历史绝非是"上帝主宰一切"的"宗教活动过程"，"历史倘若并非总是乔装的基督教神正论，它倘若是满怀公正的和同情的热忱写成的，那它就绝不会被弄得像一种服役，像它现在侍奉的东西，像麻醉一切变革和革新的鸦片"。[1] 因此，把历史过程归结为宗教目的论，是十分荒谬和有害的。同样，在尼采看来，剪裁或排比史料而不做更广泛和深入的思考乃是一种僵硬和毫无价值的理论，它窒息了人们的思维与智性活力。尤其使尼采感到愤懑的是，兰克学派学者以历史为手段服务于普鲁士王国内政外交。由此出发，尼采讽刺兰克学派史学家是"动物史学家"，他们"竭力把如今国与国之间、人与人之间关系中暴力、诡计和复仇欲的兽性发生描述为永远不变的自然规律"，或者是在"兢兢业业地证明一个命题，所谓每个时代均有固有的权力和条件，以便代替我们对时代面临的审判准备辩护的根据。国家学说，民族学说，经济学说，贸易理论，法学——如今一切都带有那种预备辩护的性质……其唯一的使命便是为现代进行辩护和开脱罪责了"。[2]

正是在思维方式、价值取向、研究方法上的这一系列巨大断裂，导致了尼采对既往历史研究状况的全面批评。但是，对路途的否定并不意味着

---

[1] ［德］尼采（Nietzsche F.）：《悲剧的诞生》，周国平译，生活·读书·新知三联书店1986年版，第12页。

[2] 同上书，第135页。

对目的本身的否定,对历史研究状况的轻蔑也并不必然意味着对历史学价值的低估。事实上,在尼采的著述中,有的就是一部艺术史,如《悲剧的诞生》;有的当中包含了相当丰富的历史分析与评价内容,如《查拉图斯特加如是说》(1885)、《道德的谱系》(1887)、《反基督教徒》(1888)等;有的则是对历史理论的直接研究,如《历史的用途与滥用》。他给20世纪的许多历史学家(如斯宾格勒)、历史哲学家(如雅斯贝尔斯、狄尔泰、阿隆、比尔德)和哲学家(如海德格尔、加缪、萨特)、文学家(如卡夫卡、劳伦斯)的历史观念的形成产生了重要影响。这一切都表明,尼采的历史哲学在近代和现代史学思想发展史上有着十分独特的地位。

二 尼采历史哲学的基点

值得后人重视的尼采历史哲学的第一个重要方面是以对"上帝已死"和人的选择、创造作用论述而表现的非决定论倾向。

"上帝已死"是尼采哲学中的一个相当重要的内容。这一命题也成为尼采历史哲学所有组成部分的一个基本出发点:既然上帝已经死亡,在我们之后出生的人,单为这件事就属于更高的历史,高于迄今为止的全部历史。这里,尼采似乎把人类的全部历史分作两个部分,在他生活的时代之前和之后:在之前,上帝活着,并决定着历史发展方向;在此后,历史命脉的把握和趋势的发展,则要通过人的自主活动来重新确定。然而,尼采之所以做这样的区分,只是为了说明和论证在他所处时代"上帝死去"的不可怀疑性。在这一点得到说明之后,尼采又本能地转用上帝死去和人选择创造精神的观念来分析评判他之前漫长的历史岁月。这实际上构成了尼采历史哲学中"上帝已死"命题的深层意义,因而是理解尼采历史哲学时需要重视之点。"上帝已死"的观念并非为尼采一人所感知和提出,它对于有些人来说是理想的幻灭、希望的丧钟;而在尼采看来却是人类创造力的解放。尼采指出,正是由于人作为世界历史的创造者去积极和尽情发挥自身能力,人类的历史才成为可能。因此,社会历史发展是由人的活动决定的。然而,并非人人都可成为创造世界的决定性力量,虽有知识而无雄心和勇气亦丧失责任感,只能导致人与现实生活的脱节。换言之,仅有智慧是远远不够的,如果没有人"自主"观念的勃发与激荡,如果没有创造意欲的高度昂扬，如果不能把强烈的自我感受付诸实践，世界历史仍将死气沉沉。只有具备了上述人的综合力量——日神与酒神的雄健之力，才能使"不管现象如何变化，属于事物之基础的生命始终是坚不可摧和充满欢乐的"①。尼采高度评价了蕴含于人体内的这种创造精神。他把世界历史过程比作一件"自我生育"的艺术品，能否生育和怎样生育全看人的努力，为此，"人必须用雷霆和烟火向迟钝而昏睡的灵魂说话"，他应该是地球上"最勇敢的动物"，"高唱战歌征服一切痛苦"，②即使在奋争中失败了也毫不在意，因为他以其自身活力赢得人们尊敬。这就是创造世界历史的强者。这样，尼采为人们勾勒出了推动世界前进的强者的肖像：他果断、勇敢、审慎，敢于迎难而上，善于应付种种复杂、危险、变幻莫测的社会状况。从而，每种危险使他更加果断和更加强健。

笔者以为在此处有三点值得强调，这对于全面理解尼采强者创造历史的观念是有益的。

第一，尼采所认定的强者品格仅仅是由自己的能力而不是由其在社会上所居地位的尊贵决定的。"一切全看你自己。"地位高贵者有可能是社会中的孱弱之辈，地位低贱之人也有可能变成强者；同时，强弱之间可以相互转化。他在《悲剧的诞生》中以拿破仑为例作了这样的说明：拿破仑曾是革命和创新的"尝试者"，"代表着精神之新可能性的激情，精神的空间扩张"。拿破仑的强者性格正是通过他对自己的信念以及由此产生的对于人类弱点的蔑视而产生的，这使他高出几乎所有现代人之上。但是，由于"这种信念最后转变为一种近乎疯狂的宿命论，夺走了他的敏锐眼光，导致了他的毁灭"。因此，即使是伟大的人物也不应给自己的思想戴上宿命论的羁套，使自己无所事事，丧失创造能力。这即是说，强者的自身品格，主要是由内在的各种精神因素（如意志、观念）决定的。

第二，强者是社会历史的创造者，尽管对于非强者而言其人数较少，但并不是独影自怜的个别人，也不是不食人间烟火的超凡入圣者。他必须

---

① [德] 尼采（Nietzsche F.），《悲剧的诞生》，周国平译，生活·读书·新知三联书店1986年版，第28页。

② [德] 尼采（Nietzsche F.）：《查拉图斯特拉如是说·幻象与谜》，尹溟译，文化艺术出版社1987年版。

脚踏实地，与当时的社会生活息息相关，而不应对现实有任何无动于衷的冷漠情绪。这种观点在尼采不同时期的著述中是相当一致的。如在《查拉图斯特拉如是说》中，尼采呼唤："他应当效法公牛；他的幸福应当散发大地的气息，而不是散发蔑视大地的气息。"在《道德的谱系》中，尼采又指出强者应表现出对现实苦难的敏感，以致力于革新与挑战："他必定比其他一切动物的总和更多地冒险，革新，反抗，向命运挑战。"可见，尼采强调强者对社会历史的创造作用，并不完全等同于个别英雄人物创造历史的社会历史观。在他的眼中，强者毋宁说是一个社会群体，是一个代表某一时代最优秀分子的精英集团。事实上，尼采本人也曾公开表示了他对"大骗子卡莱尔的'英雄崇拜'"的"蔑视"。

第三，尼采所说的强者和超人概念有所不同。前者是在人类历史上曾出现过的一些优异之才，如海涅、梅里美、司汤达、拿破仑等，更准确地说，"强者"意味着"伟大"（在尼采的著述中，这两个词往往互用）。但是，强者也有自己的严重缺陷，他的意志有时会变得软弱，甚至会退化为孱弱之人。超人则是尼采所热切期待的一种新型之人，他与以往人类相比，更高大、更强健、更高尚优雅、更快乐欢畅、身心更严整、欲望更强烈，既非过去与现在之人所想象的"坏人"，也非一般意义上的"好人"，因而是完美无缺的人。毋宁说，超人只是尼采的一种憧憬。

十分明显，在社会历史发展的动力问题上，尼采高扬了人是历史创造者、是历史活动主体的原则。在人类思想史上，关于历史主体的论争长期存在。到了近代，霍布斯率先提出了"物质是一切变化的主体"的自然主义主体历史观，其显著缺陷是，"认为只是自然界作用于人，只是自然条件到处在决定人的历史发展，它忘记了人也反作用于自然界，改变自然界，为自己创造新的生存条件"。[①] 18世纪出现的机械唯物主义在人类思维史上首次提出现实的人是历史活动主体的思想，但是在他们的眼中，作为主体的人只是机械被动地适应客观环境，并不具备能动的意义。尼采吸取了康德思想中关于人的主体能动性的观念，但是，他在理论展开过程中又表现出了与康德的颇大差异：在尼采这里，人的主体能动性被置诸历史

---

① 恩格斯：《自然辩证法》，《马克思恩格斯选集》第3卷，人民出版社1972年版，第551页。

发展的原动力位置上，而不仅仅是某一终极目的或某种超自然力量的能动的工具；在尼采这里，并非所有的人都是促使历史前进的力量，只有其中一部分富有创新冒险精神并掌握一定知识的强者才是决定历史方向的根本力量，而弱者只能使社会变得萎靡无力；在尼采这里，人的非理性的激情起了极大作用，而不是像康德那样侧重于考虑人的理性因素。

与尼采生活时代大致相同，马克思和恩格斯创立了唯物史观的思想体系。在《德意志意识形态》和《1844年经济学—哲学手稿》等著作中，马克思指出：具体的社会历史环境中的人，他既有创造历史的能动性，又有受客观制约的受动性；既有自然的属性，义有社会的属性，作为单个人而言是具体的。另外，他也是总体，观念的总体，可以被思考和被感知的社会之主体的自为的存在。两相比照，尼采历史主体观念中的片面和偏颇便暴露无遗了。的确，如当代结构主义哲学家阿尔都塞所说的那样，马克思理论与尼采学说相距甚远。但在人是社会历史的主体这一基本出发点上，二者又有某些共同之处，从而说明尼采历史哲学所具有的时代意义。还有我们也可看到二者之间的明显差异。马克思强调的人是涵盖每个个体的全社会的人，人的存在是有机生命所经历的前一个过程的结果。只是在这个过程的一定阶段上，人才成为人。每一个作为社会历史中的具体的人，都不可能独来独往地完全按自己的意愿去塑造世界，也不可能毫无根据、毫无原因地产生欲望。正是千千万万人的共同存在和不同活动，构成了一幅幅活生生的历史画卷。因此，整个社会的发展不可能只是由某一部分人决定，而其他人仅仅是这些人手中被动的工具，或者根本不参与历史活动过程。尼采则把包括人的认识能力、选择能力、创造能力在内的人的主体能动性强调到了至高无上的极端地位，这必然导致他的理论最终失足于片面的泥淖之中。

在指出尼采社会历史观中的这一重大偏误之后，从另一角度去理解其中蕴含的富有意义的内容是必要的。在尼采的历史哲学中，人的创造性被赋予了极高的赞辞，这是在哲学意义上对宿命论和神学目的论的一次认真反省。尼采指出，在茫茫无际的大千世界中，只有人才是创造财富和幸福的根本力量，是这个世界勃勃生机的生命之源。人们应在曲折、复杂甚至渺茫的历史过程中充满信心，以勇敢豪迈、豁达乐观的态度去迎接一切挑战。在这些对人的创造能力的礼赞中，尽管有过分夸大人的力量而不考虑其他制约因素的强烈倾向，但其中不也正反映出人在精神上觉醒之后表现出的自信感吗？尽管有轻视普通群众作用的倾向，但其中所包含的对不同类型的人在历史发展中作用不一的内容仍有一定合理性。尼采不承认世间万事万物都存在严格的因果决定关系，充分估计选择的多样性及其重要意义。尤其值注意的是，尼采还初步涉及了人类活动行为模式的反馈关系，即创造者的作用与受作用者对之的接受性。

值得后人重视的尼采历史哲学的第二个重要方面是他关于历史相对性的论述。有的学者把20世纪称为"相对主义的时代"。[①] 以比尔德、贝克尔为代表的历史相对主义也在此基础上得以产生。探迹寻源，这种相对主义认识论在尼采那里便已得到初步展开。

重视历史发展过程中的相对性，是尼采相对主义认识论的第一个表现。尼采在《悲剧的诞生》中写道，世界历史充满了偶然性，无法捉摸，"实况是没有的，一切都是流动的，抓不住的，躲闪的"。因此，人类社会中的万事万物均是相对的。这是空间的相对，尼采以历史上的天才为例论证这一问题："英国的天才把自己感受到的一切粗俗化和自然化；法国的天才把它们稀薄化、简单化、逻辑化装潢打扮；德国的天才把它们融合、调和、缠绕和道德化；意大利的天才远为自如和巧妙地运用借鉴的东西，并且往里投入的要百倍地多于从中取出的，也是最丰富的天才，他赠送的东西最多。"这也是时间上的相对，人类历史上的任何事物都处在变化过程中，从而在时间上呈现出事随时迁的嬗递状况。尼采以"美"感这一历史现象为例论证道："美依时代而转移——倘若我们的雕刻家、画家、音乐家想要把握住时代意识，他们就必须把美塑造得臃肿、庞大、神经质。"然而，与近代人们感受不同而又合乎相对性准则，在古希腊时代，人"立足于当时的公众道德，把美看作并塑造成贝尔维德尔的阿波罗"。[②] 因此，世界上的一切事物，包括评判社会历史的真理标准，也都由时间和空间上的种种变化来确定，并不具有永恒不变的性质。

[①] [美] 宾克莱（L. J. Binkley）：《理想的冲突——西方社会中变化着的价值观念》，马元德等译，商务印书馆1986年版，第5页。

[②] [德] 尼采（Nietzsche F.）：《悲剧的诞生》，周国平译，生活·读书·新知三联书店1986年版，第215页。

不承认人类社会历史有某种预设的终极目的是尼采相对主义认识论的第二个表现。尼采猛烈抨击上帝是"人类历史的体现",是"世界命运的归宿"的观点,并进而指出:在通过无限的虚无时我们不会感到归宿的荒唐吗?从而人们才体验到社会历史发展根本不可能存在先验唯一的终极。目的不是唯一的,从而通往目的之路也不可能是唯一的。尼采有一句名言:"有着一千条无人走过的路,一千种健康和一千座隐蔽的生命之岛。"在尼采看来,用精神因素或某个伟人的行为举止解说社会历史变化是至关重要的,但这并不意味历史变化纯然由这些因素决定,因为一切都是相对的,强者及其精神力量也不例外。值得注意的是,尼采已初步看到了各种"合力"作用的"总和"对社会历史的重大影响。他在《悲剧的诞生》一书中写道,合力作用完全可以改铸社会发展的运行方向,既可把社会从善化为恶,也可把社会从恶变成善。

明确提出历史发展过程中的曲折性和反复性,是尼采相对主义认识论的第三个表现。尼采认为,人类历史的进程绝非一帆风顺,其中或尚潜伏或已显现出各种复杂因素。在《悲剧的诞生》《朝霞》《看啊!这人》等书中,他分析了古代欧洲迈入近代历史的漫长过程,指出:古代希腊和罗马时代曾是人类历史上生机勃勃、辉煌灿烂、开拓向上并创造出优秀文化的时代。但历史发展并非直线式,至中世纪,随着基督教在人们思想观念和社会政治文化生活中占据统治地位后,"古人的一切工作都空费了","世界从来没有像这么深深的下坠!"以至于罗马沦为"娼妓"与"妓寮",以至于"在人群中比在禽兽中危险"。因此中世纪欧洲是一个没有任何"光荣"可言的时代,是古代文明的中断。然而,如果近代人意识到堕落的现实,发挥自身创造力,可以再改变历史方向,使之从曲折中摆脱出来,向前发展。

强调包括直觉在内的非理性认识作用是尼采相对主义认识论的第四个表现。尼采对理性的认识作用极为蔑视,认为人们对于社会历史发展中相对性的认识渊源是非理性感受,研究者应从对个体生命的充分体验上把握外界现象:"在所有创造力旺盛的人物中,直觉始终是一种积极的创造力量。"直觉的体验因时因地而异,所以,对同一事物必定表现出相对的看法。尼采蔑视理性分析带有很大的偏颇性。固然,直觉、无意识等非理性思考在人们认识、分析和把握客观历史活动中有重要意义;但是它不能替代、取消理性思考。毕竟，理性思考和分析有助于人们从逻辑联系上审视复杂的社会历史现象；况且，从理性思维的角度一样可以获得对历史的相对认识。曾对尼采产生过影响的康德就说过："错误是由感性与知性相混合产生的。可以说，这种混合是导致这种错误的关键。错误并不是来源于单纯的感性，因为感性只是为我们提供思维的材料，知性只是进行思维的能力。"[①] 因此，在理性和非理性思维的关系上尼采比其前辈似乎反而退后了。

必须指出的是，尼采相对主义历史观受到他"轮回学说"的极大影响。在尼采看来，万物消逝，万物复归，存在之轮永远循环；万物死灭，万物复兴，存在之车永远运行；万物碎裂，万物复合，存在之屋永远雷同。万物分离，万物复聚，存在之环永远对自己忠实。在这里，尼采提出了社会历史发展是"永恒轮回"的观点：社会历史历经曲折向前发展，但这种发展又周而复始，行而复退，每一次终点又都是其原初之起点。这样，社会历史的运行没有了上帝的目的论，却又给自己织成了一块硕大无比的轮回之网。尼采本人曾毫不留情地严厉抨击社会历史发展消极无为的宿命论观点，但他却又戴上了自己设置的桎梏。这和他上述的一系列论述以及下面要论及的进化观是严重对立的。在这一问题上，他显然出现了难以自圆其说的逻辑悖论，从而说明尼采历史哲学的复杂性。

值得后人重视的尼采历史哲学的第三个重要内容是其进化思想。

进化论的提出并非肇始于尼采。在古代希腊柏拉图哲学思想中就产生了这种观念的萌芽。到了近代，达尔文和斯宾塞又分别从生物学和人类社会变化的角度系统阐述了机械进化理论，与此不同，尼采强调，社会的进化过程是非机械的"变化"与进化目的的"同一"。社会过程中的各种现象，从表面上考察，每时每刻都在变化之中；但从更深层的意义上看，每种变化的现象又都是主体（人）创造与客体（世界诸物）变化的统一。人们以其"强力意志"的活动去进行征服和创造，而其活动的自身亦同时蕴含着活动的目的。因此，达尔文、斯宾塞所提出的自然界物种或人类社会严格按照一定步骤向一先验的终极目的发展的进化观，与尼采无既定程序和终极目的的历史进化观念是有相当差异的。

---

① [德] 康德（I. Kant）：《获得真理的方法》，陈德容译，《哲学译丛》1987 年第 1 期。

理论起点上的不同导致了尼采进化论与社会达尔文主义的一个显著不同，社会达尔文主义强调，人类社会充满着生存竞争，这是以保全自己为目的而进行的竞争。这些竞争皆起因于外界环境的压迫，生物本身并不具备冲动、竞争和进化的力量。尼采则认为，社会历史中存在各式各样的激烈竞争，但竞争动力并非因外界压迫造成，它源于人类自身意志，而"物竞天择，适者生存"，以保全自己为目的之因素毕竟统摄于前一个更根本的内容之中。与之相关，尼采强调，外界环境并不能决定人类进化，人也绝非只是被动消极地顺应环境，而是凭自己的强力意志去不断进取，以完成进化过程。

但是，强力意志何以能造成社会进化，怎样说明一切竞争都是由人自身的意志而不是由其他任何因素决定的，尼采均未在理论上作出必要的展开。这和他一贯的细致而不失明快的文风相比确有颇大不同。看来，尼采的社会历史进化观念反映了他在把握历史趋向时还有若干困惑情绪。然而，困惑并不必然意味着理论上的退化。尼采正是在这种说不清的感受中，流露出积极乐观的思想特质，这表明：尼采在这个问题上困惑的实质是不满意以往各种进化观念对人类社会历史的刻板解释，他力图在更广泛的意义和更深刻的哲学层次上去寻找一种新的社会历史进化观，尽管这种进化观念并未系统地形成。

三 尼采历史哲学的现代意义

尼采历史哲学是现代西方历史哲学的一个重要的直接渊源。

存在主义历史哲学首先接受了尼采的主张。大多数存在主义历史哲学家对尼采思想有着特殊兴趣，[①] 并从中找到了许多思想理论方面的起点。其中有四个方面最为突出。

第一，存在主义历史哲学家接受了尼采的观点，强调人类社会历史发展过程是异常复杂和迂回曲折的。雅斯贝尔斯指出："这些发生过许多事情的世纪并不是以单纯上升的发展作为标志的，一度有过毁灭和创造，却

---

① ［德］格尔文：《从尼采到海德格尔》，《外国哲学资料》第7辑，商务印书馆1984年版。

没有成就。"不仅既往过程如此，历史发展的归宿亦是多重的。存在主义学者指出，不能把"历史的意义"视作一种在人世间寻求某种最终幸福的活动，相反，人类历史的复杂进程，以其有限的成就甚至全局性的灾祸否证了浅薄的乐观的说法，从而，"历史的意义不能用一个目的来加以概括"。由这一根本性因素所决定，一切社会历史过程也必然是相对的，从而，因果之间联系也必然呈现出极为复杂的状况。而单一的因果联系之适用范围也因此变得十分有限："只有在忽略重要事实情况下，我们才能以一个单一决定的说法来解释整个历史。"①

第二，由于受尼采学说的影响，存在主义历史哲学极为强调人在历史活动中的选择作用和创造力量，从雅斯贝尔斯到萨特、加缪都相当明显地反映出这一理论特质。如雅斯贝尔斯指出，社会历史的意义在于人的潜力得以最大限度地发挥："我们不能阐明历史最终的目的，但我们能够假设一个目的，这样一个目的是人类最高潜能得以体现的前提所在。"② 因此，人们要尽最大可能去发挥自身之力创造历史，而"决不要降低我们的潜力来迁就时代的最低水平"③。其逻辑层次与理论展开同尼采颇为相近。

第三，存在主义历史哲学家十分欣赏尼采的科学精神，反对用历史图解注释现实政治，他们认为，"即使是在无可非议的客观性中，历史知识也绝不是一堆可有可无的事实，而是我们生活中一个活跃的组成部分"，然而，如果有意给历史编造谎言，"只能说明有人为了维护统治阶级利益，不惜借用这种知识去达到宣传的目的"。④ 他们和尼采一样强调，这是一种绝对不能容忍的反科学的卑劣行径。

第四，尼采关于历史发展相对性的观点也给存在主义历史哲学以直接影响——尽管这种影响在相对主义史学家那里表现得更为突出。存在主义学者一如尼采那样，认为历史是相对的，因此，"我们所询问的便是何时何地。整个历史就是时间的历程，时间被分成一个个阶段。没有什么东西

---

① [德] 雅斯贝尔斯（K. Jaspers）：《人的历史》，田汝康译，田汝康、金重远选编：《现代西方史学流派文选》，上海人民出版社1984年版，第43页。
② 同上。
③ 同上书，第45—46页。
④ [德] 雅斯贝尔斯（K. Jaspers）：《论历史的意义》，赵鑫珊译，张文杰等编译：《现代西方历史哲学译文集》，上海译文出版社1984年版，第40页。

是永恒的，但每个时代都有其伟大之处"①。雅斯贝尔斯还着重强调了社会历史演进过程中生成、湮灭、消逝和轮回的相对性。这与尼采历史哲学的联系是相当明显的。

总之，尼采的历史哲学为20世纪存在主义历史哲学提供了一种理论前提，正是从尼采的一系列论述中，存在主义历史哲学找到了自身理论的内在的质的规定性，即历史是作为自由的个人而直接存在的，人是在自发过程中被卷入历史活动中。所以，历史是人的历史，是人用自身"炫目""战栗"和"恐惧"等感觉去选择的自由过程。

其次，相对主义历史哲学也从尼采历史哲学中获取了重大启发。相对主义理论在当今西方历史哲学中占有相当重要的地位。历史相对论的基本哲学特征是怀疑历史知识的客观性，认为所有的历史判断均是主观和相对的，所以，历史学家无法获得人类活动的真实内容。尼采与相对主义历史哲学在人类历史是否可以正确认识以及认识的途径等问题上，观点不尽相同。然而，在历史认识的界限、类型等方面，二者却有着十分明显的渊源与继承关系。

尽管20世纪初韦伯提出了"历史'客体'本身的厘清是主观的，价值在此具有决定意义"的观点，但相对主义史学家注意的仍是尼采理论。法国学者雷蒙认为尼采"非现实考虑"的说法是很有道理的，这是因为对历史过程的回顾和重建，受到现实生活种种因素的影响，"活着的人并非是从已经消逝了的生活知识中寻求满足一种知识欲，而是寻求某种精神的充实或吸取某种教训"。尼采主张研究历史的人首先要有自己的思想，但他并不反对必要的史料考证。他认为，只有通过核证史实，人们才有可能求得对历史的正确把握。这一点对阿隆等人也产生了颇深影响，他高度评价尼采在"过去与现在对话"中所持态度，指出：尼采并不否认博学多才、积累材料、严格考订原始材料和确定事实的必要性和有效性，他只是认为，这些准备步骤得由随后的步骤（即宏观的、批判的历史工作）去证明其恰当性。阿隆由此得到启发，他说，尼采的上述论点相当深刻，它为人们提供了一种观察历史的新颖的认识方式："历史总是为生活服务

---

① ［德］雅斯贝尔斯（K. Jaspers）：《论历史的意义》，赵鑫珊译，张文杰等编译：《现代西方历史哲学译文集》，上海译文出版社1984年版，第40页。

的，它提供范例，评价过去，或者把目前这个时刻安放到生成—演变中去。历史展示现在与过去的一种对话，在这种对话中，现在采取并保持着主动。"① 可见，由尼采理论源出的这一陈述构成阿隆历史哲学的一个重要支柱。

从强调现实的价值观对理解历史重要性的角度出发，尼采对历史研究内容作了若干界定。在他的早期论文《历史的用途与滥用》中，尼采把历史研究划分为三大类型："纪念碑式的历史""古代的历史"和"批判的历史"。其中，"纪念碑式的历史"是指人们把自己的价值观念放进历史事件中去，研究某些激励、启迪今人的有关过去的人与事，摒弃一些"不值得研究"或没有意义的人和事，从而使具有典范形象与意义的历史过程以"纪念碑"的形式，矗立在世人面前。"古代的历史"指古代所发生的一系列事件及时人对之的记述。"批判的历史"是指人们对一切遗留的历史印记的分析。尼采的这一分类对现代历史相对论学说产生了颇大影响。如历史相对论的代表人物之一比尔德把历史分作三类：第一类，"作为事实的历史"，指人类自形成后所说、所做、所思考过的一切。第二类，"作为记录的历史"，指后人所能发现的过去事实的一切遗迹，如文献记录、文物考古遗存等。第三类，"作为思想的历史"，指后人对于过去事实的思考分析。另一位相对主义史学家贝克尔亦把历史划分为与比尔德相近的两个类型：实质的历史（过去发生过的一切事件）、历史学家的历史（存留于今人记忆中的历史）。史学家的职责在于尽可能地保持二者之间的逼近度。有相对主义倾向的英国学者 E. H. 卡尔也认为应当区分"关于过去的事实"（历史上发生过的一切）和"历史事实"（史家的选择）两个不同概念。由此可见，尼采所谓的"古代的历史"大致同于比尔德"作为事实的历史"、贝克尔的"实质的历史"和卡尔的"关于过去的事实"。而他的"批判的历史"与"纪念碑式的历史"又多少接近于比尔德的"作为思想的历史"和卡尔的"历史事实"的观点。

对历史认识方式与特点进行类型分析，是历史认识论发展中的一个重要进步。在此之前，对于什么是历史，什么是历史学，历史研究有哪些特

---

① ［法］阿隆（R. Aron）：《历史哲学》，王养冲译，田汝康、金重远选编：《现代西方史学流派文选》，上海译文出版社1984年版，第97页。

点，又有什么局限，人们的思考并不多。在绝大多数人的眼里，历史与史学原本便是整齐划一的，没有必要把它们区分开来。史学家对于过去的认识只有真假的不同，绝无不能完全认识的事物。如约翰·穆勒在评价英国史学家格罗特（1794—1871）的《希腊史》时说：格氏之著出版后，"一部希腊史便完全可以理解了"①。在另一些人看来，历史典籍与文物考古遗存理所应当的是对于过去事件原貌的真实概括，了解了它们便意味着认识了过去的真实历史，尼采首次揭明由于"一些人和一些事并不值得同样研究，某些人物或某些作品，由于他（它）们的价值，或由于他（它）们具有典范性的意义，从而以一种特有的地位引起我们的注意……尤其是，（史学家）把价值概念放进真实本身中去，正在消除使过去曾经存在过的东西完全再现的幻想"②。这就是说，包括"纪念碑式历史"等在内的历史记述，本身就已渗透了当时人们的不同认识倾向，从而使之与过去所发生过的一切事实的原本的真实面貌有了相当大程度的不同。尼采的这一论述无疑初步澄清原本含混不清的认识，并给后世许多研究者（主要是相对主义或有此倾向的学者）以极大启发，使他们得以在已初步形成的理论基础上把研究工作推进一步。

原载《学习与探索》1995年第2期

---

① 转引自郭圣铭《西方史学史概要》，上海人民出版社1983年版，第167页。
② ［法］阿隆（R. Aron）：《历史哲学》，王养冲译，田汝康、金重远选编：《现代西方史学流派文选》，上海译文出版社1984年版，第97页。

让历史学闪烁出更大的智慧光芒

人生有代谢，往来成古今。

在庞大的人类知识体系之中，历史学具有特殊的位置：它通过对消逝的往昔岁月残片的梳理和重建，确认了今天存在的知识根基；它通过对重建的历史的认识，丰富了我们的经验，扩展了我们对自身的了解。它俯视着流淌的时间之河，连接起了过去和今天，并将思绪指向无穷的未来。

这就是历史记忆的意义所在。

在历史学中，也存在着一种记忆，这就是历史学的记忆。这种记忆不仅总结了一个时代历史学的基本精神，更重要的是，它在对学术道路的总结中蕴含洋溢着充满反省的批判理念，最终将记忆的经验化为历史学前行的动力。

历史学的记忆不能自发出现，它的生成来自历史研究者自我反思意识的自觉，来自这个学科自我批判意识的自觉，而自我反思和自我批判的重要基点就是学术评论。

一个学科的进步，不能缺少不同观点的交流。在科学和知识发展的进程中，只允许一个主张，必将把学术变成一潭死水。判定学术上的高与下和是与非，不是来自权威的评判，不是来自行政部门的鉴定，它只能通过学术共同体的切磋和对话达成。由于有了不同的声音，一个学科才具有了更强大的学术生命力，才具有了更具创造性的学术表现。学术评论正是保证不同观点、不同声音合理存在的重要机制。

改革开放是中国现代历史上具有里程碑意义的重大事件。如同其他领域一样，中国的历史学在激流突进的思想解放运动召唤下，迎来了充满活力、富有生机的学术春天。回首最近的三十多年，每一个人都能看到，中国历史学的发展不是点滴的积累，不只是个别领域学术水平的提高，而是全面性的飞跃和整体性的进步；中国历史学的变化不只是具体的学术观点的更新，更重要的是它打破了不符合学术发展规律的观念枷锁，提供了创新的思想基础，开辟了被遮蔽已久的宽阔的学术道路。我们所经历的中国历史学的进步，是一个伟大时代变迁的缩影，也必将在中国史学史上书写下厚重的篇章。

是的，在我们今天前行的道路上，依然存在着重重困难，依然充满了挑战。在我们的身边，浮现着急于求成的浮躁之气和抄袭剽窃的不良学风，它们理应受到批评和谴责。但尤可深思的问题是那些妨碍我们前进的更深层次的因素：我们可能更多地关注了自己研究的具体课题，而对本领域学术发展的趋势注意不够；我们可能更多地固守于自己的思索，而没有考虑自身研究的不足；我们可能更多地拘泥于对既有的研究选择，而没有将精力分配给对学术研究的前瞻；我们可能更多地将精力投入到狭小问题上，而对支撑历史研究的史学理论和研究方法缺乏思考。由此导致在一些研究领域，只有新资料的使用使研究工作得以延续，而在重大问题上却进入了学术研究的瓶颈。

自新史学诞生以来，中国的历史学一直存在着一种令人深思的情形，这就是支持我们研究工作的一些理论概括几乎都没有产生于我们本土的学术土壤。最近的三十多年，这种情形表现得更为明显。一个新的学说，通常是在这个学说的热度减弱之后才引起了我们的重视。这个"慢半拍"的现象显示了我们在研究工作中的畸轻畸重，显示了我们的学术研究存在重大缺陷。

在中国历史学界，学术评论长期是一个短板。原因何在？

首先，是传统史学的力量。在中国传统史学中，学术评论的萌芽可以追溯到先秦，并在汉代完成了其规范化的历史使命。司马迁、班固、刘知幾、章学诚等人对历史学如何取得进步和历史学家如何研究历史都提出过深度的意见，司马迁的"通古今之变"，班固的"不虚美，不隐恶"，刘知幾的史才"三长"和章学诚的"史德""经世""六经皆史"诸说，是弥足珍贵的遗产。但就整体而言，在中国古代，关于历史研究工作的评论却没有发展成为一个独立的学术机制，刘知幾和章学诚或"长恨时无同好"，或慨叹"知己落落"，都让我们看到了中国古代史学评论路程的艰难。更重要的是，中国古代史学为学术评论设定了一个不能逾越的天然界限，这就是将"是非据《春秋》"和"扬名教"作为评论的至高无上的原则，从而从根本上限制了史学评论本应具有的彻底的批判精神。这个传统也对今天的中国历史学产生了影响。

其次，与专门性研究不同，学术评论有着特殊的难度。它不仅需要评论者有着良好的学术素养，是一个具体领域中的专家，更重要的是它还要求评论者具备较为广阔的学术视野和对学术发展的敏锐的洞察力，一个好的评论者需要多方面的而非单一的学养。也就是说，一个好的学者未必是一个好的评论者，而一个好的评论者必定是一个好的学者。这个困难也制约了学术评论工作的进步。

再次，在中国现有的科研评估体系中，对研究成果的正常批评，有时会被误解为是对被批评者研究能力的否定，使得被批评者在评定职称和学术评奖等活动中遭遇困难。这种情形对学术评论的开展设置了障碍。

最后，在中国可能还有一个因素对学术评论的开展产生消极作用，这就是人情。中国是一个人情社会，褒贬扬抑，掺私杂情；设有旧怨，或见诽责；故友请托，必为美言。历史学家也不是天外来客，因此广告式的书评俯首可见，而某些学术批评其实也有背后的原因。在这种情形下，有的评论成为名利场上的角逐，或者变为个人恩怨的厮杀，从而导致了人们对学术评论的误解，影响了评论工作的正常进行。

以上四个因素不仅在过去也会在以后妨碍和影响学术评论的开展，对这些困难应当有充分的认识。每一个时代的历史学都有自己的历史使命。我们注视着前行者的伟岸的身影，深深地感受到自己对历史学和历史研究的后来者的责任。既然我们已经将建立起良好的学术评论机制作为这一代研究者的使命和责任，就应当勇敢地肩负起这个担当，逆水行舟，知难而进。

我们在《中国史研究》和《中国史研究动态》办刊中，一直把学术评论放在重要的位置，呼吁更多的学人能够从事这方面的工作。然而限于篇幅，有针对性的、整体性的学术评论始终没有得到展开。零星的、随机的和不确定的评论始终没有转变为我们追求的有宏大目的、成规模的大兵团作战。在中国社会科学院开展的创新工程工作中，我们提出了创办《历史学评论》设想，经过一年多的努力，这份刊物就要和学术界见面。

借此机会，我们向广大学人提交《历史学评论》办刊宗旨和办刊理念。

学术评论是一个含义广泛的概念。在我们看来，它最重要的意义是引领学术事业的发展，而其具体规划则包括如下五个方面：

一、在认真梳理学术研究脉络和把握时代脉搏的基础上，思考史学发展的大势，探讨理论和方法的建立及其在运用于具体研究中存在的问题。

二、考察一个时代学术精神和学术追求的各种表现。

三、立足学术前沿，分析热点和难点，分析各种学术问题出现的原因和研究的态势，分析学术现象变化的趋向，分析研究活动显现或潜伏的价值和困难，对研究工作进行前瞻。

四、对不良学风进行批评，保证学术研究的纯洁性。

五、分析科研管理机制和学术评估体系中存在的问题，并提出建设性意见。

为此，我们提出创办《历史学评论》的七项主张：

第一，我们提倡加强史学理论和方法论研究的评论。理论和方法论是一切学科的魂魄，通过对理论和方法论研究的评论，我们期待中国的历史研究工作能够获得更为丰富和深刻的理论支持，从而建立和完善与我们所处时代相适应的历史学，让中国的历史学闪烁出更大的智慧光芒。

第二，我们提倡加强问题意识的培育。问题意识是一切学科进步的动力，在人类知识发展的进程中，有时候提出一个问题比解决一个问题更为重要；一个"好"问题的出现可以引导出学术发展的新路径。我们期待通过对问题意识的研究，提升中国历史学的学术价值，为中国历史学奠定雄厚的学识基础。

第三，我们提倡建立起健康的学风。脱离了对良好学风的追求，历史学就会陷入绝境，就会被逐出学术王国。无论客观环境怎样，都不能成为历史学家弯腰逢迎的理由。我们期待着通过对不良学风的清理，建立起中国历史学纯净的精神家园，促进研究工作在正确的轨道上前进。

第四，我们提倡高水准的学术评论追求。高水平的学术研究需要高水平的学术评论提供保障，而高水平的学术评论则可以引导学术研究获得新的发展。在今天学术评论开展得还不够充分，学术评论的积累还不够丰厚的情形下，我们期待着广大学人将学术评论作为自己研究工作的必要组成部分，向学界提交厚重的作品。

第五，我们提倡自由宽松的学术氛围。对学术研究的自由表达是学术发展的基本要素。以学术之外的任何方式对学术评论进行干扰，必然会破坏正常的学术评论机制的建立。我们期待着学术评论能够获得良好的空间。

第六，我们提倡宽容的学术精神。学术评论是公器，它不是判决书，它要求评论者有学术的公德心，要求评论者摒弃个人恩怨，要求评论者在评论中尊重他人。被评论者也应努力抛弃喜誉恶贬的人性弱点，多一分理解，少一点怨怼。宽容既是一种尊重，更是一种智慧。批评既是一种否定，也包含着对被批评者的肯定和欣赏。一个有宽容精神和有气度的批评者和被批评者都应当受到人们的尊敬。"落红不是无情物，化作春泥更护花。"我们期待着广大学人能够团结在一起，相互理解，理性评论，对事不对人，彻底摒弃人身攻击和不礼貌用语，保障学术评论在正常的学术秩序中发展和进步，在评论中提升我们对历史和历史学的阅读能力。

第七，我们提倡以学术价值为取舍的用稿原则。在学术研究中，权力和声望并不代表学术水平，更不代表真理的位置。我们将在这个原则指导下，唯学术水平和学术价值是取，为广大学人提供一个开放性的学术平台。

中国在前进，中国的历史学也在前进。我们将以自己的绵薄之力，为在中国历史学领域建立起学术评论机制而努力。

让我们共同奋斗！

本文是《历史学评论》创刊词，原载《历史学评论》第1卷，社会科学文献出版社2012年版

今天历史学家的肖像

伯特兰·罗素步入暮年时在《自传》序言里写下了一段令人难以忘怀的话："三种简单却又极为强烈的激情左右了我的生命：对爱的渴望，对知识的探求，以及对人类苦难的无法遏制的同情。"笔者把这段话理解成为是一种对包括历史学家在内的知识分子群体带有永恒意义的规范性要求，也正是在这一点上，我们和我们的前辈并且也将与我们的后来者，产生心灵的沟通和超越时代的一致。

这并不是说每一个时代的历史学家都面临相同的问题，或都拥有相同的感受。任何问题都有其时代的特质。举手掷笔，回顾后自顾，巨大的变革和巨大的冲击，亲切贴近，可感可见。于是，生活在今天的历史学家，与他的前辈相比，出现了四种大的差异：

第一，今天的历史学家愈来愈成为多面人。作为现实的人，历史学家生命的一部分生活在今天，一些前人没有感受到的此单时代带来的种种问题环绕徘徊在他的周围；而作为职业的要求和限定，他的生命的另一部分又必须生活在过去。生活与职业的微妙的却不是微不足道的对立，使今天历史学家的外在社会角色与内心承担的角色，比以前更多更快地呈现、交替和变化，它的生存实现和价值实现比以前更加困难和苦涩，也就是说，他比自己的前辈多了一份情绪情愫情结。从而，在现实感受与历史感受的交织下，他的体验也比以前更为矛盾和丰富，更为"触及灵魂"。这是一种相当困难的处境，但困境往往是变化的前提，何况这个困境已经为今天的历史学家提供了潜在的活力，这就是交付给我们的丰富的、前所未有的时代体验。没有哪一种深刻的东西能够从平淡中产生，它离不开起伏矛盾困惑，如同瀑布的落差产生势能。今天历史学家愈来愈成为多面人的趋势，有助于他们在历史洞察力上超越前人启迪来者。

第二，今天的历史学家愈来愈需要成为研究工作的多面手，这是由社会分化和学科分化的细密性与社会需求和学科需求的丰富性决定的。分工分化的细密性，要求史学家在知识结构和储备上，不断完善和调整；需求的丰富性，则要求史学家成为具有多种操作能力的学者。在谈到史学研究不景气时，一些史学圈内人抱怨社会对自己的工作态度冷淡，但是换一个角度看，其中何尝没有我们自身的责任！不是吗？我们已经习惯了以自身的知识储备、技能掌握和操作表达方式要求社会，却不习惯甚至很反感社会对我们的要求。尽管社会的要求并不都一定有益于学科的发展，然而从根本上看，它规定了学科的时代性，也激活了学科的进步。历史学只有植根在社会的土壤之中，才会有它的生命；同样，历史学家也只有在他所处的时代中适应和创造，才能使自己的生存实现和价值实现融合在一起。这意味着今天的历史学家所需要了解的知识领域要比以前复杂得多，所需要驾驭的课题要比以前丰富得多，所需要熟悉的表达技能（从文字表达到视觉图像表达）也比以前更为多样化。

第三，今天的历史学家需要与大众有更多的交流。历史学是一种文化形态，史学作品是一种文化消费产品，或反思，或借鉴，或陶冶，或愉悦，都包含着精神——文化消费的意义，史学作品只有进入消费阶段，它的价值才能得到完整的实现。在中国史学的古典时代，正规史学与大众之间有着相当遥远的距离，一个明显的表现是中国古代历史学家不屑于承担传播通俗史学的工作，也不屑于与通俗史学的传播者为伍，反倒是文学家、诗人和画家对通俗史学倾注了热情，从而产生出通俗史学的非史学化倾向和史学家的非通俗史学化倾向的奇特并存。时至现当代，我们在史学作品价值的实现上，仍然有些畸重畸轻。换句话说，重视史学作品的"圈内消费"，却忽略和轻视它的"圈外消费"亦即大众的消费。由此产生了两种情形：史学作品愈来愈成为"圈内人"乃至"圈内的圈内人"的事情；史学家与大众的距离不断被人为地拉大。专业性很强的学术著作的曲高和寡是正常的，然而整个历史学的曲高和寡就很难说是正常的。只有在商品经济大潮对学术事业影响日甚一日的今天，中国的史学家才能比以前更为切肤地感受到与大众交流的重要性，才能更为自觉地去研究、理解和把握"圈外人"的需求心理。历史学家如何与大众进行交流需要在实践中探索，但有一点是明确的，这就是交流的方式、交流的层次以及交流的结果，不仅不会瓦解史学研究，反倒会为历史学注入活力，使其具有鲜活而广泛的现实文化基点。

第四，今天历史学家的研究取向愈来愈具有双重性质对课题的投入，不仅需要"相看两不厌，唯有敬亭山"的沉稳，还需要"即从巴峡穿巫峡，便下襄阳向洛阳"的变通灵活。我们应该纠正这样一个偏见：对学术事业的执着只能通过对某个课题的执着来实现。知识领域的广阔性，使探索本身具有多向的可能和多长的意义，触类旁通，以通归类，只能有助于学术事业的深掘和展开。我们还应该纠正另一个偏见，即把对学术研究的持久性努力和偶发性努力亦即"短期行为"割裂开来，褒前抑后。笔者以为，研究工作的"长期行为"和"短期行为"的并存是商品经济条件下的产物，"长期行为"并不必然走向深刻和成功，"短期行为"也并不必然走向肤浅和失败。"长期行为"有它沉稳的优点，但是否其中也有滞后的不足呢？"短期行为"有它随意即兴的缺点，但是否其中也有灵感迸现的长处呢？分不如合，偏不如全，就是说历史学家研究取向的双重结构不仅可以使学术自身形成互补，也有助于它的价值的实现。

总之，生活在今天的历史学家，需要更为强烈的自主性。这种自主性不是个性张扬的孤傲，也不是某种形式的精神归隐，它是对生活的适应、体验和创造的结合，是对学术传统继承与发展的结合。它首先是内在的，这就是他独特的心灵以及这个心灵对人类文化的观照，这是情感与理智不可割裂的融合，笔者称其为"情感化的理智"。今天历史学家的情感化的理智越是真挚，越是具有独特性，越是具有创造精神，也就越具有深度。其次，它又是外在的，外化为史学家的心灵对人类文化的辐射。生活在今天的历史学家，也需要更为强烈的责任感，但这并不是抽象、虚幻的救世意识和病态的愤世嫉俗，而是对自己存在和负载自己存在的世界的建设性努力，即是倾注了对人类命运的深挚和完整的关怀和理解。

生活在今天的历史学家，没有变丑，也没有变美，但却变得更有表现力了。

原载《中国史研究动态》1993年第2期

变革时代历史学家的责任

20世纪的最后八年对于中国来说，无疑将是一个具有伟大意义的变革时代。

变革的时代意味着旧事物的消亡或转化成新的事物，意味着新事物的诞生，意味着生活中悲欢离合密度的增大，也意味着具有希望的明天，而这一切都是在起伏激荡中产生、展开和完成的。这注定了生活在这个时代的历史学家所获得的复杂体验是平静岁月中根本无法得到的。他们的眼界由此得到开阔，认识由此得到加深。变革时代历史学家的责任，来自其体验、眼界和认识。

毋庸讳言，在当前商品经济大潮的冲击下，不少历史学者特别是青年史学工作者对历史学科的存在价值和自我的存在价值产生了怀疑情绪。对于这种情绪的全面分析，已超出了这篇短文的议题。笔者在这里只是想强调，正是这种不适的心理状况，强烈摇撼着历史学家的传统责任感。比如，现在开始用稿酬的数量而不是用"社会效益"或"学术价值"来决定是否进行写作；比如，一些需要进行长期思考的课题渐遭冷遇，被闲置起来，而被人们戏称为"短、平、快"应时应景的课题却成为热门……这些现象当然不是史学界的全部所在，但却有日趋普遍的势头。

这种冲击的后果还没有充分展现。在笔者看来，它值得肯定的方面，是促使史学工作者更加贴近社会，更加贴近现实问题，也（不得不）更进一步地反省自身的存在。不利的方面则可能是至少在一个时期内，学术研究的深度要受到严重影响，学术事业要受到商品经济的左右。于是，一种两难的境地在今天表现得越来越突出：像以前一样，做学院里书斋中的学者，不仅难以在史学研究中产生现代意识，而且维持生存似乎都成一个问题；置身于现实中，又难免会与学术研究产生或多或少的背离，研究者不太可能按照自己习惯的方式自主地选择文章题目，而要受到社会的指令。历史研究的内部规律与外部规律形成了一种微妙的二律背反。

然而，这一切并不必然导致史学工作者责任感的削减，也并不意味着"责任感"这一词汇的陈旧过时。相反，它为责任感的发展提供了新的场景。当今历史学家的责任感正是在这种矛盾的境地中形成的。它表现为更加自主地体验社会，在于把这种体验升华，凝聚成具有深沉历史感的精神结晶。这种精神结晶来源于和人民共命运同甘苦，它既不能从书斋里产生，也不能从商品经济或别的什么领域中被直接、及时地呼唤出来。历史学如果丧失了这种责任感，也就不会有大的作为。

历史学存在着危机，也会在危机中发展和进步，只是这一切不会来得轻松、来得廉价、来得随心所欲。无须怨天尤人，还是反顾我们自身吧！如果我们没有认真吸取以往所有的史学文化遗产（当然也包括与之相关的其他知识内容），而是在片面的躁动的情绪下跟着感觉走（不管这感觉曾经显得多么合理）；如果我们没有直接体验现实的社会和活生生的人生，关注自己脚下的这块土地，关注全人类所共同关注的问题，而是继续把自己禁锢在自我一隅的狭小天地中；如果我们仅仅把自己的工作视为"都为稻粱谋"的谋生手段，而不是在其中注入些许的使命感，注入一种研究的激情；如果我们不是做出潜心沉静的全面努力，而是被急功近利的初级心态所左右，我们将没有能力承担起史学研究之责任。

对于社会来说，历史学当然不是万能的，但也绝不是无能的。对于历史学来说，史学工作者的责任感不是决定研究方向的唯一因素，但却是至关重要的因素。任何原因、任何情形都不能成为史学研究曲终人杳的理由。我们曾以自己的辛勤劳作在新时期十年中推动了史学研究工作，我们也应当在问题更多更重大更繁杂的世纪之交的最后八年，为传统的责任感注入与时代相适应的新的因素。不坠青云志，且与时共行。让历史研究进一步走向深入，走向社会，走向大众。

原载《史学理论研究》1992年第3期

向何处寻觅

——新时期十年我国内地秦汉史研究的若干分析

正式发表和出版的 2400 多篇文章和 30 余部著作，集中而全面地反映了近十年来我国内地的秦汉史研究的总体水平。在量的方面，这一成就无疑是相当辉煌的；同时，它也确实在一定程度标志着秦汉史研究的质的进步。从时序上看，原来比较薄弱的秦史领域的研究有了长足进展，研究者已粗略但又清晰地勾勒出秦代社会的概貌。从探讨范围看，学者的兴趣也越来越广泛，除去社会经济结构、法律制度、政治结构、阶级关系和思想意识形态这些传统领域外，包括婚丧嫁娶、衣食住行在内的社会风俗、生活风尚这类从 20 世纪 50 年代起就被冷藏闲置的课题，也得到初步的开掘。这一切都是此前 30 年所无法比拟的。

代表近十年秦汉史研究深度的领域有下述十个方面：

1. 关于秦汉文明程度的研究。着重探讨了物质文化水平、精神风貌和时代风尚的特征。原来不为人们所重视的谶纬学说和鬼神观念也受到重视。

2. 关于秦王朝法律制度的研究。着重探讨了法律内容与特点、司法程序、法律与政治思想的关系。

3. 关于秦汉时期政治文化的研究。着重探讨了从秦到汉政治结构的形态与嬗变，秦王朝政治、西汉初期政治和东汉政治的特征。

4. 关于秦汉时期地主阶级的研究。着重探讨了地主阶级的类型、豪强地主的产生和发展，地主阶级的历史地位和作用。

5. 关于秦汉时期婚姻形态、家族结构和社会生活的研究。着重探讨了婚姻形态的时代特征，妇女地位，性观念的变化，家庭类型及其对社会产生的影响。

6. 关于汉代生产力水平的研究。着重探讨了农业、手工业、造船业、畜牧业和酿酒业等具体产业的发展状况。

7. 关于汉代人口的研究。着重探讨了人口自然增长率，人口地理分布，人口的政区分布，人口与政治和经济活动的关系。

8. 关于汉代土地制度和徭役赋税制度的研究。着重探讨了商鞅变法以后秦的土地制度，汉代徭役赋税的类型以及征收征发方式。

9. 关于历史人物的评价。包括以前较少涉及的人物如子婴、吕后、张汤等，争议较大的人物如秦始皇、董仲舒、王莽、刘秀等。

10. 文物研究和文献整理趋向全面。

然而，这一切都难以引起笔者较大的乐观情绪。表面的繁荣有时可能恰好掩盖了贫乏的实际，历时性的标准只有在共时性标准参照下才会变得全面。即使以一个不算苛刻的挑剔者的眼光看，我国内地秦汉史研究也存在不容回避的重大困难，诸如观点、材料的雷同，选题的重复，研究方法的陈旧，观念的落伍，等等，使秦汉史研究明显地走向了不景气。而研究资料的先天性匮乏，又加重了这种危机程度，从而使这一领域的研究者有着比诸如宋史、明史和清史研究者更多的苦恼、更多的叹喟和更多的抱怨。

是把希望寄托在地下文物的恩赐吗？答案是肯定的，但又是极不全面的。秦简的出土使秦史研究焕然一新，马王堆帛书和其他文物对于汉史研究者的意义也自不待言，即将公布的湖北江陵张家山汉简亦必定会推进人们对秦汉时期历史的认识程度。但是，这些绚丽之梦毕竟是可遇而不可求的。

历史学家必须选择他的出发点，他只有在自己的时代，才能找到这个出发点。因而，我们必须反顾自身。对于秦汉史研究者来说，下述问题的意义似乎更为重要：秦汉史研究是否还有意义？在秦汉史研究中，是智慧重要还是具体知识更为重要？我们应当怎样在研究实践中更替或调整自己的观念？

有一种看法认为，秦汉史中的研究题目都已经有人做过了，很难再有大的突破，加之距今遥远，其现实意义是有限的。这种看法其实是浮于表层。秦汉时代是中国历史上一个极其重要的阶段，无论人们如何判断当时的社会性质，评说当时的物质文明和精神文明程度，这一点是毋庸置疑的。秦王朝对全国的统一，标志着一个时代的结束。不过，完成对三代的总结的句号和表明一个新时期开始的逗号，则是在汉代画定的。汉代社会的制度、习尚、风俗基本奠定了后代的规模，许多在后代流衍出来的因素，在汉代就已浮动萌生了。因此，汉代是传统中国文化总体意义上的承先启后的时代，就此而言，它是其他任何时代所无法比拟的。以往学者治史，必始于前四史，于是研究秦汉史的众多便在情理之中了。然而，每一个时代的历史观念和研究实践总是不同的，总要受时代的要求、社会价值观念和研究者个人素质的支配。一个题目，即使每代人都在做它，但也永无做绝之时。秦汉史的课题至今似乎已经被"地毯式轰炸"所覆盖，从而给研究者带来了可以想见的困难。但是，这不能成为轻视或拒绝研究秦汉史的理由。秦汉史领域的一切课题应该努力去写，而且应当被写得不一样，先求新意，再求深度，这是秦汉史研究的一种重要的发展力量。

智慧和知识何者更重要呢，何者是研究的主要目的？这是一个与上述问题相关的问题。智慧和知识有着本质的趋避，你可以占有全部的秦汉史料，精通秦汉史的名物训诂、典章制度。但是，在提出有价值的问题和试图去解决这些问题之前，你提供的仅仅是组合过的知识。知识积累性研究是当前秦汉史研究的一种普遍形式，它在我们的笔下化作了近乎八股的表达：

A. 某个问题。

B. 将史料排比和考订。

C. 推出一些不言而喻的结论。

这种研究固然不能说没有意义，但也不是益人心智之道。如果我们满足于这种研究方式，那就庶几近于集邮之人了。智慧的本质是富于创造力的，并充满着哲学的洞见。我们不能仅仅静止地占有一些庞杂的知识，而应当让这些知识迸发出智慧的光彩。知识可以过时，可以老化，而智慧却能给人们以长久的启迪。对于研究者来说，秦汉史的研究工作不应是一长串外在资料的罗列和汇编，而应当是在历史之镜中折射出的激动人心的哲理之光。这种哲理之光可以使我们深刻地洞察现实，以深沉的历史感去感知和捕捉未来，以一种与祖国、民族和全人类共命运的真诚情感去重建历史的教育功能，为培养出与现时代相一致的新的人格做出努力。

笔者曾呼吁并愿再次呼吁历史研究者整体观念的变化。在秦汉史研究中，应率先在三个方面做出调整。

历史是人的作品，理解人类的生命力是历史认识的一般主题和最终目的。人们只有在抱有一定的目的时，才能创造历史。同时，不管人们创造什么，总是要受一定条件的制约。于是，有了先行者的孤独，随波逐流者的起伏，落伍者的悲哀。人的欲望和历史环境是不可区分的。然而在秦汉史研究中，这两者却被分割开来，人们基本注意的是前者，却忽略了后者。在研究者笔下，人们看到的是毫无生气的、孤零零的物。因此，我们有理由在今后的研究中把两者有机地结合在一起，并将侧重点放在人本身，从而把历史研究由表层引向深层。例如，在分析秦汉经济现象时，我们不仅要注意到经济水平、土地关系、生产方式、流通过程等内容，还要注意到人们各式各样的心态和选择。以消费而言，对于汉代广大小农、小手工业者和城市平民而言，一般是在"刺激—反应"的心态影响下出现的边际消费心理，即当其所需的某一产品得到初步满足后，不管该产品对于消费者如何具有吸引力，随着他对该种产品购买的递增，这种产品对他的效用是递减的。在贵族、地主和商人当中，却呈现出与之相反的夸饰性消费心态，并由此产生出"刺激—新奇—反应"的选择倾向。又如，研究秦汉时期的政治体系，应当注意到决策权之中和虽在决策权外却可以对政治行为产生影响的人的态度、信仰、价值观和行政能力，注意到集团利益的类型，注意到精英人物角色的录用，注意到最高决策者或实际最高决策人物的气质、个性、嗜好以至怪癖。这是我们应当调整的第一个观念。

秦汉时期是中国历史上大放异彩的时代，也许正是因为这一点使得研究者的情绪有意无意受到感染，喜欢用各种颂词去重抹这"灿烂"的历史之章。在秦俑研究上，在秦汉文化研究的某些方面，其表现尤为突出。符合实际的赞誉固不能算错，但驻足于此，则是肤浅和片面的；过誉却不挖出历史的积垢更不足取。在秦汉史研究者中出现的某种廉价的骄傲情绪，已经衍化成自己身上的重负。深挚的祖国之爱，未必以颂歌的形式出现，它与对昔日沉迷般的留恋更是格格不入。我们应当从秦时明月汉时关的阻塞中走出，以现代的意识去洞察这一历史时期的底蕴。这是我们应当调整的第二个观念。

秦汉史研究要取得进一步发展，还要求研究者放弃狭隘的专业眼光。

在我们当中，治秦汉史者大多只涉及秦汉史，前不解三代，后不通六朝以及更后的时代，造成了研究根基的单薄和视野的狭窄。缺乏历史纵深感，难以用宏观的眼光看待这一段历史，因而只能在秦汉以及稍后的人所设置的圈子里打转。本来，从历史认识论的角度看，历史研究主体并不是用自己的亲验去看待过去，但也恰是因此决定了历史研究者能够省察历史过程的复杂性和深刻性，从而超越亲验层次。然而秦汉史研究者的上述倾向，却在很大程度上限制了自己的视野。造成这种状况的原因来自两个方面：一是教育体制。大学学生在高年级时便有了专业选择。及至上了研究生，便是单科独进，窄而又窄。一样的学中国古代史专业，一样的被授予史学硕士或博士，却因研究方向的不同而变得彼此知识上的隔膜。二是科研体制。长期以来国内的科研院所亦以断代划分，其结果与教育体制异曲同工。因而，对于秦汉史研究者来说，应当调整的第三种观念是我们应当超越秦汉史。一个秦汉史的研究者首先应当是一个中国历史的研究者，这一提法当然意味着他在进行秦汉史研究的同时也应当对历史的其他领域进行研究，并运用从中得到的知识和智慧去推动和深化秦汉史研究本身。

原载《中国史研究动态》1989年第2期

走向未来的秦汉史研究

改革开放三十多年来中国内地秦汉史研究的进步集中体现在以下四个方面：第一，20世纪50年代末史学界逐渐形成的对唯物史观的僵化教条理解被打破，"以论带史"的研究方法被摒弃，通过对中国历史自身发展的研究，解释中国历史进程，得到学术界普遍认同。第二，大量新出土资料的不断刊布，使得我们在许多历史细节乃至某种程度的历史整体上都获得了新的知识，一些长期形成的定说受到动摇和改变。第三，随着中国全面走向世界，国际学术交流日益密切，我们可以迅速和直接了解海外同行的最新成果。第四，由于电脑检索系统的广泛应用，资料搜集变得更为快捷，结束了以往皓首也未必能穷经的时代。就本质而言，这些进步同样也是中国历史学的进步。这种整体性的变化不仅在新中国成立60年来是空前的，即使与20世纪初传统史学向新史学转变过程相比较，也增添了若干新的因素，因此将这个时期作为包括秦汉史研究在内的现代中国历史学具有里程碑意义的关键时期，是不过分的。

从研究重点的转移可以看出改革开放三十多年与"文化大革命"前十七年（1949—1965）学术思路的变迁。在十七年中，秦汉史研究的主要问题是社会形态和阶级关系，包括商鞅变法的性质和作用、秦汉时期占主导地位的生产关系、秦汉社会的生产力水平和这个时期的上层建筑与阶级关系。改革开放以来研究者的兴趣发生了明显转移，在政治史和经济史领域中，学术探讨逐渐转向职官制度、法律制度、政区地理、政治变动、社会基层组织、人口状况，研究思绪指向更为丰富更为宽阔的历史表现；与此同时出现的社会史研究的复兴，为秦汉史研究注入了活力。这些变化直接得益于思想解放和对国外研究方法的借鉴，其成果不仅见证了一个伟大时代的学术变迁，也为秦汉史研究今后的发展奠定了基础。

然而，多少有些吊诡意味，在笔者看来，当前秦汉史研究面临的困难和挑战恰恰也来自这四个方面。这并不是说这些方面的变化不够大，也不是说这些因素还不足以令我们有更大的发展空间，而是说这四个方面在改变秦汉史研究状况的同时，也凸显出目前包括秦汉史在内的中国史学研究内在结构的核心问题。

从理论上看，我们在舍弃了以往某些不符合中国历史实际的概括后，依然没有拿出更有说服力的表述，对实证的热情远远超过了带有宏观色彩的理论分析。例如，现在很少有学者对"社会性质"之类的问题感兴趣了，这源于对过去这类讨论的厌倦。但问题是历史研究者的重要职责是对一个时代的本质所在作出说明，无论是否使用"社会性质"这个语词。我们知道，中国数千年文明史有三个重大转型时期，即王制国家的形成、王制向帝制的转变以及近代化过程，其中的帝制时代最为漫长，对今天的影响也最为深远、最为直接。秦汉时期正处在王制向帝制转变和早期帝制这一重要的历史时期。显而易见，对这一历史转型期进行系统梳理和理论说明，是秦汉史研究者必要的职业担当。然而，相对于一些具体研究而言，这个方面的工作显得薄弱和寂寥，许多值得深入思考的问题没有引起广泛关注，如王制向帝制转变是否存在必然性或"历史合理性"？是哪些因素导致了这种转变？早期帝制与王制的关系及其发展路径，等等。如果仅仅满足于"破"而不致力于"立"，放弃对这些重大问题以及支撑这些问题的更多的中观和微观问题的思考，将秦汉史研究工作仅仅放置在重建或再现历史的位置上，秦汉史研究的深度，以及可能提供的历史知识和历史智慧，都将大受局限。在人类的知识体系中，没有事实的思想是虚幻的，而没有思想的事实则是没有价值的。对于秦汉史研究来说，也是如此。

以简（牍）帛为核心的新资料的大量公布是近三十年秦汉史领域最为引人注目的现象，秦汉史论文数量增长和时下秦汉史论文越写越长的趋势，都与此有关。新出资料对于我们细致和准确把握秦汉历史具有重要作用，可以说，离开了这些新资料当今秦汉史研究很难有大的作为。不过，目前新出资料研究中存在的某些现象似值得讨论。首先，如何看待新出资料的价值。在笔者拜读的有的论著中，新出资料被看作解释秦汉历史的唯一或主要依据,有意无意地将传世文献和出土资料割裂开来,用后者代替前者。作为千百年行世且披沙取髓,传世秦汉文献是后人理解相应秦汉历史时代的骨骼和魂魄,它构建了我们对秦汉时代历史想象的基本脉络和空间。出土资料无论是律令、公文文书、简帛书籍,还是日书、医书,都不具备这种整体性的资料价值。出土资料的意义在于它让我们窥见传世文献中的一些疏误,或是将传世文献中散失的一些历史碎片缀合起来,形成更为完备和相对准确的历史知识,它与传世文献的关系是互补的而非替代的。其次,如何利用新出资料。王国维提出的著名的"二重证据"法,曾被一些研究者表述为文献和出土资料"互证"。这种理解的进一步发挥便是用出土资料与传世文献的"同"证明其准确,这一点在简(牍)帛研究中也时可见及。从学术发现的角度看,"同"的价值其实是有限的,它不过再次证明了一个已经明了的事实,而具有挑战性的"异"则有可能令我们发现历史更多的内容,因此把重点放在"异"处更具有学术意义。

对外学术交流的增强无疑开阔了我们的视野,但目前交流的范围主要还是在某个具体问题之内。固然,每个研究者都有具体的研究问题和具体的研究领域,就自己的研究范围进行国际学术交流是必要也是重要的。不过,从秦汉史领域的整体性考虑,我们可能还需要对海外学术界的研究范式进行思考和回应,从中汲取对我们有所启发的内容。对不同或有所差异的研究范式的考察,可以在"大"处提升我们对历史的把握能力。更进一步看,如果我们在融会不同研究范式的基础上,提出了更合理和更有效的解释方案,也将会促进国际范围内秦汉史研究的进步。

由于资料查阅和誊抄时间的节省,电脑技术在史学研究中影响广泛,在写作方面出现的一个直接结果是大大增加了论文写作速度,相应产生的另一个结果是对资料的罗列增多和分析的减少。说来奇怪,在电脑提供如此便利条件的背景下,按说我们可以有更多精力对资料进行"深度阅读",但目前存在的某些迹象却恰恰相反,电脑技术只是成为资料堆砌、重复劳动的工具。在这种情形下,电脑不仅没有能促进史学的进步,反而成为史学发展的负数,这应引起我们的注意。总之,电脑检索技术的应用,在节省了查阅资料时间的同时,也显现了史学家最重要的素养——史识的重要性。以往那类凭借博闻强识取胜的知识型学者在学术活动中的重要性,必然要让位于以理解和分析见长的有见识的学者。

秦汉史研究今后的发展,不仅是宏观研究和微观研究、传统研究领域和新的研究领域、实证研究方法和跨学科研究方法或后现代研究理路之间的平衡和博弈,更重要的在于它需要更多的智力投入,需要对历史现象进行更为细致的观察,需要对秦汉时期历史提出具有原创性的解释模式。笔者期待着。

原载于《史学月刊》2011年第5期

评《剑桥秦汉史》

《剑桥秦汉史》第一卷《秦汉帝国》英文版1986年由英国剑桥大学出版社出版，嗣后10年间中国内地和台湾分别出版了中文译本。[①] 全书设16章，前5章以时间为线索，讨论秦、西汉、新莽和东汉王朝的盛衰废替；后11章则以专题立篇，分别剖析秦汉帝国的政治法律制度、社会经济结构、思想文化和对外关系。各章节贯穿讨论分析于叙述之中，风格介于专题论文与通史描述之间。尽管这种著述体例对国内研究者来说并非首创，如1947年开明书店出版的吕思勉《秦汉史》即采取以时间为经、专题为纬的编写体例，其前半部分11个段落讨论秦汉三国时期的政治和社会变迁，后半部分则依次对秦汉三国时期的社会组织、社会等级、人民生计、农工商等实业、人民生活、政治制度、学术、宗教进行专题讨论；但《剑桥秦汉史》成于多人而非一人，因而没有始终连贯如一的理论，观点的歧义也时可见及，因此相对于时下国内常见的通史体裁的秦汉史著述来说，仍有新鲜感。一些评论者对此的关注和赞誉也就在情理之中了。[②]

不过，这一点远不是我们要评论《剑桥秦汉史》的理由。在笔者看

[①] 中国内地版系杨品泉等7人翻译，译本定名《剑桥中国秦汉史》（中国社会科学出版社1992年版）。中国台湾版题名韩复智主译，由多人组成译校小组，译本定名《剑桥中国史》第1卷《秦汉篇》。引文页码依据内地版《剑桥中国秦汉史》。为叙说方便，文中通称《剑桥秦汉史》。作者在撰写此文时，蒙王子今教授见示中国台湾版《剑桥中国史》第1卷《秦汉篇》，顺致谢意。

[②] 李学勤：《剑桥中国秦汉史》序，中国社会科学出版社1992年版；龚留柱：《评半个世纪以来〈秦汉史〉编纂之得失》，《史学月刊》1997年第6期；胡志宏：《西方中国古代史研究导论》，大象出版社2002年版，第72—73页。

来，这部著作之所以值得评述，还在于该书的撰述者鲁惟一（M. Loewe）、卜德（D. Bodde）、毕汉斯（H. Bielenstein）、何四维（A. F. P. Hulsweé）、戴密微（P. Demiviélle）、伊佩霞（P. B. Ebrey）等人均为富有学养的西洋汉学家，余英时、陈启云虽为华裔学者，但亦长期浸润于西方汉学研究的学术氛围中，故这部著作可被视为西方世界的秦汉史研究的代表性作品。《剑桥秦汉史》虽成书于20世纪80年代中期，其中的某些观点和设想也曾受到西方中国古代史研究者的质疑，但就学术的稳定性和整体性而言，仍无出其右者。更为重要的是，近二十多年来，包括秦汉史研究在内的中国内地史学界与国际学术交往日益频繁，但就秦汉史而言，存在以下不足：其一，国外秦汉史研究主要有日本和欧美两个群体，我们更为重视前者，却漠视了后者。其二，我们关心的是我们熟悉的或与我们研究相关的知识内容，对我们不够了解的方面兴趣有限。其三，我们更重视的是某些具体的研究成果或结论，而不是与我们既相同又相异的研究范式。① 《剑桥秦汉史》正是这种与我们的研究有同有异的研究范式的代表。

全面评论《剑桥秦汉史》不是这篇短文和笔者有限的才具所能承担。在这篇评论中，笔者不打算也无法对《剑桥秦汉史》进行详尽的讨论。按照上面所陈述的理由，笔者想换一个角度，即将《剑桥秦汉史》作为一个研究范式，从以下几个方面试作分析，并对今后秦汉史研究工作如何进一步发展提出粗浅的设想。

一 关于史料的理解、阐释和运用

就整体而言，历史研究与社会科学的其他门类相似，可以大致区分为事实判断和价值判断两个层面。不过，这两个层面只是一种人为的设定，在运用过程中并非泾渭分明。事实判断中已或多或少或明或暗地蕴含着研究主体的研究理念，而价值判断同样不同程度地延伸或缩小了"历史事

---

① 众所周知，范式（paradigm）是库恩（T. Kuhn）从语言学中借用的语词，意指科学共同体在研究活动中所运用的符号、模型和范例。笔者援用库恩的范式概念，但在内涵上更大一些，不仅包括符号、模型和范例，更指研究的旨趣和理念。

实"的容量。《剑桥秦汉史》正是因此而呈现出鲜明的特点。

《剑桥秦汉史》解读史料的总体风格是基于批判或怀疑性考虑。对于史料的处理表现出如下一些色彩。

第一，格外关注史料是如何形成的。《剑桥秦汉史》对文献的基本态度是，不仅考虑史料提供者的政治态度和价值观念，而且重视史料形成的时代和文化背景。在《剑桥秦汉史》作者看来，秦汉史的基本文献《史记》和前后《汉书》的官方和准官方背景使叙事内容明显畸轻畸重。例如对京师政治事务的陈述占绝大比重，而对地方性事件的叙述则较少。同时，这些正史缺乏外部材料的制约，对外关系的论述每每被官方态度所扭曲（《导言》）。这意味着我们所见到的文献的可信程度要大打折扣。更为重要的是，《剑桥秦汉史》将秦汉文献看作一种由"胜利者"所表达的意见，这种意见也因"胜利者"所拥有的话语霸权而成为不真实的传说。在说明秦始皇私生子问题、坑儒事件、"亡秦者胡也"和"始皇帝死而地分"的谶语（以上见此书的第1章附录3），《汉书·食货志上》关于景帝末年至武帝初年国家形势的那段著名描述（即"至武帝之初七十余年间……"见第176页①），霍光的葬礼（第119页）、成帝的荒淫（第227页）、平帝的死因（第232页）、王莽的节操（第199页）、更始帝的品格（第263页），以及三国时期的一些历史活动（第373页）等大大小小的历史事件和历史现象时，《剑桥秦汉史》的撰写者们都表达了对传世文献记录的强烈怀疑。例如《剑桥秦汉史》否定《汉书·食货志》记录的理由是：由于武帝的扩张政策造成物资的巨大消耗，因此历史学家"有意夸大了景帝末年国家的形势，以之作为批判其继承者奢侈浪费的一种手段"。关于霍光的葬礼，《剑桥秦汉史》认为其规格只有皇室成员才能享用，汉代史家"在津津乐道如此明显的目空一切的事例所招致的报应时，可能夸大了这些细节"。在分析《汉书》关于王莽早年虚伪人格的记录时，《剑桥秦汉史》断然指出：王莽早年的孝悌和谦恭"完全是真诚的"，那时的王莽"根本不可能怀有篡夺皇位之心"。《汉书》对其人品的贬斥在于王莽传记的撰写者带有"无情的偏见"和"捍卫汉朝的情绪"。

---

① 这段描述系班固袭自《史记·平准书》，《剑桥秦汉史》以此为依据并不能支持其结论。

第二，对史料记载数字的真实性持有谨慎的怀疑态度。数字通常是研究者为事物定性的重要依据。《剑桥秦汉史》对文献中的数字颇为怀疑。它不但对文献中关于军事活动如战争规模、伤亡人数的记录持否定态度（如第1章附录3所讨论的秦军规模以及秦统一过程中所造成的战死人数），而且对其他一些数字也表示怀疑（如第1章附录3关于秦迁徙六国贵族人口数量、秦驿道的宽度、长城的长度、阿房宫规模的讨论）。与前一个方面有所区别，《剑桥秦汉史》对数字的怀疑更多的是出自直觉和常识。它认为秦用60万大军灭楚，这个数字与汉武帝出征匈奴时的最高数字30万人相比，"高的令人难以置信"（第117页）。《剑桥秦汉史》统计文献记载秦在统一过程中造成敌国伤亡总数为148.9万人，而这个数字与近代战争（如拿破仑入侵俄国损失30多万人）相比，就显得不可信了（第117—120页）。

第三，文献中常见及不同史料之间的抵牾，《剑桥秦汉史》并不认为较多的证词必然构成有效的证据。典型者如关于秦始皇政治思想和秦治国原则的讨论（第88—97页），以及正史对女性和境外其他民族的记录。在前一个例子中，作者列举数量较少的资料否认秦王朝"灭仁义之涂"专用法家的传统说法；在后一个例子中，作者认为由于缺乏来自另一方的陈述，既有的资料不能证明其描述的真实性。《剑桥秦汉史》的这种倾向，很容易使人联想起20世纪西方世界的逻辑实证主义和批判理性主义在科学哲学上的分歧。逻辑实证主义注意观察陈述和这些陈述所支援的理论之间的逻辑关联，认为同样的观察陈述越多，理论得到的支持越大，因而它成为真的可能性也越大。批判理性主义则认为直接经验给予的命题并不必然表述基本事实。《剑桥秦汉史》的立足点显然在批判理性主义一边。

实证是历史研究的基础，对史料的辨析是保证实证是否有效的前提，对于国内秦汉史研究者来说，这些都是没有疑义的。不过在实证过程中，国内范式与《剑桥秦汉史》却表现出不同的侧重。前者习惯通过对材料的对比以甄别其真伪，后者则更重视通过对材料的发生的分析以确定其有效性；前者大多肯定材料的数量与结论之间的相关性，后者则对此持怀疑态度；前者的方式更多体现了技术或技巧，后者的方式则更多地表达了一种观念。

将史料产生的环境与史料的真实度联系在一起无疑是重要的，但二者之间的这种联系并不能直接等同于史料的真伪。换言之，这种联系对证明史料的真实性来说是必要因素而非必然因素，是必要条件而非充足条件。判断一个或一组材料是否可信，需要更为细致复杂的工作。《剑桥秦汉史》对史料发生学的过分信赖，使得该书作者在判断某些历史事件时自相矛盾。例如，了解汉史的人都知道，昭帝的死因文献没有任何记录，而平帝之死当时就有人怀疑是王莽的阴谋。总之，就目前所见到的记载而言，前一件事并不存在疑问，后一件事则疑云重重。鲁惟一所撰写的《前汉》部分也讨论了昭帝和平帝的死亡。他对昭帝的死因十分怀疑，推测"他是否流露出什么迹象，致使霍光或其他人希望把他除掉"（第196页）。在分析平帝死亡时，鲁惟一则否认王莽插手其间。他自信地指出：有一个令人非信不可的理由说明王莽为什么不可能犯这类罪行，即王莽已将女儿嫁给平帝，平帝之子同时也是王莽的外孙，平帝的死亡与其利益是背道而驰的，因此"王莽不可能采取促使平帝死亡的行动"（第232页）。但鲁惟一似乎忽略了另外一个基本事实，即昭帝皇后是霍光的外孙女。按照否认王莽谋害平帝的假设逻辑，则霍光也不可能谋害昭帝，因为昭帝死亡与霍光的利益同样"背道而驰"；若按照霍光害死昭帝的假设逻辑，则王莽一样不能逃脱嫌疑。尽管如此，《剑桥秦汉史》对史料发生情况的重视，仍能对我们的研究工作给予有益的启迪。

二 概念的确定

概念工具在历史分析过程中的意义不言而喻。概念不仅是对研究对象性质的理解，更为重要的是它是认识一组或一系列彼此关联现象而非个别现象的基础。因此，概念的选择和确定必然表达着特定的研究理念。《剑桥秦汉史》构筑概念时的一个倾向是，不大提出宏观概念，而是试图通过若干中观概念建立起解释秦汉历史的框架。鲁惟一撰写的第2章《前汉》部分中一个引人注目之处是对这一历史时期政治活动的分析。作者没有使用中国学者所熟悉并屡屡使用的儒家、法家，或大地主、中小地主，或军功集团等概念，而是拈出"改革派"和"务实派"两个彼此对应并相互关联的语词,① 以二者的对立、消长和融合,解释西汉和新朝时期社会政治的变迁。按照作者的说法,"改革派"和"务实派"不能等同于先秦时期的法家和儒家,因为西汉时期"这两个学派并不是以分离的、有明确界限的实体出现的。此外,使汉代政治家产生分歧的问题与后来成为区别法家和儒家思想的标准的分歧问题根本不一样"(第122页)。"改革派"和"务实派"的区别在于,前者的主要目标是通过国家管制,最大可能地利用资源和最有效地分配产品,依靠法律和惩罚制度遏制犯罪,对外采取攻势。后者则强调重农抑商,鼓励道德教化,对外采取守势(第201—203页)。属于前者的代表性人物有贾谊、晁错、桑弘羊等;代表后者的人物则是董仲舒、卜式、贤良文学、匡衡、师丹等。昭宣以前,"改革派"是国家政治生活中的决定性力量,此后"务实派"逐渐占据上风,而王莽则集二者于一身,其政治举措包容调和了先前的"改革派"和"务实派"的主张。可以看出,"改革派"和"务实派"是一对涉及较长历史时段的概念。

使用"改革派"和"务实派"概念,的确可以有效地规避历史阐释的某些偏差,但其不足也十分明显。"改革派"和"务实派"是一对可以运用于古今中外所有时期的概念,其宽泛的外延在很大程度上影响了对历史的洞察。就是说,由这对概念本身,我们既不能发现特定历史时期的品格,也难以寻找到历史活动中的内在联系。总之,这是一对方便的概念工具,却远不能称为深刻的概念工具。因此《剑桥秦汉史》这种努力的认识价值是有限的。在该书"导论"中,作者特别强调他们撰写此书的一个重要目标是试图解释秦汉王朝的"特有发展"。然而其动机和结果的衔接,似乎并不能说已臻于善美。

三 推论的方式

一般来说,《剑桥秦汉史》用于推论的资源包括政治、经济、文化和自然因素。这四个方面对国内研究者来说并不陌生。例如作者在讨论秦国

---

① "改革派"和"务实派"《剑桥秦汉史》英文版分别作"modernist"和"reformist",内地中文版直译为"时新派"和"改造派",台湾中文版译为"改革派"和"务实派"。

胜利原因时开列了下面一组清单：较为优越的地理屏障、良好的农业技术、尚武习俗、易于摆脱华夏固有的文化传统、任用外来人才的决心、统治者的长寿和高效率的行政管理（第61—78页）。可以说这些描述并没有超过国内相关研究的范围。但是细读作者的具体分析，我们仍然能发现某些差异，这就是作者对不同因素的意义的评估与国内学术界不同。国内研究者通常予以高度估计的因素如秦国具有怎样的经济水平，受到《剑桥秦汉史》作者的质疑和漠视，而高效率的行政管理和对外扩张的政治军事计划，则被该书作者视为秦获得成功的最重要因素。更为典型的例子是《剑桥秦汉史》对新朝覆亡的分析。撰写该章的毕汉斯对人们所习见的王莽失败原因逐一排除，强调由于严重的自然灾害，将数量庞大的流民推到了政府的对立面；由于不能解决流民问题，所有的新政便化为泡影。因此，"王莽的垮台是由于几次黄河改道的重大积累的影响，这是非人力所能防止的灾难"（第256页）。自然灾害在这里成为具有决定性的因素。对于其他一些历史因素，《剑桥秦汉史》也显示出比国内研究者更大的兴趣。例如作者在讨论宣帝朝思想文化背景时特别考虑了征兆的作用（第204页）。对文化和地域因素意义的估计，《剑桥秦汉史》的作者似乎也比国内研究者看得更重。

《剑桥秦汉史》也表现出对某些因素的淡漠，而这些因素却被国内研究者（至少在潜意识中）格外看重。最典型的是历史活动中的道德因素。《剑桥秦汉史》的作者不仅认为秦的灭亡与秦始皇个人品质之间没有因果联系，王莽代汉在政治道德上并无不妥，而且也不承认"按照道德沦丧论"来衡量历史人物。在讨论东汉灭亡原因时，作者进一步指出安、桓、灵帝的德行与他们"配不配治理国家"是两回事（第395页）。这些判断暗含着这些君主的个人品质不对历史负责。显然，这与中国传统史学乃至目前国内多数研究者的理念大相径庭。

《剑桥秦汉史》惯于用联系的眼光认识历史事件。对王莽的分析是这种研究风格的集中体现。作者确定的研究前提是"在前汉和后汉政策的广泛背景下看待王莽的施政"。由此出发，作者分析了王莽改制的各项措施，结论是王莽"是一个在治理中国时其作为很像在他之前的汉代诸帝的务实主义者"（第248—255页）。至于比政治事件意义更为绵久的经济和社会状况，《剑桥秦汉史》则把秦汉王朝与此前的春秋战国乃至更早的西周时期、此后的南北朝乃至更后的隋唐时期联系起来进行分析，其视野因而显得颇为广阔。

在《剑桥秦汉史》所提交的推论模式中，还有一点值得提及，这就是假设在分析中的作用。《剑桥秦汉史》涉及的假设有两种类型，其一是对可能性的推测。如鲁惟一撰写的第12章《宗教和知识的文化背景》对秦汉时期文化知识普及程度和识字率的"假设"即是一例。其二是对不曾发生的事物的假设。该书假设了如果张骞"早几十年"出使西域，"亲眼目睹希腊世界的文明，中国文化会受到怎样的影响"（第181页）。

联系是历史研究的必要前提。我们可以大致将联系分为两类。一类是横向联系，它侧重同一时间序列中相同或不同事物之间的联系；另一类是纵向联系，它侧重不同时间序列中事物的联系。二者各具价值，不可互代。相对来说，做到前一点似乎容易一些，做到后一点则需要更多的知识储备。《剑桥秦汉史》重视纵向联系，这可以为历史研究者提供开阔的观察平台，这是值得肯定的。

《剑桥秦汉史》在推论理念上主张综合多元的因果联系，但它的实践似乎并不能完全成为其理念的注脚。在上面援举的新朝覆亡的例子中，复杂的社会因素被纷纷抹去，历史活动中的多元的因果联系被不断简化，最后成为若干个多米诺骨牌的单向滚动：由于发生了严重的水患，因此出现了大量的流民；由于流民不得温饱铤而走险，使政权无法控制局面，最终覆亡。我们不禁要问，黄河水患并非新朝独有的现象，在此前元、成时期和更早的武帝时期，也都出现过严重的水灾、大量的流民和此起彼伏的民变，何以没有造成政权的鼎移？难道新朝的速亡果真与王莽的政治方略、与当时的经济形势没有丝毫的联系？法国历史哲学家阿隆曾经嘲笑历史研究者在对因果联系的分析中没有逻辑性，其中的一个表现就是简单地将"前此"和"后此"作为"因"和"果"黏合在一起。[①] 这种看法虽多少包含了偏见，但据笔者的观察，寻找历史因果关系中的唯一性在历史研究中似乎相当普遍。在《剑桥秦汉史》中，我们又看到了似曾相识的表达。笔者不清楚产生这种情形的原因何在，但它

---

① [法] 阿隆（Raymond Aron）：《论治史——法兰西学院课程》之"历史解释"和"因果分析"两节，冯学俊、吴弘渺译，生活·读书·新知三联书店2003年版。

的频现不仅有可能使我们的观察出现偏差,同时也有可能钝化了一些有价值的理论锋芒。

如何看待个人品质的历史作用?如何评价道德对历史活动的影响?《剑桥秦汉史》不大看重这个因素。在笔者看来,在这个问题上,《剑桥秦汉史》不仅将事实判断和价值判断相混淆,而且走向了另一个极端。历史是人的作品,历史是有感情、有欲望、有目的的人的活动,作为感情、欲望和目的组成部分的个人和群体的品质和道德因素如何影响历史过程,当然有个案的差异。但这种因素远没有小到可以忽略不计。事实上,在一些有影响的西方历史学著作中,研究者对品质和道德给予了认真思考。例如在《中世纪晚期欧洲经济社会史》中,汤普逊将"节操""快乐""忠实""多情""贤明""守秘""慷慨""勇敢""顽强""大胆""侠义"等品质的式微和变迁,作为欧洲中世纪晚期一个引人注目的社会现象。① 埃利亚斯也细致讨论了羞耻感和难堪界限前移对近代西方社会演变的意义。② 在这一点上,《剑桥秦汉史》的作者与同属于西方文化的一些历史研究者相比,似乎因过分"纠偏"而剑走偏锋了。

四 几点思考

坦率地说,《剑桥秦汉史》是一部特点鲜明却远非完美的历史著作,它集长处和短处于一书。按照本文前面开列的清单,我们还能将这些部分继续讨论下去,但这样做的意义不是很大。阅读《剑桥秦汉史》促使我们思考另一个问题。两千多年前,西汉史学家司马谈引《易大传》说:"天下一致而百虑,同归而殊途。"③ 作为"殊途"的《剑桥秦汉史》与国内秦汉史研究异同相错,以之观照时下的秦汉史研究,我们能得到怎样的启迪?

---

① [英]汤普逊(James Westfall Thompson):《中世纪晚期欧洲经济社会史》,徐家玲等译,商务印书馆1992年版,第682页。

② [德]埃利亚斯(Norbert Elias):《文明的进程》第1卷,《西方国家世俗上层行为的变化》,王佩莉译,生活·读书·新知三联书店1998年版。

③ (汉)司马谈:《论六家要旨》引《易大传》,《汉书·司马迁传》,《汉书》卷六十二,第2710页。

在与域外研究范式的对比中，我们看到国内研究范式在对资料的理解、概念选择、推论以及研究旨趣上，都有着极其鲜明的特点。这些特点所构成的研究体系是自足和合乎逻辑的。由此，研究者得以在一个既定的秩序中工作。这个体系最有价值之处在于有效地保证了学术研究的稳定性。例如，我们可以通过习惯的史料解读方式，建立起研究的基本前提，而这种前提已被大量的研究工作所证明，是能够在一定程度上保证研究者不至于过度偏离历史陈述的真实性或合理性，国内秦汉史研究所强调的宏观研究方式，也有助于研究者追寻在一种整体性的社会结构上把握历史。20世纪以来关于秦汉经济史、政治史、社会史和思想史的许多有价值的研究工作，正是通过这种方式得以完成的。

国内秦汉史研究所表现出的某些特点，部分是根源于传统文化或主流政治理念，如重视道德因素，肯定大一统的合理性，重视经济因素的作用，等等。某些现状如少有纵向贯通的研究，与画地为牢的科研体制有直接关系。更多的方面如倾向于通过史料之间的对比确定其价值，承认资料数量与结论之间的高度关联性，重视宏观概念，对未曾发生的事情一般不做假设，倾向于设立一般性的因果模式等，则表达了对历史研究工作的科学性的认定。历史学属于科学还是艺术是一个长期争论的问题，虽至今仍然见仁见智，但越来越多的研究者把历史学作为兼具科学和艺术的双重特点的学科。笔者赞成历史学介于科学和艺术之间的说法。尽管没有专门阐明，在国内秦汉史研究中，更多的学者似乎将历史学的科学性作为一个自明的道理或先验的预设，在研究过程中若隐若现地排斥历史研究的非科学性或艺术性的一面。毫无疑问，对历史研究的科学性的认定是必要和必需的，但并非唯一。作为一门学科，历史学的证明和数学的证明不同，数学的证明是确凿的推导，而历史学的证明则只能是一种或然性的合乎情理的推论。"历史事实"总是在不可复原的似乎可靠的资料中建立，历史理解总是在可解和不可解之间发生，历史判断也总是在研究者或研究共同体的理性和情感的交织中产生。将历史的证明等同于数学的证明，必然局限历史研究的视野，降低历史研究者的想象力，最终影响历史判断的深刻和准确。

与之相关的另一种误解是，历史学的进步只是资料的增加，深见可以通过新资料的出现自然产生。历史研究取得突破进展的一个因素是新资料的出现，20世纪初殷墟甲骨文的发现所引发的上古史研究的革命性变化，即为其中的显例。但新资料的出现并不必然意味着研究工作的突破。一百多年以前，恩格斯在《自然辩证法》一书中就谈到了"发现"和"发展"的非重合性："一个新的事实被观察到了，它使得过去用来说明和它同类的事实的方式不中用了。从这一瞬间起，就需要新的说明方式了。"① 换言之，新的事实只有在新的说明方式支配下，才能对研究工作产生深刻影响。近二十年来，秦汉考古提供了大量新资料，既有简帛资料，也有器物和画像资料。以往和当前有相当数量的秦汉史研究与此有关。不过我们目前的这类研究多就事论事，没有激发出某种新的"说明方式"。检阅近二十年来这方面的成果，我们在欣喜的同时也不由略生惋惜之情。

当然，新的说明方式的缺失不仅表现在对是否说明方面的怀疑，更值得注意的是还表现在如何说明的困惑上。众所周知，唯物史观传入中国，为包括秦汉史在内的中国古代史研究提供了丰富的理论资源。以往对秦汉历史的宏观讨论，程度不同地展示了中国学者在唯物史观指导下，所表现出的对历史的理解和解释能力。然而，唯物史观主要以西方历史进程作为其实证的基础，其宏观说明和整体把握的合理性与严密性也相应通过西方历史进程加以呈现。唯物史观本土化的过程，在将唯物史观道德宏大体系与中国历史发展道路——具体说在秦汉历史进程——的结合上，仍然任重道远。其中的核心问题是我们目前的一些研究基本上还是止步于唯物史观的既有表达，而不是将这种表达作为新的研究起点。我们目前的一些研究疏于依据历史的具体过程、活动和现象，提出富有创造力的认知理念，而满足于使用既有的术语和概念，概括可能与之并不贴切的"历史事实"。

总括而言，《剑桥秦汉史》与国内范式是互有所长的研究体系，对《剑桥秦汉史》的评论，或许可以在如下方面启迪我们今后的学术之路：

——用联系的观点将秦汉王朝放置在一个较长的时段之中。

——摆脱华夏中心主义的束缚，用世界性的眼光研究秦汉王朝。

---

① ［德］恩格斯：《自然辩证法》，《马克思恩格斯选集》第3卷，人民出版社1972年版，第561页。

——以多元观念分析历史活动中的因果联系。

——通过对秦汉历史的具体研究,建立起富于新意的概念工具。

原载《燕京学报》新 17 期,北京大学出版社 2004 年版

21世纪初期的中国古代史研究：实践与经验

21世纪最初12年的中国古代史研究是距离我们最近的一段史学史，这12年中国古代史的研究工作，是接续着20世纪末的研究走向，还是发生了某种程度的向更早时期的轮回？它的实践给予我们怎样的经验，这些经验又如何能转化为促进中国古代史进步的因素？这无疑都是值得研究者思考的问题。在有限的篇幅里评述这个时期中国古代史研究并提出发展设想是一件困难的事情，不仅挂一漏万无法避免，且因个人的专业知识和学养局限，评说不当而获其他领域内行之讥恐亦在所难免。下面从研究趋势和面临挑战两个方面为主旨，以断代史研究为线索，扼要回顾和评述最近12年间的中国古代史研究，并对未来的发展提出不成熟的意见。

一 趋势

2000—2012年，中国古代史领域发表的论文数量总计在3.5万篇以上，出版的专著和论文集在2800部以上。① 尽管不同断代的研究有不同特点，但仍呈现出一些共同的内容，反映出中国古代史研究的内在一致性。

---

① 本文在写作过程中，参考了中国社会科学院历史研究所编写的《改革开放三十年的中国古代史研究》（中国社会科学出版社2010年版），以及《中国史研究动态》2000—2013年刊载的相关研究领域综述。

（一）新资料的刊布促使研究工作呈现出持续性进步的态势

2000—2012年公布和整理的新资料主要有殷周时期的殷墟花园庄东地甲骨文和大量殷周青铜器铭文，战国秦汉魏晋南北朝时期主要有清华大学藏战国竹简、上海博物馆藏战国楚竹书、湖南里耶秦简、岳麓书院藏秦简、湖北张家山汉简、北京大学藏汉简、湖南长沙走马楼吴简和墓志，唐宋时期主要有新获敦煌吐鲁番文书、《俄藏黑水城文献》、天一阁藏明钞本北宋《天圣令》、唐宋墓志，明清时期主要有徽州文书、契约和官府档案。其中清华大学藏战国简、张家山汉简《二年律令》和《天圣令》可能是近十余年来最重要的古史新资料，特别是清华简和张家山汉简，为苦于资料不足的先秦秦汉史研究者洞开了一扇观察历史之窗。上述这些新出资料涉及经学、史著、律令和法律制度、政治与经济活动，以及日常生活领域，引起了研究者的广泛兴趣。

在新的历史知识背景下，研究工作得到了全面深化。在商周史领域中，研究者依据新出甲骨文和殷周青铜器铭文，讨论了殷周时代的方国、官制、历法、家族形态和礼制，提出了一些新的看法。在战国秦汉三国史领域中，研究者依据里耶秦简、张家山汉简《二年律令》和走马楼吴简，对秦汉三国时期的土地制度、赋役制度、律令分类、官制和爵制、郡县乡里地方行政、户籍制度和家庭结构展开了热烈讨论，一些成说得到修正。清华大学所藏战国简内容丰富，在已刊布的三册清华简中，最引人注目的是与《尚书》有关的文献，如《金縢》《康诰》《顾命》等，它们为研究古文《尚书》的真伪提供了重要的线索。此外，成书于战国的史书《楚居》也为研究楚国历史提供了新的资料。20世纪末新出文献如郭店楚简的《老子》三篇、《太一生水》《性自命出》，上博简的《缁衣》《周易》《孔子诗论》等继续得到学术界关注。在晋南北朝唐宋史领域中，新获敦煌吐鲁番文书、黑水城文献、《天圣令》和墓志，为研究这一时期政治制度和运作方式、律令、兵制和军事文书、日常生活提供了丰富的资源，使这些方面的研究工作得到了拓展。在明清史领域，对各类公私文书的整理和研究，为资料相对丰富的这个领域的研究工作锦上添花。总之，由于大量新的资料的不断刊布，不仅一些新的问题进入了研究领域，研究者对许多历史细节有了更为接近真实的判断，而且某些长期争议不决的课题，如法律形态、赋役制度、土地占有方式等也获得了新的线索，并引起了更为深入的研究。

（二）传统课题和新课题并行，研究者的兴趣点更为广泛

在先秦史领域，研究者关注的问题主要集中在早期文明与国家起源、殷商社会结构和文化方面，讨论较多的课题有：（1）关于文明起源及其早期发展的理论研究、早期城址与文明起源及发展、中原地区文明起源与演进、中原以外的民族和地区的古代文明。（2）殷商的方国、地理和族属，都鄙邑落和商的统治方式。（3）周代的礼乐祭祀制度和历谱。（4）上博简和郭店简所反映的文化思想，其中对上博简《诗论》的作者、上博简《诗论》的形制与编联、上博简《诗论》与《诗学》着力较多。（5）区域历史研究持续发展，以前已受重视的楚、齐、晋、赵和巴蜀的历史和文化仍被研究者所关注，以往研究相对薄弱的秦、燕文化得到了开掘。相形之下，春秋战国史研究较为沉寂，这方面研究有待加强。

在秦汉史领域，政治史、经济史、法制史、社会史等领域研究的深度和广度均有扩展。在政治史方面，传统的官僚、选举、监察和分封制度得到进一步开掘，政体形态、行政运作管理体制、乡里行政组织与社会组织，也成为学者关注的对象。由于张家山汉简《二年律令》的公布，对战国末至西汉初年土地占有形态，以及汉代法律构造和律令关系提供了重要资料，这两个方面遂成为研究者关注的热点，并获得了富有新意的成果。对宏大问题的思考是这时期秦汉史研究的一个特点，研究者试图通过对新出资料和传世文献的新解释，重建秦汉国家和官僚演变模式。赋役史研究也有新的进展。社会史研究一向是秦汉史学者所重视的内容，本时间段这个方面的研究工作集中在礼制、风俗和性别史上。人口和都城继续受到关注，生态环境的变化也进入了研究者的视野。

在魏晋南北朝领域，土地制度、门阀士族、职官制度、选官制度、地方行政制度、封爵和俸禄制以及地域集团，是近三十年来的研究重点，本时间段研究者仍然关注这些课题，深度有所拓展。对基层社会的探讨是魏晋南北朝史研究出现的新的趋向，礼制的研究也有新的收获。北方民族史是研究的一个重点，北方诸民族的名号、民族融合中的政治和文化轨迹，是研究者着力较多的方面；以往注意不多的长江中游诸蛮社会的变迁也受到关注。自然环境及其对社会的影响得到初步展开。随着走马楼吴简分批整理出版，简文所记录的赋税收支、吏制、户与里的规模引起了学者的浓厚兴趣，研究成果丰富。一些青年学人试图通过"历史书写"即文本的变化，对国史书写与魏晋南北朝时期王朝的更替和正统性的建立过程，提出新的解释。

在隋唐五代史领域，政治史的研究工作主要围绕中枢体制与政务运作、中央与地方关系、中央官制和行政文书、国家祭祀和地方祭祀的关系以及由此显示的国家政治形态等方面展开。经济史方面，对传统研究课题如赋役和土地制度的探讨较之此前几年的相对冷落而有所回升，对唐代江南农业结构的研究则为这个领域提供了新的视角。城市史是一个"新兴"的课题，不同于传统的城市史研究，研究者主要关心的是城市的内部结构、市场位置的选择和变化、娱乐场所的设置及其作用。对《开元礼》的考察是这些年唐史研究的一个热点，研究者主要探讨《开元礼》的制作过程和内容，《开元礼》的行用，以及《开元礼》作为礼典和唐玄宗营造盛世的精神产品的意义。包括唐与朝鲜半岛诸国以及日本的关系在内的东亚历史的研究成为有待深入讨论的新领域。此外，妇女史和家庭史也受到研究者的关注。

在宋史研究领域，出现了一些相对集中的议题和视角。在制度史方面，研究者更多关注的是地方行政制度、基层社会管理，以及中央与地方之间、地方官员与以士人为主体的民众在地方事务推动中的互动关系，重视对制度运作和政令施行过程的考察。由于两宋面临的特殊的国际环境，宋的边防和军事政策受到研究者的持续关注。一些研究领域出现了融合的趋向，如有的研究将经济史与社会史相结合，考察经济发展与大众文化、民间信仰、地方意识的关系。疫病、灾害和社会控制也是研究者关照的内容。

在辽金西夏史领域，西夏《天盛律令》是研究工作的一个重点，有多部专著问世，推动了西夏法律制度史研究的深入。在政治史方面，学者关注辽、金、西夏的州县制度、路制和部落制。民族关系和宗教向为该领域研究的中心，在本时间段，研究者依然关注这些课题，着力尤多的是金的道教和西夏的藏传佛教。

在元史研究领域，政治制度史一直是元史研究的重点，在本时间段中，元的政治体制、中书省性质、法律体系、地方政治、地方精英与基层社会关系等课题得到学者的重视。在经济史方面，学者研究了蠲免和赈济制度、榷盐和酒业、江南经济的发展、手工业者的身份和贡献；新发现的元代契尾资料则对元代土地制度提供了新的认识。在社会史方面，除研究华夷正统观念与汉族知识分子在元帝国中的政治位置之外，出现了一些新的迹象，性别史研究和色目人家族和文化倾向进入了研究者的视野。《元典章》的校释和《通制条格》的研究，以及景教、藏传佛教、全真教和伊斯兰教也是元史研究的热点。在中外关系史方面，元（高）丽关系引起了学者的注意。关于成吉思汗、托雷、拔都、铁木迭儿等历史人物的研究，也有新的进展。

在明史研究领域，政治和军事史研究集中于政治制度、重大历史事件和卫所制度方面。经济史研究侧重人口、土地、赋税、农业与手工业。社会史研究涉及基层社会的管理、社会群体和社会生活。区域史研究是一个时期以来明史研究的重点之一，早期研究主要集中于江南地区经济与社会，在保有这一传统的同时，研究者的视野扩展到其他地区。注重晚明史研究是这个时间段明史研究的一个特点。学者在全球化视野下，对晚明社会转型和特质、中西直接接触和世界融为一体的全球化开端的中国与世界的关系，成为研究的热点。与此相关，并伴随着纪念郑和下西洋600年，明史学界对郑和下西洋这一重要历史事件进行了集中研究。此外，明代的历史地位也受到研究者的重新审视。

在清史研究领域，清八旗驻防、八旗世爵世职和八旗与清代政治等课题受到学者关注。清代国家与社会的互动关系、历史视野下的边疆与政策、区域经济及其对清代社会变化的影响、疾病医疗与社会的关系、婚姻和家庭、民间信仰以及清代学术思想得到了进一步开掘。美国学者欧立德（Mark Elliott）等人提出了"新清史"观念，强调清王朝的"满洲元素"和独特性质，在国际范围的清史研究中产生了影响，中国清史学界做出了回应。

（三）研究理念和学科建设的思考

大体上说，改革开放三十年的第一个十年（20世纪90年代以前），中国历史学界在理论和方法方面付出了大量努力；第二个十年（20世的最后十年），研究者更多关注的是对具体问题的考察，彼此之间的交流有限，对学科发展的整体性思考较为薄弱。进入21世纪后，一些学者开始在理论和方法论层面上思考研究中存在的问题和局限，以及本学科发展的走向。

随着新资料的出现，对疑古思潮的评价旧话重提。一种意见指出"古史辨"派在研究的大方向上是正确的，对于疑古思想和学说应持继承与批判相结合的态度。就出土文献和传世文献的关系上，传世典籍和历代学者对传世典籍的研究仍是基础，目前中国古典学存在的主要问题不在于缺乏理论或方法，而在于缺乏科学的态度。

长期以来，中国内地学者采用马克思五种社会形态学说解释中国历史的进程。若干年以前，有的研究者指出中国古代不存在奴隶社会，并对整个中国古代史的发展阶段进行界定，其中较有影响的是"古国"（传说时代）、"方国"或"王国"（夏商至战国）和"帝国"（秦汉至清），以及"上古时代"（传说时代至战国）和"中古时代"（秦汉至清）。① 在最近十余年中，又有不少研究者对用封建社会命名从秦至清的中国历史阶段提出质疑。他们认为将以君主集权为特征的秦至清两千余年称为"封建社会"，有悖"封建"本义，且与社会性状全然不同的西欧中世纪封建制、日本中世及近世幕藩制混为一谈。《史学月刊》和《文史哲》杂志分别就此组织了专题讨论。2007年10月，中国社会科学院历史研究所等单位举办"'封建'名实问题与马列主义封建观"学术研讨会，笔者参加了此次会议，目睹了学者之间的激烈交锋。根据笔者的观察，坚持旧说的学者感情色彩重于学理分析，而坚持新说的学者在实证和理论说明上还有欠缺。目前关于秦至清的社会形态出现了"皇权社会""帝制时代""帝国农民时代""郡县制时代""宗法地主社会""选举社会"等不同判断。值得肯定的是，最近的讨论从以前被强调的经济关系和阶级关系扩展到国家权力和文化。关于中国古代社会性质和发展阶段的讨论初始于20世纪20年代末，在随后的研究中几经起伏，经历了从将中国历史道路服从于世界历史的"共性"，转变为注重中国历史的特殊性的过程。其间走过了一些学术弯路。现在仍然面临如何使理论概括符合中国历史实际，揭示中国历史

---

① 叶文宪：《古史分期新说述评》，《中国史研究动态》2000年第1期。

发展道路的本质的难题。要获得共识，还需要更为深入的思考。

由于受到国学热、"后殖民"理论的影响，有的研究者对中国古代专制主义的通行观点提出质疑，认为皇权和专制没有必然联系，中国古代存在"专制主义"是西方学者的偏见。这个观点引起了讨论，范围涉及民主和专制的性质、对专制主义和中央集权的认识、儒家文化和专制主义的关系等。批评者认为"中国古代政体赞同者"的共同缺陷是以论代史以及概念和逻辑运用上的混乱。关于"专制"含义和中国古代"专制主义"的讨论在学理上不够丰满和深入，这也是它来去匆匆倏忽而过的原因之一。

关于唐宋变革的讨论也是这十余年讨论较多的课题。"唐宋变革论"是日本学者提出的观点，意指中国唐宋时期出现的商业革命和市民社会，在中国史学界产生了不小的影响。国内相关领域的研究者对这个概念进行了重新审视，对唐宋时期出现了怎样的社会变动，以及这些变动是否具有"变革"意义，也进行了初步考察。

在各个断代，制度史尤其是政治制度史是研究的重中之重。如何推进制度史研究，引起了一些学者的思考。有的研究者提出要研究"活"的制度史，通过考察作为"过程"的制度史和作为"关系"的制度史，深化对制度史的研究。

摆脱王朝和地域体系，引起了研究者的共鸣。在秦汉史研究中，一些研究者的视野不仅扩展到春秋战国时期，有的更上延到西周时代，以期通过长时段研究深化对这一时期历史的认识。注重长时段的社会结构和国家形态变化，也成为这个时期秦汉史研究中最为突出的部分。隋唐史和宋史是前后相继的王朝，以往的研究常常画地为牢。在这个时期的研究中，越来越多的唐宋史研究者感受到研究中朝代壁垒的负面影响，他们开始将唐宋视为一个具有内在联系的较长期的历史段落进行考察，努力使研究工作深入更长的历史时段中。打通宋辽金元史，从事贯通整合研究，也已显露苗头。在清史研究中，出现了晚清史的回归的迹象。按照正统的社会阶段划分，晚清原本属于近代史范畴。随着研究的深入，它与属于中国古代史范畴的清代前中期史的内在联系被人们所认识。晚清史回归到清史研究的整体中去，在清代史的框架中思考晚清七十年历史，成为许多研究者的共识。宋辽金元是中国境内不同民族建立的政权，以往的研究虽然注意到这些政权之间的关系，但从整体的研究较为薄弱，影响了对这一时期中国历史的准确认识。

（四）国家扶助政策与大课题的设立

包括历史学在内的人文学科的科研工作一直受到国家相关机构的资助，但与自然科学相比，扶持的力度较为有限。随着中国经济的快速发展，这种情形在世纪之交发生了改变。1996年和2002年，国家分别提供巨资，资助夏商周断代工程（以下简称断代工程）和大型《清史》编纂工程（以下简称大清史），从而为早期中国历史和清史研究工作提供了契机。夏商周断代工程在2000年取得了阶段性成果，大清史还在进行之中。断代工程的初步研究成果主要体现在为中国古史从新石器时代末期到西周末年提供了一个大体的年代参考。断代工程引起了古史年代学研究方法和理论的讨论。一些学者在肯定断代工程取得的成绩的同时，也指出了断代工程实施过程中所获得的经验教训，即学术研究是一个有着自身发展规律的事物，不能制定硬性的限期成果指标。笔者的粗浅看法是，首先，国家对学术事业尤其是作为基础学科的人文领域的支持值得肯定并需要进一步加强，但学术管理者和学术研究者有各自的分工，学术管理者不应介入学术研究工作。其次，如何使用好国家提供的资助，有效地组织一个学科的全国研究力量，推进研究工作，我们还缺乏足够的经验，这就需要在实践中对得失利弊加以认真总结。最后，对研究结论的认定是在学者的讨论中达成的，在中国古代史研究工作中，限于资料以及研究者对资料认识的差异，对一个问题存在不同意见十分正常，因此对某些尚有疑问、尚存争议的问题，可以不必匆忙地给出"标准答案"，而是存留分歧，这既是对学术事业的尊重，也是对学术事业的推进。

（五）其他

2008—2009年，河南省考古工作者在河南安阳西高穴村发掘了一座汉魏大墓。关于此墓是否为曹操高陵引起了学术界讨论，并延伸出学术圈外。该墓已被盗掘，学术意义不大，但由曹操墓引发的争论，显示了公众对考古和历史知识的热情。曹操墓真伪"事件"再次提示专业研究者：

我们在将自己的研究工作定位于"专""深""精"的同时，是否需要与公众进行学术互动；我们应当如何应对公众的质疑；我们应在多大程度上、以何种形式，将准确的历史知识告知公众。这个问题值得研究者和高校以及研究机构的管理者思考。

总之，由于大量新的资料的不断刊布，不仅一些新的问题进入了研究领域，我们对许多历史细节有了更为接近真实的判断，而且某些留有疑问的课题如法律形态、赋役制度、土地占有方式等也获得了新的线索，并引起了更为深入的研究。同时，随着与国际学术交流的频繁开展，我们在保留自己研究特点的同时，所思考的问题也越来越具有普遍性和前沿性，比如对历史上生态和环境问题的思考，关于性别史的研究，关于疾病医疗历史的探讨，等等，这一切都显示出当下中国古代历史研究所具有的活力。

二 挑战

21世纪最初12年中国古代史研究的整体趋势是走向深入，这是令人欣喜的现象。同时，我们也不能回避存在的问题。在笔者看来，这些问题主要表现为理论素养和问题意识的欠缺，学术评论的缺位，以及在理解新出资料上出现的某些偏差。

（一）理论思考

相对来说，近年来中国古代史研究者主要致力于对古代历史的重建，而对一些值得深入思考的重要理论问题着意有限。从理论上看，我们在舍弃了以往某些不符合中国历史实际的概括后，依然没有拿出更有说服力的表述，对实证的热情超过了带有宏观色彩的理论分析，更缺乏对中国历史发展路径的原创性解释。我们使用的一些重要概念如"酋邦""父家长制""贵族社会""唐宋变革""内卷化"等都来自域外，一些新的研究视角如"历史的书写"等则是在其发生地热度减弱之后才引起我们的重视。高度模仿和慢半拍现象显示了我们在阅读历史时存在的重大缺陷。

对理论关注度不足并非出现于今天。由于对以往曾经给历史研究工作带来不良影响的"以论带史"的反感,研究者懈怠于宏观和理论问题的思考虽然是可以理解的,但却不能成为我们放弃理论的理由。理论和方法论是一门学科的魂魄,中国史学发展史清晰地显示,中国历史学的每一次重大进步,都与史学观念的改变、史学理论的发展息息相关。离我们最近的事例就是 20 世纪 80 年代中国历史学的成绩。在思想解放运动的洪流中,我们打破了不符合学术规律的思想枷锁,提出了许多富有朝气的思想创新观念,从而促进了中国历史学整体性进步。也就是说,离开了对理论的思考和探索,我们研究工作的价值将会被大大压缩,我们前行的步伐也将减慢。

(二) 问题意识

我们看到,在中国古代史的不同断代,都出现了研究工作立意有限的情形,一些评论者将之归咎为选题重复。其实问题的关键并不在于是否选择了同一个题目,而是能在题目中寻找出更多的历史意义。什么是问题意识?这个"问题"似乎不言自明,实则有着讨论的余地。问题的出现总是时代性的,也总是与新的资料关联。是否具有问题意识的最重要标志在于我们是以描述式的眼光抑或以分析式的方式介入研究工作:在前者,只有对历史的复原或重建,而研究者选择的研究对象的价值或完成重建目标后的分析则不在考虑之中;在后者,研究工作始于研究者对研究对象历史价值和学术价值的判定,研究工作的完成并不终止于对历史"真实性"的判定,而是延续到必有的分析说明。尽管提出和解决问题的方向与研究者的个人兴趣与才具有关,但一个好的问题总是来自对学术史的认真梳理,并在此基础上获得对历史的新的发问。

与问题意识相关的是研究工作的"碎片化"。历史研究的碎片化是这些年来人们议论的一个话题。笔者在阅读相关论文和在多个研讨会场合中看到了关于这个议题的分歧和激辩。"碎片化"涉及历史研究的方法,因而也是一个悠久的话题。近半个世纪前,西方史学界即发生了"宏观历史"论和"微观历史"论的论争。一方面,人们承认微观历史所做出的贡献纠正了"那种建立在薄弱基础上的冠冕堂皇的结论"的偏差;另一方面,人们也认识到随着小型研究成果的积累数量日益增加,使得它与历史学对整体要求之间的距离不断扩大,而如果没有一个"宏观历史"结构，就不可能将"微观历史"现象"纳入范围庞大的论述中去";① 同时，"微观历史学"不能逃脱更大的结构的框架。② 在笔者看来，历史研究活动始终存在着两种意义上的"碎片"。第一种是研究工作必有的"碎片"。由于每一个研究者都有自己特定的知识范围和研究领域，由于历史研究必须从具体的、微观的研究开始，由于对历史细节的澄清是对历史进行事实判断和价值判断的前提，因此"碎片"是历史研究程序中不可缺少的环节。第二种是缺乏问题意识且止步于琐细目标的"碎片"。这样的研究也有其价值，但意义有限。尤其是当一个时代的多数学者都倾心于此，将人类历史活动复杂变化的现象割裂开来，形成"碎片化"的研究风气，历史研究工作将不会得到推进。尽管一个学科需要在大视野、大问题与具体研究之间寻找平衡，尽管不同时代因学术规律制约而表现出特定的研究取向，尽管不同学者的研究特质和旨趣都有其价值，但从根本上说，作为整体性的历史学科需要起于"碎片"，却不能止于"碎片"。

（三）学术评论

学术评论一直是包括中国古代史研究在内的中国历史学的一块短板。学术进步的充足原因在于其内部的良好的评论机制。学术评论在中国难以得到有效的开展与学术之内和学术之外的因素有关。首先，学术评论不是对学术史进行浅表层面上的回顾和梳理，也不是简单地在学术活动中履行"警察"职责，它主要是分析一个学术问题出现和研究的态势，研究一种学术现象变化的趋向，讨论一些研究活动显现或潜伏的价值和困难，从而学术评论便表现出与一般研究工作不同的特点，即它需要对学术发展过程有更为系统全面的了解，对学术发展趋向具有更强的理解和把握能力，也就是说一个好的评论者需要多方面的而非单一的学养，这种特殊的难度，使得许多学人不愿意从事这种吃力不讨好的工作。而目前国内不少高校和某些科研单位不把学术评论作为科研成果，也强化了此种态势。其次，中

---

① ［英］巴勒克拉夫（Geoffrey Barraclough）：《当代史学主要趋势》，杨豫译，上海译文出版社1987年版，第339页。

② ［美］伊格尔斯（Georg G. Iggers）：《二十世纪历史学——从科学的客观性到后现代的挑战》，何兆武译，山东大学出版社2006年版，第149页。

国是一个人情社会，喜誉恶贬是人之常情，学者也不是天外来客。然而，如果把学术评论在中国的特殊困难的"合理性"理解为漠视学术评论是"合理"的，把缺乏学术评论视为研究的常态，将会大大压缩学术进步的空间。最近中国史研究杂志社创办了《历史学评论》，这是一份专门性的学术评论杂志。我们提出了对学术评论意义和内涵的理解。在我们看来，学术评论最重要的意义是引领学术事业的发展，而其具体规划则包括如下五个方面：第一，在认真梳理学术研究脉络和把握时代脉搏的基础上，思考史学发展的大势，探讨理论和方法的建立及其在运用于具体研究中存在的问题。第二，考察一个时代学术精神和学术追求的各种表现。第三，立足学术前沿，分析热点和难点，分析各种学术问题出现和研究的态势，分析学术现象变化的趋向，分析研究活动显现或潜伏的价值和困难，对研究工作进行前瞻。第四，对不良学风进行批评，保证学术研究的纯洁性。第五，分析科研机制和学术成果评价机制中存在的问题，并提出建设性意见。[①] 我们也期待着通过广大学人的共同努力，弥补中国历史学在学术评论方面的缺环，建立起良好的学术评论机制。

（四）新出资料

在有的研究中，新出资料的价值似有被放大之嫌。在一些作者的潜意识中，但凡新出资料，其价值必定超过传世文献。对传世资料记录要持批判态度，但新出资料似乎享有了豁免权。事实上，所有历史资料，包括文字记载的和地下实物，都经历了"人"的因素，都不会天然地成为绝对可信的材料，都需要以批判的精神去加以处理。只有这样，才能对消失的过往构建起相对可信和完整的图景。在对新出资料的阅读和它与传世文献的关系上，似应有如下态度：第一，对出土资料应持"精读"态度，拒绝粗放式经营和跑马占地心态，是一种不值得提倡的学风，其结果只能压缩原本应有的学术深度。第二，传世文献是后人理解相应古代历史的骨骼和魂魄，它是我们对古代历史想象的基本脉络和空间。因此，新资料与传世文献的关系是互补的而非替代的。第三，证明出土资料与传世文献的

---

① 中国史研究杂志社：《让历史学闪烁出更大的智慧光芒——〈历史学评论〉创刊词》，《历史学评论》第 1 卷，社会科学文献出版社 2013 年版。

"同"的价值是有限的,它不过再次证明了一个已经明了的事实,而具有挑战性的"异"则有可能令我们发现历史更多的内容,因此把重点放在"异"处更具有意义。

(五) 电脑技术

电脑技术的使用是近十几年来历史研究中引人注目的现象,它的积极因素是全面的和多重的,然而我们依然要注意到笼罩在电脑技术下的历史学所遭遇的新问题。电子技术新兴之时,域外学者曾批评了数字化的历史学:数字的明晰性、准确性和确定性并不能导致连贯的整体,计量分析也不能早就重现人类历史的景象。① 中国的情形则不尽相同。在中国的古史研究领域,由于资料查阅和誊抄时间的节省,电脑技术使用最明显的负面后果是对资料的罗列增多和分析的减少,电脑技术只是成为资料堆砌的工具。在我们所处的时代,电子技术还会不断进步,我们的历史研究工作也将持续地、深刻地受到它的影响。在这个背景下如何提高我们对历史"深度阅读"的能力,如何提升我们的史识,值得每一个研究者思考。

三 结语

意大利历史学家克罗齐提出"一切历史都是当代史"的命题。这个判断大致包含三层含义。首先,历史学家对历史的理解都来自他所处时代的社会文化背景;其次,历史学家对历史的发问都来自他所处时代遭遇的问题;最后,每一个时代都有与这个时代相适应的历史学。同样,每一个时代的历史学都有其特定的人文背景。美国历史学家伊格尔斯在总结20世纪西方史学面临的问题时,分析了三种"终结"即"历史学的终结""历史学作为一种学术事业的终结"和"启蒙运动的终结"。② 这迥异于中国学者的学术场景。我们这个时代的中国古代史研究,应当提交怎样的

---

① [美]贝林(Bernard Bailyn):《现代史学的挑战》,王建华等译:《现代史学的挑战——美国历史协会主席演说集》,上海人民出版社1990年版,第390—391页。
② [美]伊格尔斯(Georg G. Iggers):《二十世纪历史学——从科学的客观性到后现代的挑战》,何兆武译,山东大学出版社2006年版,第147—152页。

学术内容？这也许是 21 世纪最初 12 年的中国古代史研究实践和所获取的经验让我们思考的一个大问题。

改革开放三十多年的中国古代史研究表现出了不同时间段的差异，但作为一个整体，它体现了学理和逻辑上的连续性。它不仅在宏大问题和具体研究之间寻找着某种平衡，更重要的是它将实证作为研究的基础，它依然沿着 20 世纪初新史学建立以来历史学发展的主要路径前行。它的实践和经验在给予我们学术自信的同时，也促使了我们更多的思考。

实证保证了历史学的科学性，但历史学所包含的丰富的内容使其价值超越了"科学"的层面。实证是研究的手段，它提供的是认识历史的坚实基础，而历史学最有价值的指向是人类自身的发展和演变。通过历史研究，我们了解了我们从哪里来，如何来；也启示了我们向何处去，怎么去。在今天研究资料空前丰富、研究方法更为多样化、研究视角日益全面的学术背景下，我们有理由在研究理念上寻求新的突破，在研究目标上寻找有重大意义的生长点。

我们需要打通不同研究领域的壁垒，加强不同研究领域学者之间的交流。每一个研究者面临的问题都是具体的，然而在宏观层面上，所有的具体问题都具有内在的一致性。这就是说，不同领域的研究者面临的问题是相通的，从而不同领域研究者的经验也就具有了普遍意义。

我们需要有更大的学术自觉的勇气，在从事具体研究工作的同时，思考学术研究的一些深层次问题，如理论和方法的建立及其在运用于中国古代史具体研究中存在的问题，问题意识如何获得，历史研究的边界和范围，如何突破传统课题研究的方法论瓶颈，等等。这项工作的意义不仅可能提升具体研究水准，更重要的是，它有益于中国古代史研究工作的整体性进步。

我们需要更多地关注中国历史上的重大问题。在这里笔者想特别提出中国历史的发展道路。关于中国历史发展道路的探索是 20 世纪 30 年代社会史论战的中心议题，[①] 此后的讨论不绝于缕，其研究空间依然十分广阔。众所周知，中国是世界历史上唯一不曾断裂的具有连续性的文明，这

---

① 据笔者目力所及，这个提法最早出自陈邦国，见陈氏《中国历史的发展道路》，《中国社会史的论战》第 1 辑，《读书杂志》第 1 卷第 4、5 合刊，神州国光社 1931 年版。

个事实本身就具有重大的理论价值，对它的重建和解释无疑是对人类知识体系的重大贡献，也会对研究中国未来的走向提供重要参考。在中国漫长的历史进程中有三个关键性的时刻：早期文明的产生和发展、王制向帝制的转变以及近代化过程。在这三个关键时刻之中，包含着一系列需要探索和思考的重大问题，如中国早期文明是在怎样的背景下以怎样的方式出现的，其内在原因是什么；王制统治模式向帝制统治模式的转型是否是历史的必然，如果是其动因何在；王制和帝制时代社会结构的变化是如何出现的；"近代化"的标准和中国社会近代化进程；等等。这三个关键时刻，显示出的是中国古代历史发展的独特道路。应当说，上述这些问题并非今天才被我们所感知，但以往的许多解释只是西方和日本学界解释的复制品。近几十年来，大量新资料不断发现，跨学科研究对历史资料范围的拓展，对于我们重建历史尤其是早期历史过程提供了重要支撑。这一切使我们提出原创性的历史解释具有了更大的可能，加强这一方面的工作，是中国古代史研究进一步发展的一个突破口。

原载《浙江大学学报》2014 年第 1 期

后　　记

　　这本论文集选录了作者从 1987 年到 2016 年发表的史学理论和史学史方面的 25 篇论文，其中，20 世纪 80 年代的文章集中在历史认识论和方法论方面；20 世纪 90 年代的文章集中在史学史方面；此后的文章则多是对一些具体学科研究的理论思考。从某种程度上说，它们反映了我学习和研究历史理论的心路历程

　　在选编文章时，不能不提到陈启能先生对我的指导和帮助。1986 年，我来中国社会科学院历史研究所不久，因对历史心理学的理论和方法有兴趣，遂将一篇习作（即收入本文集的《试论心理历史学的主体原则与理论层次》）冒昧投给了创刊不久的《史学理论》杂志。很快，陈先生便来到我的宿舍，耳提面命，对我的文章提出了多方面的修改意见。陈先生当时就是国内著名的苏联史和史学理论学者，又是《史学理论》杂志的主编，他对晚辈的提携让我极为感动，这是我终生不能忘怀的。我们这一代人的成长，不仅得益于思想解放运动的启蒙，实际上也直接受益于前辈学者对我们的关怀、鼓励和指导。

　　在我史学理论的学习和研究过程中，许多同辈学长的论文和专著给我以很大教益。一次在河南大学讲课，李振宏教授在点评时提到了拙作《穿越历史的丛林——史学论》，他说在穿越了历史的丛林之后，要走向思想的原野。本书书题的确定即是获此启发。

　　作为天水师范学院客座教授，本文集的一些内容在授课过程中与天水师范学院师生进行过交流，这本文集的选编就是由雍际春先生提议和促成的。对于雍先生襄助学术的精神我深表敬佩和感谢。

　　衷心感谢中国社会科学出版社李炳青先生，在本书编辑和出版过程中，她付出了大量的心血，原文中一些行文不周和打印错误在她精心审读

中得到订正。

徐歆毅博士和张欣博士为我查找了一些资料，一并致谢。

由于收入本文集文章的时间跨度将近三十年，本人的一些看法有所变化，但考虑到要保持原貌，我主要对文句错误和引注文的规范性做了修订。

彭　卫

2016 年 11 月 11 日

北京潘家园寓所